21世纪教师教育系列教材

数字化教学资源设计与制作

吴军其 ◎ 著

DESIGN AND DEVELOPMENT
OF DIGITAL TEACHING
RESOURCES

图书在版编目(CIP)数据

数字化教学资源设计与制作 / 吴军其著. -- 北京：北京大学出版社, 2025. 1. -- (21世纪教师教育系列教材). -- ISBN 978-7-301-35602-9

I. G434

中国国家版本馆 CIP 数据核字第 20245C47Y7 号

书　　　名	数字化教学资源设计与制作
	SHUZIHUA JIAOXUE ZIYUAN SHEJI YU ZHIZUO
著作责任者	吴军其　著
责 任 编 辑	周志刚
标 准 书 号	ISBN 978-7-301-35602-9
出 版 发 行	北京大学出版社
地　　　址	北京市海淀区成府路 205 号　100871
网　　　址	http://www.pup.cn　　　新浪微博：@北京大学出版社
微信公众号	通识书苑（微信号：sartspku）　科学元典（微信号：kexueyuandian）
电 子 邮 箱	编辑部 jyzx@pup.cn　　　　总编室 zpup@pup.cn
电　　　话	邮购部 010-62752015　　发行部 010-62750672
	编辑部 010-62753056
印 刷 者	北京宏伟双华印刷有限公司
经 销 者	新华书店
	787 毫米 × 1092 毫米　16 开本　29.5 印张　588 千字
	2025 年 1 月第 1 版　2025 年 1 月第 1 次印刷
定　　　价	98.00 元

未经许可，不得以任何方式复制或抄袭本书之部分或全部内容。
版权所有，侵权必究
本书采用中国追溯防伪凭证，读者可通过扫描封底二维码验证产品正版信息。
举报电话：010-62752024　电子邮箱：fd@pup.cn
图书如有印装质量问题，请与出版部联系，电话：010-62756370

前 言

随着人工智能、大数据、虚拟现实等技术的快速发展与应用，教育领域正经历着前所未有的变革，数字化转型已成为全球教育发展的核心趋势。传统的教学模式逐渐显露出其局限性，无法满足现代社会对教育高质量、个性化和终身学习的需求。因此，教育系统迫切需要进行深度改革，以适应数字化时代的新挑战，推动教育向更高效、更包容的方向发展。在这一背景下，教育数字化转型不仅仅是技术的应用，更是对教育理念、教学方法、课程设计乃至整个教育生态系统的全面升级。它要求我们重新审视教育的每一个要素——教师、学生、教材、教学资源等。其中，数字化教学资源的建设与优化，成了这一转型过程中的重要影响因素。

高质量的数字化教学资源能够通过丰富多样的学习材料，激发学习者的学习兴趣，支持个性化学习路径，促进知识的深度理解和应用。更重要的是，它们为教师提供了创新教学策略的工具，能帮助教师更好地评估学习者的学习进度，实现因材施教，从而全面提升教学效果。然而，数字化教学资源建设仍具有一定的难度。一方面，资源开发的技术门槛较高，需要跨学科的专业知识和技能；另一方面，传统的教学材料无法充分调动学生的参与度，且难以根据学生的个人进度和偏好进行调整，因而会影响学习效率。本书旨在深入探讨如何基于智能技术来设计与制作数字化教学资源，并通过数字化教学资源设计的理论指导与实践经验分享，帮助读者高效制作优质的数字化教育资源，促进学习者平等获取、有效利用优质学习资源，切实发挥数字化教育资源在教育高质量发展中的作用。

基于作者团队多年来的教育信息化研究与实践经验，并结合当前教育领域对高质量、个性化、泛在化学习资源的迫切需求，本书力求解答以下核心问题：数字化教学资源如何在构建高效课堂、服务个性化学习和支持泛在学习方面发挥重要作用？如何设计与制作各类数字化教学资源，包括文本、图像、音视频、课件与微课，以提高教学互动性和个性化学习体验？如何利用虚拟现实（VR）、增强现实（AR）技术和数字教材深化教育资源整合，促进教育模式的转型升级？全书共十章，从理论基础、技术方法、实践运用三大部分循序渐进地展开对数字化教学资源的探索。第一部分（第一章），对数字化教学资源的内涵与特征、应用场景及制作流程进行全面深入的剖析，为全书奠定理论基础。第二部分（第二至八章），详细阐述了各类数字化教学资源的制作技术和方法，旨在为读者提供一套完整且实用的操作指南。第三部分（第九、十章），则展望了数字化教学资源教育技术的整合与创新应用。主要内容如下。

本书第一部分，即第一章，详述数字化教学资源的内涵特征、教学应用及其在构建高效课堂、服务个性化学习、支持泛在学习等方面的重要性。该部分不仅明确了教学资源的数字化价值，也为后续各章的实践操作提供了理论指导。

本书的第二部分，涵盖第二章到第八章，构成本书的核心内容，它们重点探讨各种数字化教学资源的获取、制作及应用技巧。首先，每章分别针对文本、图像、视频、音频、动画、课件以及微课等资源进行了深入解析，不仅阐明了这些资源的定义、类型及其文件格式，还提供了丰富的教学应用实例，为后续的资源获取与制作章节奠定了理论基础。其次，书中详细描述了获取多媒体资源的多种方法，包括但不限于从互联网下载以及使用特定软件进行截取或录制。考虑到教育需求的多样性，书中也强调了对资源进行编辑与处理的重要性，并提供了详尽的操作指南。最后，为了帮助读者更好地掌握多媒体资源的制作技术，每一章都配以实际案例分析和实践指导，旨在创造一个生动且多样的学习环境，促进更有效的学习体验。

本书第三部分，即第九到第十章，系统介绍了VR/AR技术和数字教材资源的设计、获取与应用方法，涵盖从理论认识到实践制作的全过程。第九章深入探讨了虚拟现实（VR）与增强现实（AR）技术在教育领域的革新应用，不仅阐述了这两种技术如何重塑学习体验，还通过教学实例指导读者掌握从概念构想、内容策划到技术实现的全过程，为创建沉浸式学习环境提供全面支持。第十章则聚焦于数字教材的设计与开发，主要介绍了数字教材资源的概念、特征及其在教学中的应用，并详细讲述了如何获取和制作数字教材资源，包括使用特定工具和平台，以及通过具体案例说明制作流程。通过分析数字教材的结构设计、交互功能及评估标准，并辅以优秀案例剖析，帮助读者高效打造符合新时代学习需求的高质量教材，通过介绍多元化数字教学资源的设计与应用，帮助教育工作者提升教学质量，促进学生的个性化学习，推动教育领域的创新与技术融合。

本书主要由华中师范大学吴军其教授策划、设计和撰写。此外，团队成员刘萌，李琴、林丽玲、周卓、王嘉桐、文思娇、张萌萌以及徐慧也参与了相关工作。在撰写过程中我们广泛汲取了国内外众多学者的实践操作案例，恕不一一备注。我们在此表示衷心的感谢！尽管我们力求内容精确全面，然而由于作者学识和经验有限，书中难免存在疏漏和不足之处，敬请广大读者批评指正。

本书特别适合师范生和大、中、小学教师学习使用。

吴军其

2024 年 10 月

目 录

第一章 数字化教学资源概述 1
   1.1 数字化教学资源的内涵与特征 1
   1.2 数字化教学资源的应用 4
   1.3 数字化教学资源的制作 8

第二章 文本资源设计与制作 20
   2.1 认识文本资源 21
   2.2 获取文本资源 25
   2.3 编辑文本资源 37
   2.4 制作文本资源 68

第三章 图像资源设计与制作 97
   3.1 认识图像资源 98
   3.2 获取图像资源 101
   3.3 编辑图像资源 117
   3.4 制作图像资源 143

第四章 视频资源设计与制作 156
   4.1 认识视频资源 157
   4.2 获取视频资源 161
   4.3 编辑视频资源 165
   4.4 制作《找春天》视频资源 190
   4.5 制作《被子植物的一生》电子相册 199

第五章　音频资源设计与制作 205
5.1　认识音频资源 206
5.2　获取音频资源 208
5.3　编辑音频资源 218
5.4　制作音频资源 235

第六章　动画资源设计与制作 246
6.1　认识动画资源 246
6.2　获取动画资源 251
6.3　编辑动画资源 256
6.4　制作动画资源 260

第七章　课件资源设计与制作 287
7.1　认识课件资源 287
7.2　获取课件资源 293
7.3　制作课件资源 300

第八章　微课资源设计与制作 352
8.1　认识微课资源 352
8.2　获取微课资源 360
8.3　制作微课资源 367

第九章　VR/AR资源设计与制作 391
9.1　认识VR/AR资源 391
9.2　获取VR/AR资源 397
9.3　应用VR/AR资源 408
9.4　制作《植物细胞》AR资源 411

第十章　数字教材资源设计与制作 421
10.1　认识数字教材资源 421
10.2　获取数字教材资源 429
10.3　应用数字教材资源 436
10.4　制作数字教材资源 442

第一章 数字化教学资源概述

学习目标

- 了解数字化教学资源的内涵和特征；
- 了解数字化教学资源的应用，能够根据不同教学需求选择合适的数字化教学资源；
- 理解数字化教学资源的制作原则，能够掌握各制作原则的核心要点；
- 掌握数字化教学资源的制作过程，包括对确定主题、前端分析、资源设计、资源制作、资源评价阶段中知识点的理解。

知识图谱

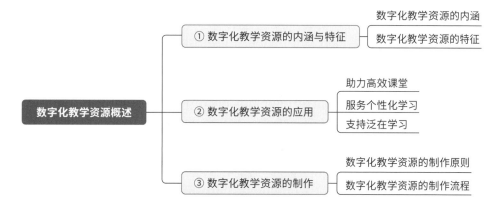

1.1 数字化教学资源的内涵与特征

1.1.1 数字化教学资源的内涵

教学资源是指一切可以应用于教学的物质条件、自然条件、社会条件以及媒体条件的总和。[①] 随着科学技术水平的不断发展，人类社会发展进入数字化时代。教育理念、

[①] 张伟平，王继新. 云环境下教学资源有效性的实证研究——以大学新生研讨课为例 [J]. 远程教育杂志，2017（6）.

教育技术不断革新，数字化教学迅速兴起。在此背景下，数字化教学资源应运而生。数字化教学资源即经过数字化处理，可以在多媒体计算机、移动终端、网络环境下运行的教学资源。

数字化教学资源是开展数字化教学活动的基础，人工智能技术的发展为广大教师和学习者带来了更为丰富多元的数字化教学资源。不同的专家与学者从不同的角度，对数字化教学资源进行了类别划分。有学者按资源的呈现形式将数字化教学资源划分为数字视频、数字音频、多媒体软件、网站和在线学习管理系统等；[①] 也有学者根据资源交互性的强弱，将数字化教学资源划分为静态教学资源和动态教学资源。本书从教学实际应用的角度出发，将系统阐述文本、图像、音频、视频、动画、课件、微课、VR/AR 资源、数字教材这九类数字化教学资源的开发与应用。

1.1.2 数字化教学资源的特征

相比于传统教学资源，数字化教学资源具有内容呈现富媒体化、传播共享便捷化、交互形式多样化的特征。

一、内容呈现富媒体化

富媒体技术具有多样性、集成性和交互性的特点。富媒体技术在教学资源开发中的应用，使得教学内容可以通过文字、图片、动画、音频、视频、HTML5 场景等多种媒体形式呈现，为学习者带来丰富的感官体验。

例如：人民教育出版社八年级上册教材《生物学》第一章图文并茂地介绍了腔肠类动物的代表——水螅及其特征，并集成了拓展文本资源、拓展图片资源、视频和交互式习题等多种资源，如图 1-1-1 所示。学习者点击对应的资源图标，即可直接跳转至资源详情页面进行学习。此外，该数字教材还提供了画笔、笔记、书签、聚光灯等功能来辅助学习者阅读学习。

二、传播共享便捷化

教学资源经由数字化技术处理，可以在网络环境下快速运行、压缩和传输。全世界的学习者只要连入互联网，就可以快速访问各种教学资源平台，随时随地获取或共享数字化教学资源。这彻底打破了教学资源获取与共享的时空限制，使得优质的数字化教学资源真正实现了自由传播和共享。

例如：中国大学 MOOC 平台汇聚了北京大学、清华大学等多所高校的优质课程，课程囊括了理学、工学等大学各学科门类知识以及求职就业、终身学习等相关内容，如图 1-1-2 所示。学习者仅需注册平台账号，即可免费学习来自名校名师的精品课程。

---

① 李克东. 数字化学习（上）——信息技术与课程整合的核心 [J]. 电化教育研究，2001（8）.

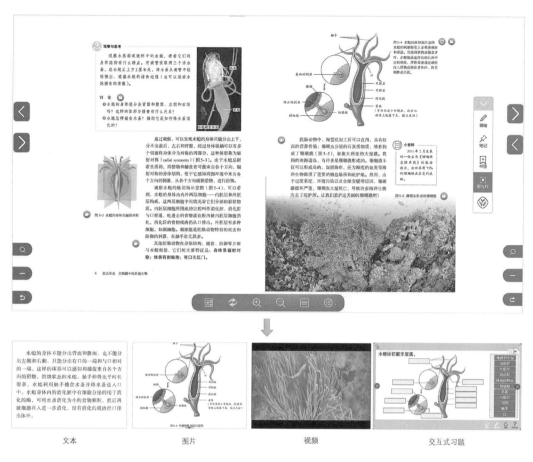

图 1-1-1 数字教材《八年级生物》

图 1-1-2 中国大学 MOOC

三、交互形式多样化

数字化教学资源为学习者提供了丰富的页面交互和内容交互方式。在页面交互方面，学习者可以通过点击、触摸、滑动等方式，切换学习场景，获取相关知识；在内容交互方面，学习者可以通过完成嵌入式习题、知识应用、知识总结等方式，与学习内容进行交互，促进个人内部认知与反思。

例如：交互式课件《根及根茎类中药》[①]通过模拟中医抓药的场景，提高学习者的临场感，帮助学习者了解根及根茎类中药的相关知识，如图1-1-3所示。学习者点击药盒即可查看对应的根及根茎类中药的形态、特征及功用；选择【去抓药】按钮即可进行即时测试，交互式课件将即时反馈正误。

图1-1-3 交互式课件《根及根茎类中药》

1.2 数字化教学资源的应用

1.2.1 助力高效课堂

数字化教学资源丰富多元的形式与内容为教师打造高效课堂提供了有力支持。一方面，教师通过数字化教学资源，有效整合了多种教学信息，拓展了教学内容，创新了教学模式，丰富了学习者的课堂体验，从而提高了课堂教学效率；另一方面，数字化教学资源多样化的交互形式也能增强师生之间的良性互动，帮助教师及时了解学习者的学习动态并及时给予反馈，进而提升课堂教学效果。

---

① 马骥.根及根茎类中药[EB/OL].（2016-06-12）[2023-10-12].https://www.91suke.com/s/e4bafe3a.

例如：彭老师在讲授四年级语文课文《观潮》时，在教学课件中插入了"钱塘江观潮"的视频，如图 1-2-1 所示。直观的视频景象让学生目睹潮水从"白线"变为"水墙"的过程，耳听"如同山崩地裂"的潮声，丰富了对钱塘江观潮的情感体验。同时，彭老师还为学生推送了如图 1-2-2 所示的《为什么会出现潮汐现象？》微课，诙谐幽默地呈现了潮汐现象的成因，帮助学生"知其然"更"知其所以然"。

图 1-2-1 《观潮》教学课件

图 1-2-2 《为什么会出现潮汐现象？》微课

1.2.2 服务个性化学习

个性化学习是根据学习者的学习兴趣、学习需求等特征，为其提供具有针对性的教学资源，从而改善学习体验、提升学习效率的一种学习方式。数字化教学资源的应用为个性化学习提供了资源支持和过程支持。在资源支持方面，教师可以根据学生个体差异，个性化推送教学资源，确保每一位学习者都能学有所获。在过程支持方面，数字化教学资源可通过通信工具、网站平台、移动终端等实现快速共享，为学习者提供一对一、一对多、多对多的多元交互支持；此外，学习者还可以根据个人学习情况，自行调节学习路径。

例如：李老师是一名七年级英语老师，查看智慧学习平台第一单元My name is Gina单元练习分析报表时发现，班级学生在"abandon""定语从句""个人兴趣"这三个知识点的相关习题上得分率较低，如图1-2-3所示。于是，李老师针对这三个知识点为学生推送了巩固练习资源，如图1-2-4所示。

图1-2-3 班级练习概况

图1-2-4 巩固练习资源推送

1.2.3 支持泛在学习

泛在学习是学习者可以在任何时间、任何地点、基于任何设备获取任何所需学习资源，享受无处不在的学习服务的一种新型学习方式。[①]数字化教学资源传播共享便捷化的特征为学习者开展泛在学习提供了有力支持。学习者只要连入互联网，即可利用各种移动终端设备，根据自我学习的需求，获取适合的教学资源，随时随地开展学习。数字化教学资源的应用打破了传统课堂教学的时空限制。

例如：小王是一名新入职的初中语文教师。如何快速把握语文学科发展的前沿动

---

① 杨玉宝，吴利红. 泛在学习视角下网络学习空间的创新应用模式[J]. 中国电化教育，2016（7）.

态，如何抓好基本设计、落实字词句段篇的细致教学，如何掌握基于教育学、心理学的一般教学法是她面临的最棘手问题。于是，她在工作之余参加了中国大学MOOC平台上的"中学语文教学设计"课程。课程针对"教学环节常见问题""阅读教学问题与设计""写作教学常见问题与设计"等知识模块提供了视频、文档、富文本等媒体形式的系统化的教学资源，如图1-2-5所示。小王根据自身对于不同知识点的了解程度，选择不同的资源开展自主学习，完成作业，并在话题讨论区与其他学习者交流、讨论学习心得和困惑，如图1-2-6所示。此外，为了在实际课堂中更好地应用"中学语文教学设计"中的理论知识，小王通过视频资源平台搜集了大量语文优质课课堂实录以观摩学习，如图1-2-7所示。新知学习完成后，小王通过参加课程测试与期末测试，来检测学习效果，如图1-2-8所示。

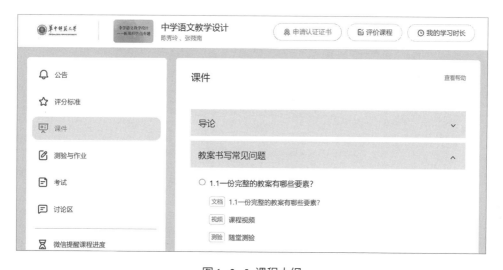

图1-2-5 课程大纲

图1-2-6 讨论区

图 1-2-7 优质课视频

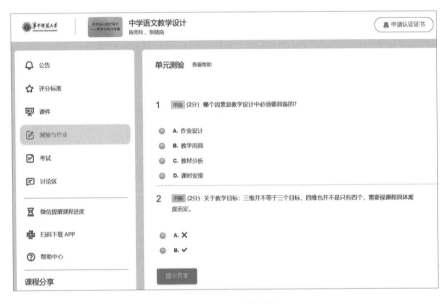

图 1-2-8 课程测试

1.3 数字化教学资源的制作

1.3.1 数字化教学资源的制作原则

一、教学性原则

数字化教学资源是教学内容的载体，其核心功能是教学，最终目标是为教师的教和学生的学服务。因此，制作数字化教学资源要优先考虑教学性原则。首先，教师需要明确，待制作的数字化教学资源用于教学中能解决什么问题，达到什么教学目标。

其次，教师应在教学目标的基础上进行教学设计，明确数字化教学资源所要呈现的教学内容。最后，教师需要合理组织教学内容，使其符合学习者的认知发展规律和课程标准的要求。

例如：课件《计算机的硬件系统》的教学目标为："展示计算机硬件系统的内涵及组成部分，使学生能够准确区分各硬件组成部分。"因此，教师从"什么是计算机硬件系统""计算机硬件系统组成部分"两个方面设计了教学课件，如图1-3-1所示。

图1-3-1 教学课件《计算机的硬件系统》

二、科学性原则

数字化教学资源既要美观、简洁，又应遵循科学性原则，将教学信息真实、准确地传递给学习者，使学习者能准确认识事物的规律与本质，掌握科学文化知识和基本技能。数字化教学资源制作过程中，教师应从教学材料的选取和组织、教学内容的呈现两方面来体现科学性原则。教学材料的选取和组织既要真实典型、符合课程标准的要求，又要准确有效、没有科学性错误，否则将直接影响数字化教学资源的教学效果。在教学内容呈现方面，制作的数字化教学资源应遵循学习者的心理认知规律；表述定义、原理等理论性知识时，应保证分析推理严谨、步骤方法准确；在模拟实验操作时，应保证模拟效果逼真形象、符合原型特点。

例如：教学课件《光的折射》中的一页幻灯片旨在呈现日常生活中常见的光的折射现象，页面简洁美观但违背了科学性原则，如图1-3-2所示，小孔成像的原理为光的直线传播而非光的折射。发现问题后，教师将该幻灯片中的小孔成像图示替换为"池清鱼浅"图示，如图1-3-3所示。

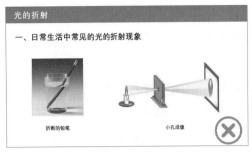
图 1-3-2 违背科学性原则

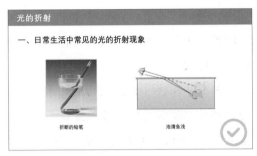
图 1-3-3 遵循科学性原则

三、系统性原则

系统性原则，也称为整体性原则，指开发数字化教学资源时，教师应强化顶层设计，对教学内容进行整体的、系统的规划与设计，充分考虑各知识点之间的逻辑关系。

例如：《如何见圾行事》[①]系列交互式课件基于《上海市生活垃圾管理条例》系统阐释了垃圾分类基础知识，居民区、工作单位、公共场所三大生活场景中的垃圾分类方法以及垃圾分类后的处理方式，如图 1-3-4 所示。

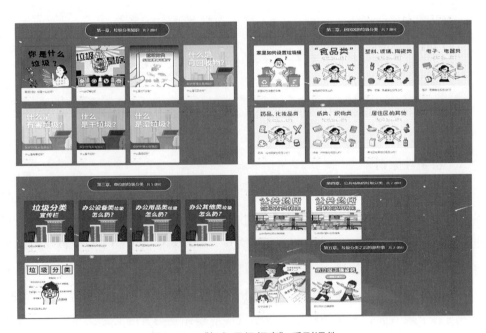

图 1-3-4 《如何见圾行事》系列课件

四、主体性原则

学习者是教学活动发生、发展的核心，不论是以讲授为主，还是以自主学习为主的数字化教学资源都应尊重学习者的主体地位。在制作过程中，教师应充分分析学习

---
① 九一速课网. 如何见圾行事 [EB/OL]. [2023-10-28]. https://www.91suke.com/activity/ljfl.

者原有的认知结构，了解学习者的学习风格和起点水平。只有在此基础上制作的数字化教学资源才能有效提升教学的效率。

例如：四年级学习者的思维以形象思维为主，在设计并制作《三角形的内角和》的微课时，教师分别制作了锐角三角形、直角三角形、钝角三角形，并通过演示拼接、折叠的方法向学习者验证"三角形的内角和为180°"，与四年级学习者的认知特点相契合。这不仅帮助了学习者更好地理解定理的由来，而且激发了学习者动手实践验证数学定理的兴趣。《三角形的内角和》微课画面截图如1-3-5所示。

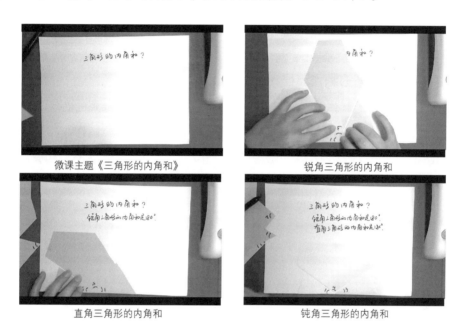

图1-3-5 《三角形的内角和》微课

五、适用性原则

并非所有的教学内容都适合以数字化教学资源的形式来呈现，教师应围绕实际教学需求，有针对性地、重点突出地开展数字化教学资源建设。在资源制作前，教师要考虑待制作的数字化教学资源是否与教学内容有关，该教学内容是否适合以数字化教学资源的形式来表达，待制作的数字化教学资源是否有利于教学过程中要解决或突破的教学重难点问题。

例如：八大行星是围绕太阳运转的八个行星，它们形态各异，分布在浩瀚的宇宙中，对于中小学学生来说无疑是抽象、陌生的。利用AR（增强现实）技术来呈现八大行星有助于学生直观认知太阳系八大行星的外观和排列顺序，如图1-3-6所示。

图 1-3-6 太阳系 AR 场景

1.3.2 数字化教学资源的制作流程

数字化教学资源的制作是一个系统工作。根据数字化教学资源的特征，数字化教学资源的开发一般需经历确定主题、前端分析、资源设计、资源制作与资源评价五个阶段，如图 1-3-7 所示。本节以《立定跳远动作示范》动图制作为例，来展示数字化资源制作的一般流程。

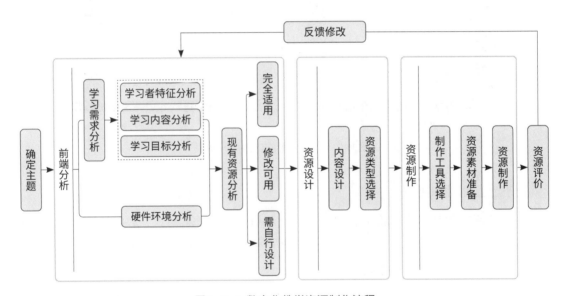

图 1-3-7 数字化教学资源制作流程

一、确定主题

数字化教学资源的选题决定着资源的制作形式、学习活动的组织方式和学习效果。所以在数字化教学资源制作前需要慎重选择学习主题，并对该选题进行科学的分析处理。

例如：刘老师是七年级 2 班的体育老师，在体育课上，她向学生讲解了立定跳远的动作要领，并且现场示范了如何标准地完成立定跳远动作。但在教学过程中她发现，学生观看完示范动作后仍无法做出标准的动作。于是，她决定在课后推送立定跳远相关数字化教学资源，以供学生观察、学习和模仿。

二、前端分析

前端分析主要包括三个方面的内容：一是硬件环境分析，分析当前的硬件环境适合呈现哪些类型的数字化教学资源；二是学习需求分析，对学习者特征、学习目标、学习内容进行分析，以确保所设计的数字化教学资源能够满足学习者的需求；三是现有资源分析，分析已有的数字化教学资源哪些是可以直接使用的，哪些是经过修改后可以投入使用的，哪些学习内容暂时没有适配的数字化教学资源，需要教师自行设计并制作。

（一）硬件环境分析

数字化教学资源制作的硬件环境分析主要是对资源使用条件进行分析，以保证数字化教学资源在教学过程中能够流畅运行与共享。

例如：刘老师所教授的班级中，平板电脑是学生们课后学习最为常用的学习设备。学生们能够利用平板电脑接收并学习刘老师推送的数字化教学资源。

（二）学习需求分析

1. 学习者特征分析

不同年龄的学习者、同一年龄的不同学习者，都具有不同的特征。学习者特征分析主要从认知基础、学习风格、学习能力三个方面进行分析。基于数字化教学资源在泛在学习与个性化学习中的应用，学习者的范围并不限于在校学生。因此，教师在分析学习者特征时，可对学习者进行分类，分析该群体的一般特征。

例如：刘老师班级的学生跳远基础较为薄弱，个体差异较大。通过课堂学习，大部分学生已经掌握了预摆、起跳和收腹等基本技术，但是动作之间的连贯性较差，缺乏协调性。鉴于此，刘老师决定推送相关数字化教学资源，以帮助学生规范动作，培养学生自主学习和自我修正动作的能力。

2. 学习目标分析

学习目标是教与学系统中的重要元素。教师制作数字化教学资源前应明确学习目标，对学习者学习该资源后产生的预期行为进行具体描述。在数字化教学资源制作过程中，教师应结合课程标准，将总目标细化成具体的、可检测的、易于学生掌握的小目标，为后续针对性、模块化的内容设计打下基础。

例如：基于学习者特征分析，刘老师确定了两个学习目标，即掌握原地立定跳远技术，形成正确连贯的跳远姿势，并熟练运用预摆和起跳技术，发展身体协调能力。

3. 学习内容分析

数字化教学资源是学习内容的一种呈现方式，因此选择恰当的学习内容对于提高数字化教学资源的质量起着事半功倍的作用。教师分析学习内容时需要分析学习内容的范围和学习内容的深度，明确数字化教学资源各知识模块之间的联系，解决学习者"学什么"的问题。

例如：立定跳远是七年级体育教学的重点内容，能促进学生的上下肢、关节、韧带和身体器官机能的发展，提高学生的灵敏、速度、力量等身体素质。立定跳远由预摆、起跳、腾空、落地四部分组成，其中，预摆和起跳屈伸为立定跳远的教学重点。鉴于此，刘老师在设计数字化教学资源时应对预摆和起跳动作要点进行拆分讲解。

（三）现有资源分析

教师在完成学习需求分析后，需要调查并搜集已有的、可利用的、满足学习者需求的数字化教学资源，以提高数字化教学资源设计制作的效率。教师根据学习者特征和学习目标，判断现有数字化教学资源能否满足学习者的学习需求，并将其划分成完全适用、修改可用、完全不适用三个类别。完全适用的数字化教学资源，教师可直接用于组织支持教学活动；修改可用的数字化教学资源，教师可对其存在的问题或与学习者特征、学习目标不适配的部分进行修改、组合。若现有资源没有符合要求的，则执行后续资源制作流程，教师自行设计制作资源。

例如：刘老师在百度搜索引擎上以"立定跳远"为关键词，搜索发现现有资源多为文本、图片和视频，如图1-3-8所示。七年级学生难以仅凭借静态的文本、图片资源理解立定跳远动作要领，并自主修正跳远动作。视频资源以立定跳远的重要性、动作分解和技巧讲解为主，理论讲授较多，不便于学生直接模仿学习。因此，刘老师决定自行制作能满足需求的数字化教学资源。

图1-3-8 "立定跳远"资源检索结果

三、资源设计

数字化教学资源设计阶段主要包括内容设计和资源类型选择两个环节。教师需要完成知识点的划分和教学方法的设计,并据此选择待制作的数字化教学资源的类型。

(一)内容设计

数字化教学资源制作过程中,教师可将已确定的学习主题划分为多个完整且相对独立的知识模块;再将每一个知识模块的内容细化成一个或多个相对独立的知识点,如图 1-3-9 所示,这样可以有效降低学习者的认知负荷。接着,教师需要根据知识点,选择恰当的教学方法,设计教学过程,促使学生掌握知识技能,获得身心发展。教师可针对单一的知识点制作数字化教学资源,也可针对一个知识模块甚至整个学习主题进行系统化的资源制作。

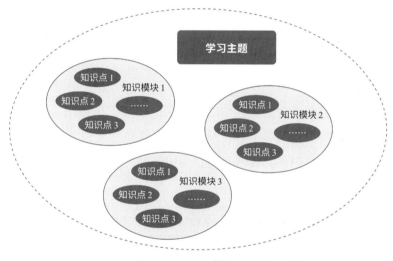

图 1-3-9 知识模块划分

例如:立定跳远可分为预摆、起跳、腾空、落地四个知识模块,知识划分如图 1-3-10 所示,每个知识模块均包括动作要领和动作示范两个知识点。因此,刘老师计划采用演示法来呈现教学内容,通过动作示范与原理讲解,帮助学生掌握立定跳远动作技巧。

图 1-3-10 立定跳远知识模块

（二）资源类型选择

完成内容设计后，教师可依据知识点特征、学习者特征、制作者的技术等因素选择待制作的数字化教学资源类型。

例如：七年级的学生正从直观具体的形象思维为主向以抽象思维为主过渡，但仍具有一定的直观具体性。应用动图等动态的媒体形式直观形象地呈现动作要领，能够加深学生对知识技能的理解和记忆。动图所占内存较小，传输速度快，支持循环播放，能够动态清晰地呈现立定跳远这一瞬时动作。同时，动图制作过程较为简单。于是刘老师决定将立定跳远动作过程制作成动图。

四、资源制作

数字化教学资源制作阶段主要包括制作工具选择、素材准备和制作三个环节。制作工具选择环节，教师需要依据学习目标以及内容设计，选择与数字化教学资源类型适配的制作工具。教师依据教学设计准备相应的资源素材后，即可制作数字化教学资源。

（一）制作工具选择

不同类型的数字化教学资源在制作时可选用的工具不尽相同，如表1-3-1所示，在表中根据不同的资源类型列举了一些制作工具。这里需要说明的是，教师并不是要掌握所有的工具才能进行制作。技术是为教学服务的，本书将为教师介绍简单适用的制作工具。

表1-3-1 数字化教学资源制作工具

资源类型	制作工具
文本	Word、WPS、腾讯文档等。
图像	"画图"工具、Photoshop、Xmind等。
视频	QQ影音、Premiere、Camtasia Studio等。
音频	GoldWave、Audacity、风云音频处理大师等。
动画	Animate、万彩动画大师、Focusky等。
课件	PowerPoint、WPS、希沃白板5等。
微课	Camtasia Studio、SmoothDraw等。
VR/AR资源	kivicube、720yun等。
数字教材	iBooks Author、云展网、FLBOOK等。

（二）资源素材准备

教师在制作数字化教学资源前需要准备文本、图片、音频、视频、动画等多媒体素材。教案、试卷等文本素材可通过国家中小学智慧教育平台、一师一优课网、备课网等平台获取；图片素材可通过百度图片、标准地图服务、中华珍宝网等网站获取；

音频素材可通过中央电教资源库、中小学语文示范朗读库、爱给网等网站获取；视频素材可通过国家中小学智慧教育平台、TED、中学历史教学园地等网站获取；动画素材可通过物理好资源网等网站获取。

（三）资源制作

制作数字化教学资源所采用的制作工具、面向的学习者不同，制作方法也会有所不同。因此，教师制作数字化教学资源时应该具体问题具体分析。本书的第二至第十章将结合具体案例详细介绍文本、图像、视频、音频、动画、课件、微课、VR/AR 资源、数字教材这九种数字化教学资源的制作方法。

例如：刘老师利用手机拍摄了自己立定跳远预摆、起跳、腾空、落地四个环节的慢动作示范视频，并利用 Premiere 软件为视频添加动作要领标注。最后，她通过格式工厂软件将视频转换为 GIF 动图。《立定跳远动作示范》动图截图如图 1-3-11 所示。

图 1-3-11 《立定跳远动作示范》动图截图

五、资源评价

数字化教学资源制作完成之后，需要通过评价来进行完善。教师一般通过自评（教师对照评价标准自行评价）、专家评价（邀请学科专家开展评价）、学习者评价（邀请学习者提前观看资源提出建议）三种方式获取数字化教学资源的评价。教师可根据评价结果并结合前期分析，修改完善数字化教学资源，以达到理想的资源设计效果。

例如：动图制作完成后，刘老师邀请了体育教研组组长周老师和几位班级学生提前观看动图，并参照《教育部教育资源建设技术规范》进行了自评。周老师指出《立定跳远动作示范》动图中文本颜色与背景色对比度过小，且行距较窄，不利于学生观看学习。试看动图资源的学生表示练习起跳动作时，难以根据动图提示判断动作是否合格。刘老师则在观看动图过程中发现，动图播放速度过快。于是刘老师针对上述问题对《立定跳远动作示范》进行了修改。首先，她将动图中的文本颜色由白色更改为黑色，并将段落行距由"单倍行距"调整为"1.5倍行距"。其次，她将起跳动作要领"38°—45°为最佳起跳角度"替换为"踝膝髋肩四个部位处于同一条直线"，使动作要领更具可测性。最后，她在转换动图时，将播放速度调整为了"0.5x"，效果如图1-3-12所示。

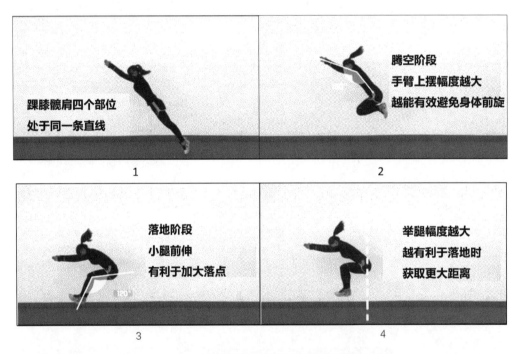

图1-3-12《立定跳远动作示范》动图（修改后）截图

本章小结

- 数字化教学资源是一种经过数字化处理，可以在多媒体计算机、移动终端、网络环境下运行的教学资源。
- 数字化教学资源具有内容呈现富媒体化、传播共享便捷化、交互形式多样化的特征。
- 数字化教学资源制作时应该遵循教学性原则、科学性原则、系统性原则、主体性原则和适用性原则。

- 数字化教学资源的制作过程包括确定主题、前端分析、资源设计、资源制作、资源评价五个阶段。

思考题

1. 数字化教学资源有哪些特征？
2. 数字化教学资源制作时应遵循哪些原则？
3. 数字化教学资源制作的流程是什么？

本章彩图
扫码可看

第二章 文本资源设计与制作

 学习目标

- 了解文本资源的类型及其格式；
- 了解文本资源的教学应用情境，能够在教学中巧妙运用文本资源；
- 了解获取文本资源的途径，能够快速获取教学所需的文本资源；
- 掌握文本资源编辑工具的基本操作，能够制作教学中常用的文本资源。

知识图谱

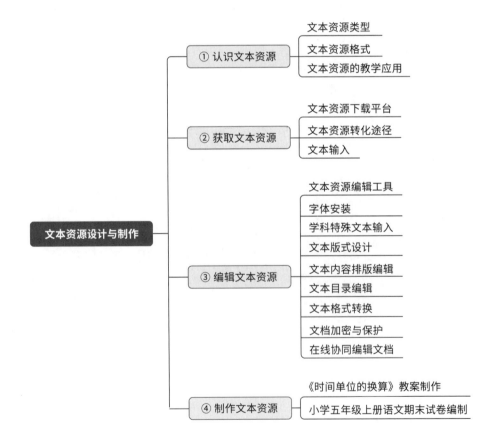

2.1 认识文本资源

2.1.1 文本资源类型

文本资源主要用于记载和储存文字信息，在教学中的应用十分普遍。例如：教师可以利用文本资源向学生呈现和传递知识信息；教师还可收集那些记录学生学习数据和成长日志的文本，然后根据文本数据分析的结果，重新确定教学重难点并调整教学计划。文本资源常见类型有 Word 文档、Excel 表格、PPT 演示文稿、PDF 电子书以及记事本文档等，它们是教学、学习、研究等信息的重要载体，如图 2-1-1 至 2-1-4 所示。

XX 学校学生花名册

序号	年级	班级	姓名	性别	学号
1	一年级	1 班	陆远远	男	2020010108
2	一年级	1 班	田曼曼	女	2020010109

图 2-1-1 花名册

课前学习任务
1. 根据自己对课文的理解，有感情地朗读《春》，把握好朗读的重音和停连，试着读出文中充沛的感情。
课上学习任务
【学习任务四】 朱自清的《春》读起来富有童趣，清晰，活泼，优美。你有没有这样的感觉？试找出一些段落，或品味词语，或品析修辞手法，或赏析表现手法……体会文章表达童趣的妙处。然后动情朗读，读出童趣。
推荐的学习资源
1. 朗读基调的把握 在朗读时，不同体裁和内容的文章采取什么样的朗诵基调是非常重要的。基调，不是简单地指音高、音低、音强、音弱。基调，是指作品的基本情调，即作品总的态度情感，总的色彩和分量，以及朗诵者的具体态度。 感情色彩有喜、怒、哀、乐之分；态度有肯定、否定、批评之别，其中有分寸和火候的差异。 朗诵者要从作品的针对性和朗诵的目的上去把握态度，更要以作品中的人物、事件、或者是情感和风格特点等因素去揣摩作品色彩的总特色。朗诵者可以通过声音来传达极

图 2-1-2 学习任务单 . docx

6　　信息技术课程教学技能训练

(一)教学技能的涵义

对教学技能的概念的定义，国内外学者都各有不同。

美国芝加哥大学的莫里逊教授认为“教学技能是为了达到教学上规定的某些目标所采取的一种极为常用的，一般认为是有效果的教学活动方式”；澳大利亚悉尼大学的克利夫·特尼认为“基本教学技能是在课堂教学中教师的一系列教学行为”；湖南师范大学胡淑珍教授认为“教学技能系指通过练习运用一定的知识和经验达成某种教学目标的能力”。由原国家教委师范司组织编写的《教师职业技能训练教程》一书认为“教学技能是在课堂教育中教师运用专业知识及教学理论促进学生学习的一系列教学行为方式”。还有学者认为，教学技能就是指教师在教学过程中运用一定的专业知识和经验顺利完成某种教学任务的活动方式。它是教师运用专业知识、教学理论，依据学习理论和教学原则进行教学设计、教学研究，组织课内外教学活动，有效地促进学生完成学习任务的活动方式。

无论怎样定义概念，我们都应该认为，教学技能不仅仅是一种单纯的动作能力，它包括两个方面的内容，即是教学的动作技能和教学的心智技能的有机统一。动作技能使教师能完成教学任务中复杂的身体动作，如板书动作、语言动作、操作计算机的动作等；心智技能使教师能借助于语言，在头脑内部完成对教学任务的组织，或完成与学生的交流，如进行教材分析、教学设计、课堂管理、与学生互动等。

因此，教学技能一般包括以下内容：(1)表达能力。语言表达需要流畅、简洁、清楚；行为表达需要直观、具有可理解性和交互性。(2)观察能力。教师要能面向全体学生，照顾到不同学生的差异性，根据不同学生的情况进行诊断与评价。(3)思维能力。教师应该在课堂教学中做到思维清晰，分析问题合乎逻辑，传授知识准确、到位。(4)调控能力。教师能够根据学生的学习情况，及时调整教学进度、教学方式和教学内容。(5)操作能力。主要包括教师的实验操作能力，运用现代教学手段进行教学的能力。

(二)教学技能的分类

教学技能的分类与教育观念、教学理论、学习理论以及社会对教师素质的要求的发展有关。早期的教育由于受到行为主义理论的影响，强调对学生的外显行为的观察，强调以教师为中心的教学方法，强调教师在课堂教学中的主导地位，因此，对教师教学技能体系的要求都是教师对课堂教学流程的控制技巧。如澳大利亚悉尼大学提出的培训教师的 6 项基本教学技能是：强化技能，一般提问技能，变化技能，讲解技能，导入和结束技能，高层次提问技能。日本东京学艺大学将教学技能分为 9 种：导入，展开，变化，总结，例证，确认，演示，板书，提问。

图 2-1-3 电子书 . pdf

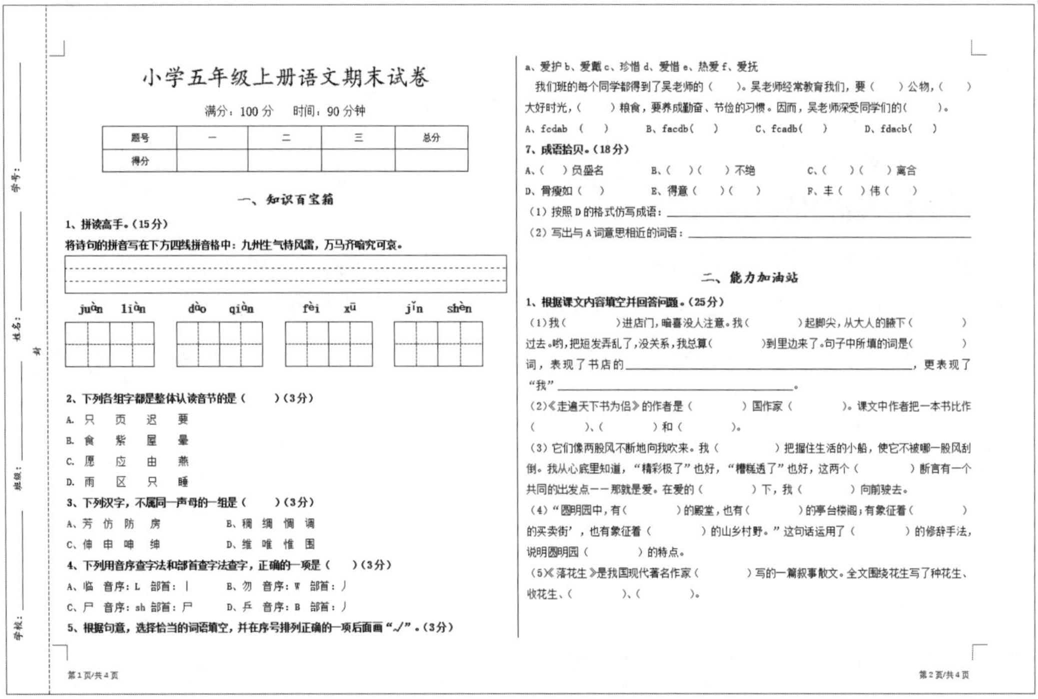

学号：
姓名：
封
班级：
学校：

小学五年级上册语文期末试卷

满分：100 分　时间：90 分钟

题号	一	二	三	总分
得分				

一、知识百宝箱

1、拼读高手。（15 分）

将诗句的拼音写在下方四线拼音格中：九州生气恃风雷，万马齐喑究可哀。

juàn liàn　dào qiàn　fèi xū　jǐn shèn

2、下列各组字都是整体认读音节的是（　）（3 分）

A. 只　页　迟　要
B. 食　紫　屋　晕
C. 愿　应　由　燕
D. 雨　区　只　睡

3、下列汉字，不属同一声母的一组是（　）（3 分）

A、芳　仿　防　房　　B、稠　绸　惆　调
C、伸　申　呻　绅　　D、维　唯　惟　围

4、下列用音序查字法和部首查字法查字，正确的一项是（　）（3 分）

A、临　音序：L　部首：丨　　B、勿　音序：W　部首：丿
C、尸　音序：sh　部首：尸　　D、乒　音序：B　部首：丿

5、根据句意，选择恰当的词语填空，并在序号排列正确的一项后面画"√"。（3 分）

第 1 页/共 4 页

a、爱护 b、爱戴 c、珍惜 d、爱惜 e、热爱 f、爱抚

我们班的每个同学都得到了吴老师的（　）。吴老师经常教育我们，要（　）公物，（　）大好时光，（　）粮食，要养成勤奋、节俭的习惯。因而，吴老师深受同学们的（　）。

A、fcdab（　）　B、facdb（　）　C、fcadb（　）　D、fdacb（　）

7、成语拾贝。（18 分）

A、（　）负盛名　B、（　）（　）不绝　C、（　）（　）离合
D、骨瘦如（　）　E、得意（　）（　）　F、丰（　）伟（　）

（1）按照 D 的格式仿写成语：________

（2）写出与 A 词意思相近的词语：________

二、能力加油站

1、根据课文内容填空并回答问题。（25 分）

（1）我（　）进店门，暗喜没人注意。我（　）起脚尖，从大人的腋下（　）过去。哟，把短发弄乱了，没关系，我总算（　）到里边来了。句子中所填的词是（　）词，表现了书店的________，更表现了"我"________。

（2）《走遍天下书为侣》的作者是（　）国作家（　）。课文中作者把一本书比作（　）、（　）和（　）。

（3）它们像两股风不断地向我吹来。我（　）把握住生活的小船，使它不被哪一股风刮倒。我从心底里知道，"精彩极了"也好，"糟糕透了"也好，这两个（　）断言有一个共同的出发点——那就是爱。在爱的（　）下，我（　）向前驶去。

（4）"圆明园中，有（　）的殿堂，也有（　）的亭台楼阁；有象征着（　）的买卖街'，也有象征着（　）的山乡村野。"这句话运用了（　）的修辞手法，说明圆明园（　）的特点。

（5）《落花生》是我国现代著名作家（　）写的一篇叙事散文。全文围绕花生写了种花生、收花生、（　）、（　）。

第 2 页/共 4 页

图 2-1-4 试卷 . docx

2.1.2 文本资源格式

常见文本资源格式有 TXT 格式、HTML 格式、DOCX 格式、XLSX 格式和 PDF 格式，不同格式的文本可承载不同形式的教学资源，也有其专门的编辑工具，具体如表 2-1-1 所示。

表 2-1-1 文本资源格式及编辑工具

文本资源格式	文件扩展名	编辑工具	工具主要功能
TXT 格式	.txt	记事本	常用于存储文本信息即纯文字信息。
HTML 格式	.htm/html		
DOCX 格式	.docx	Microsoft Word 文档	集图文排版、页眉页脚设置、特殊符号和公式编辑、表格设计、邮件处理、文字批注修订审阅等多种功能于一身。
XLSX 格式	.xlsx	Microsoft Excel 工作表	支持数据记录和整理，使用公式和函数等功能可对数据进行加工和计算；使用排序、分类汇总等分析工具对数据进行统计和分析，还支持图形报表的制作，将数据呈现可视化。

（续表）

文本资源格式	文件扩展名	编辑工具	工具主要功能
PDF 格式	.pdf	福昕 PDF 编辑器	用于查看、编辑可移植文档，可对 PDF 文档进行高亮、注释、文字提取、划词翻译等操作，支持把 PDF 文件转换成 Word、Excel、PPT 等文件格式。

2.1.3 文本资源的教学应用

文本资源在教学中扮演着重要的角色。课前，教师可通过查看学情分析文档，调整自己的教学策略并制定适合学生学习的方案，通过参考教学设计方案与教学课件来辅助自己备课；课中，教师可发布随堂测试文本资源，演示教学课件，展示与教学相关的电子书等；课后，教师可以给学生发送作业文档、学习情况测评表，提供丰富多彩的电子课外读物等。

一、学情分析文档

学情分析是进行有效教学的前提，学情分析文档能够帮助教师从学生的实际出发，确定教学起点、发现教学的难点，从而制定和调整教学策略。

例如：高中数学教师利用 Microsoft Word 软件编写调查问卷，内容包括学生基本信息、对数学兴趣和难度的感知，以及遇到困难时的应对策略等，如图 2-1-5 所示。

```
                    数学学习情况调查问卷
亲爱的同学：
    你好！本次调查是想对大家数学学习的情况做个大致了解，结果不算分数、不记姓名。请
按照你的实际情况回答问题。谢谢你的参与！
1.你的性别是（  ）
2.你上学期的数学期末考试成绩是（  ），你本学期的数学期中考试成绩是（  ）
3.你自己的身体怎么样（  ）
A.很好        B.较好        C.一般        D.较差
```

图 2-1-5 数学学习情况调查问卷

二、课堂教学演示文稿

教学演示文稿是辅助教师提高教学效率的优秀助手。课堂教学演示文稿以图文并茂的方式呈现知识、突出教学重点，能够吸引学生的注意力、帮助学生理解知识。

例如：教师在课堂中讲解平面立体与曲面立体知识点时，制作了如图 2-1-6 所示的演示文稿，文稿中不仅展示了平面立体与曲面立体的图片，还配有文本描述知识点，并以其他颜色的字体样式突出重点，让学生掌握知识点的关键特征。

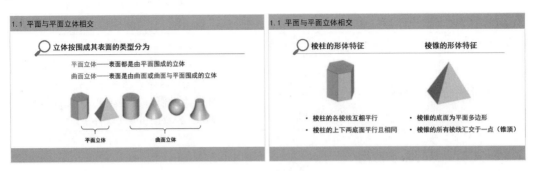

图 2-1-6 教学课件

三、学习情况测评表

有效的教学评价具有激励和调节作用，教师通过测评表记录学生的日常表现，分析学生的学习情况，给予学生有效的反馈从而促进学生的发展。

例如：教师利用 Microsoft Excel 软件制作学生日常评价表，评价维度包括学习态度和学习习惯、考试成绩和平时作业完成情况，以及学习能力，如图 2-1-7 所示。根据该评价表所记录的学生表现，教师可以重新确定教学重难点或更换教学方法。

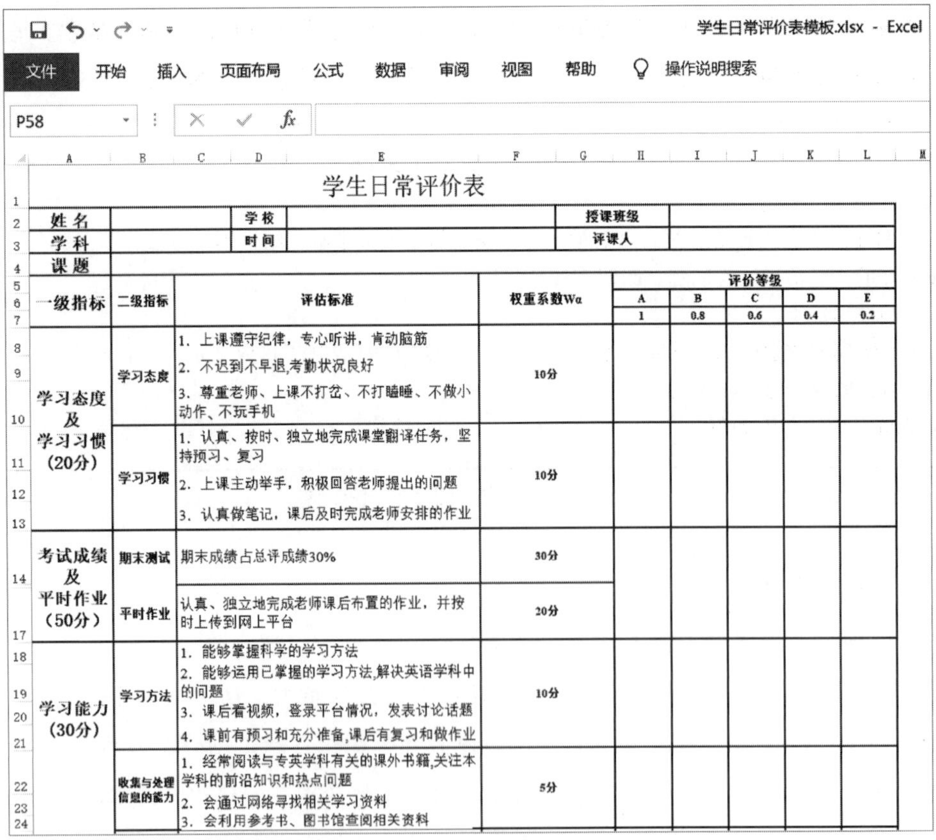

图 2-1-7 学生日常评价表

四、电子书

电子书具有容量大、体积小、设计精美、价格低廉及方便携带的特点，常被教师作为拓展学习资料或课外读物推荐给学生。

例如：在"岭南历史和文化"选修课上，某高校教师把电子书《古代岭南女性社会形象研究》作为拓展学习资料推荐给对古代岭南女性社会形象变迁感兴趣的学生，以供他们进一步学习，如图2-1-8所示。

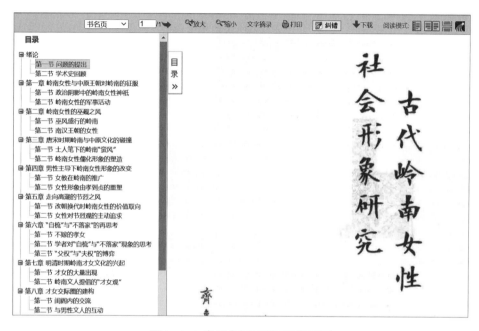

图2-1-8 电子书拓展学习资料截图

2.2 获取文本资源

2.2.1 文本资源下载平台

随着互联网的发展，教师可以在网络平台上检索到大量优质的教案、电子书、实验方案、试卷等文本资源，这极大地丰富了教师的教学资源库。常用的文本资源网络下载平台可以分为综合类文本资源下载平台和学科类文本资源下载平台。

一、综合类文本资源平台

综合类文本资源下载平台，如百度文库（https://wenku.baidu.com）可下载教案、课件、试卷等文本内容；中国知网（https://www.cnki.net）可下载文献资料；鸠摩搜书（https://www.jiumodiary.com）可下载电子书资源。下面以百度文库为例，介绍在综合类文本资源下载平台中获取文档类资源的具体操作步骤。

搜索文档：在百度文库页面的搜索框中输入"赤壁赋"后，单击【搜索文档】，在新弹出的窗口中分别选择【免费】【doc】筛选文档资源类型，如图2-2-1所示。

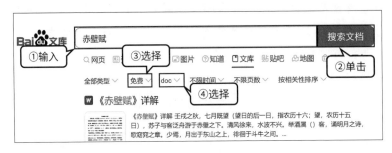

图 2-2-1 搜索文档

下载文档：在筛选后的页面中找到符合需求的文档，单击【快速预览】按钮，在弹出的详情页面中单击【单篇下载】，在新跳转窗口中单击【立即下载】即可开始下载，如图 2-2-2 所示。

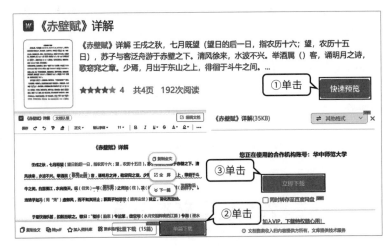

图 2-2-2 下载文档

二、学科类文本资源平台

学科类文本资源下载平台，如新东方云书（https://ys.xdf.cn/main/home）、化学教育（http://www.ngedu.net）、历史资源网（http://www.fed.cuhk.edu.hk/history）包含有语文、英语、化学和历史学科素材如字帖描红、拼音或英文字母练习表、化学公式大全、历史考察资料、历史档案等各种与教学相关的文本资源。下面以"新东方云书"平台为例，介绍在学科类文本资源下载平台中获取汉语拼音描红文档的具体操作步骤。

资源筛选：进入新东方云书平台后，依次单击【按年级】按钮、【语文】按钮和

【练字描红】按钮进行资源的筛选，最后单击【汉语拼音字母描红】进入汉语拼音字母资源页面，如图2-2-3所示。

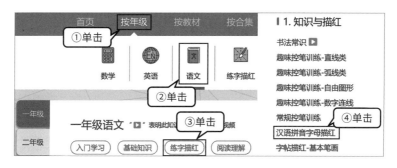

图2-2-3 资源筛选

资源下载：在新页面中单击符合需求的文档，在弹出的窗口中单击【下载】按钮即可下载，如图2-2-4所示。

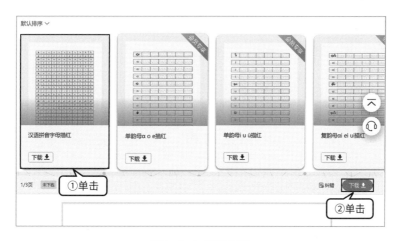

图2-2-4 资源下载

2.2.2 文本资源转化途径

一、纸质文本扫描

文本资源的一个重要来源就是纸质书籍，然而计算机无法直接处理纸质文本资源，因此需要先将纸质文本转换为计算机可以识别、处理的数字化资源。可以通过文本扫描将纸质文本转换为数字化文本，文本扫描包括打印机扫描和手机APP扫描两种方式。

打印机扫描可以把纸质文本材料转换为PDF或JPG格式的电子版文件。手机扫描是通过手机APP，如"扫描全能王""极简扫描"等，将纸质资源转换成数字化资源。打开"极简扫描"应用，如图2-2-5所示，单击下方【扫描】按钮，可以进入扫描类型选择界面，如图 2-2-6 所示，可以扫描"证件""曲面书籍"或"单页文件"。选择对应类型后，即可进入扫描界面，如图 2-2-7 所示，将证件与扫描框对齐即可开始扫描。

图 2-2-5 "极简扫描"首页　　图 2-2-6 扫描类型选择界面　　图 2-2-7 扫描界面

以"扫描书籍"为例，扫描背景应尽量单一或将扫描文件置于颜色反差大的背景上，如图 2-2-8 所示。当手机保持静止不动后，"极简扫描"自动检测书页边缘并用红框选取目标区域。扫描成功后跳转到编辑页面，如图 2-2-9 所示，单击右上角【分享】按钮保存扫描结果。

图 2-2-8 软件自动选定扫描目标　　图 2-2-9 扫描后编辑界面

二、图片识别文本

当教师需要提取图片中的文字时,为提高效率,可以通过屏幕截图识别、本地图片上传识别、拍照识别三种方式快速提取图片中的文字,而不需要手动输入。下面介绍这三种图片识别文本的方式。

(一)屏幕截图识别

这里以 PC(个人计算机)端常用的"搜狗输入法"为例,介绍从截图中提取文字的具体操作步骤。

工具选择:单击"搜狗输入法"悬浮窗中最右侧的【智能输入助手】图标 ▦,进入"搜狗输入法"智能输入助手的首界面,选择【更多工具】栏的【图片转文字】工具,如图 2-2-10 所示。

图 2-2-10 选择"搜狗输入法"的图片转文字工具

截图识图:在打开的界面中单击【截图识图】功能。截取图片后,系统将会自动识别截图中的文字,其识别结果如图 2-2-11 所示。单击【复制】或【下载】按钮可获取文本。

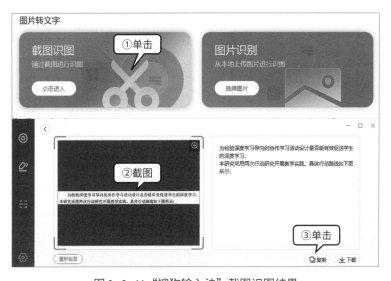

图 2-2-11 "搜狗输入法"截图识图结果

（二）本地图片上传识别

"搜狗输入法"中的"图片识别"功能可以识别用户上传的本地图片中的文本内容。这里以识别本地中保存的"法律知识.JPEG"图片为例，介绍具体操作步骤。

上传图片：在【图片转文字】栏中单击【图片识别】功能，在弹出的窗口中选择"法律知识"图片后，单击【打开】即可上传图片，如图2-2-12所示。上传成功后系统将会自动提取图中文字，识别结果如图2-2-13所示。

图2-2-12 上传图片

图2-2-13 图片识别结果

（三）拍照识别

教师在备课时，若想将纸质书中的文本内容引用到教学中，并在教学课件中展示，那么教师可以使用通信工具"QQ（手机版）"和"扫描全能王"来拍照识别文字，如图2-2-14所示，从而获得电子版的文本资源。

图2-2-14 拍照识别

下面以常用的通信工具"QQ（手机版）"为例，介绍拍照识别文字的具体操作步骤。

拍摄页面：打开"QQ"的聊天界面，在下方工具栏中选择【拍照】功能，在拍摄界面中将需要提取文字的页面打开平放在拍摄范围内，拍摄完成后单击【发送】，再次在聊天界面中打开图片，单击右下角的【其他】按钮，在下方弹出的窗口中选择【提取文字】功能，如图2-2-15所示。

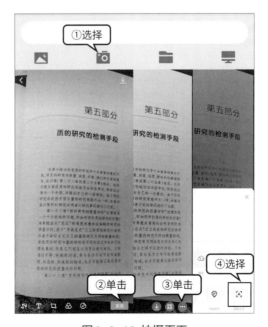

图2-2-15 拍摄页面

提取文字：识别文字后的效果如图2-2-16所示。在此界面下方的工具栏中可以选择"复制"或"提取全文"的形式获取图中全部文本内容，也可以选中部分所需文字内容进行相同处理。选中文本的效果如图2-2-17所示。

 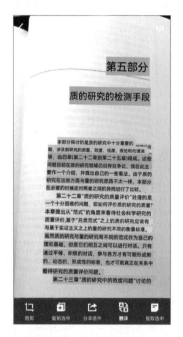

图2-2-16 识别文字效果图　　　　图2-2-17 复制选中文本

> **小贴士**
>
> QQ中"我的电脑"聊天窗口下方的"导入照片"按钮 🖼️，如图2-2-18所示。可以直接将手机相册中的图片导入此界面，按上述步骤操作，同样能实现本地图片的文本识别功能。

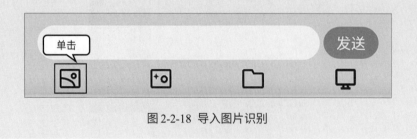

图2-2-18 导入图片识别

三、音频转写文本

音频转写文本即将音频中的语言信号转变为相应的文本信息。以移动端"讯飞听见"APP为例，其音频转文字模块中有"开始录音"和"导入音频"两个功能，如图2-2-19所示。用户可使用"开始录音"功能直接将实时音频流转为文本，也可以选择

"导入音频"功能将已录制的音频文件转为文本。

图 2-2-19 "讯飞听见"语音转文字功能

下面以"讯飞听见"APP 为例,具体介绍"已录制音频转写"和"实时音频流转写"这两种音频转写文本方法的具体操作步骤。

(一)已录制音频转写

导入音频:在手机"语音备忘录"中找到需转写的音频文件"5月20日会议录音"。单击该音频右侧的【更多】按钮，在弹窗中选择【分享】,在弹出的窗口中单击【讯飞听见】图标,即会在"讯飞听见"APP 中打开该音频,如图 2-2-20 所示。单击【转文字】按钮,即可开始转写文字。

图 2-2-20 音频导入"讯飞听见"APP 中

音频转写:在跳转的【转文字】界面中选择【机器快转】,选择语种为【中文(普通话)】,单击【提交转写】按钮,在打开的【转文字结算】界面中单击【立即转写】按钮开始转写,如图 2-2-21 所示。其转写结果如图 2-2-22 所示。

图 2-2-21 开始音频转写　　　　图 2-2-22 转写结果效果图

（二）实时音频流转写

实时音频流转写：打开"讯飞听见"APP，单击【开始录音】按钮🎤，在新页面中直接开始语音输入。APP 会实时转写当前的音频流并以文字信息形式保存下来，单击【完成】按钮✓后转写结束，如图 2-2-23 所示。

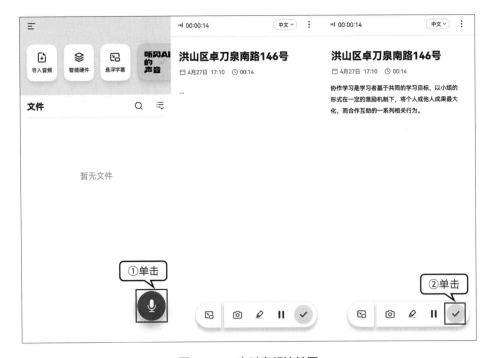

图 2-2-23 实时音频流转写

四、视频提取文本

视频识别即提取视频中的音频,并将其转变为可编辑的文本资源。当教师需要快速提取视频资源中的信息用于教学时,可以借助视频识别文字软件完成。例如"飞书妙记"工具,可以在会议、培训、访谈、课堂等不同场景,将视频内容转录为文本形式。

刘老师准备在英语课上向学生讲解"端午节的来历",于是下载了一个关于端午节的英语讲解视频。她想将视频中的音频内容以文字的形式展示在PPT中,以便学生在听力课上学习。"飞书妙记"工具可以帮助刘老师实现视频转文字的需求。下面将介绍具体操作方法。

进入官网:在搜索引擎中搜索"飞书妙记"并进入官网后,单击界面下方的【妙记】选项即可打开"飞书妙记"的使用界面,如图 2-2-24 所示。

图 2-2-24 "飞书妙记"官网

上传文件:在"飞书妙记"使用界面中,单击右上角的【上传】按钮,在其下拉菜单中可选择【上传本地文件】,在弹出的窗口中单击中心位置的【添加文件】图标 ,如图 2-2-25 所示。

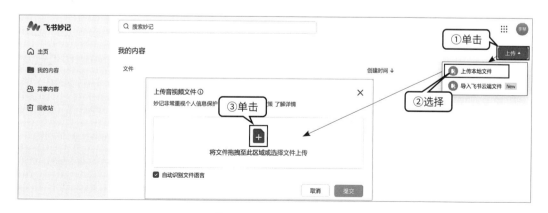

图 2-2-25 上传视频文件

视频提取文本：文件添加成功后，单击【识别语言】下拉键选择【英语】，再单击右下角的【提交】即可导入视频进行识别，如图2-2-26所示。其识别结果如图2-2-27所示。

图2-2-26 设置识别语言

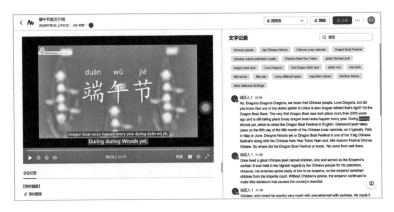

图2-2-27 视频提取文本效果图

2.2.3 文本输入

常见的文本输入方式有键盘输入、语音输入、手写输入三种。键盘输入即通过计算机输入设备键盘将英文字母、汉字、数字和标点符号等输入计算机，是教师制作教案、课件、试卷等教学资源的主要方式，如图2-2-28所示。语音输入即麦克风输入法，是计算机将操作者讲话的音频识别成汉字的输入方法。语音输入法是非常简便、易用的输入法，用户只需单击输入法中的麦克风图标，在弹出的界面中对着电脑或手机说话，即可实现语音转文字，效果如图2-2-29所示。手写输入即通过手或触控笔在触控屏幕上书写，通过触控屏幕内部的识别系统把手写的字体转换为手机可识别的标准字体，并将其显示在触控屏幕上的文本输入方法，如图2-2-30所示。

图 2-2-28 键盘输入　　　　图 2-2-29 语音输入　　　　图 2-2-30 手写输入

2.3 编辑文本资源

2.3.1 文本资源编辑工具

文本资源是教学中最为常用的一种教学资源，教师经常需要对文本资源进行编辑以满足教学需求，不同格式的文本资源有专门的编辑工具，常见的文本资源编辑工具参考第二章第一节第二小节中表 2-1-1 文本资源格式及编辑工具。

2.3.2 字体安装

> 许老师进行七年级美术《字体设计》一课的教学设计时，想在课堂上展示不同的字体样式让同学们鉴赏并以此了解不同字体的笔形特点。系统中已提供常见字体样式给用户使用，但许老师想呈现出更多特殊的字体样式。她应该如何做呢？

Word 中提供的字体样式有限，若需要使用新的字体样式，用户需要下载所需字体的安装包，并安装在计算机中。

下面以"方正启体"的安装与使用为例，介绍具体操作步骤。

下载字体：打开浏览器，在搜索框中输入"方正字库"，单击【百度一下】，在搜索结果中单击方正字库官网链接，单击【搜索】按钮，在输入框中输入"方正启体"文字，单击【搜索】按钮，在搜索结果中单击【获得字体】下载该字体，如图 2-3-1 所示。

复制文件：在电脑中找到已下载的文件，右击该文件进行解压，右击"方正启体简体 .ttf"文件后单击【复制】按钮复制该文件，如图 2-3-2 所示。

安装字体：双击电脑桌面上的"计算机"，按路径"C：\WINDOWS\Fonts"依次打开文件夹，即可看到电脑系统安装的所有字体。之后在该文件夹中按键盘上的【Ctrl】+【V】键即可将刚复制的字体文件粘贴到当前文件夹，完成"方正启体"的安装，如图 2-3-3 所示。再回到之前打开的"Word 文档"即可看到该字体，如图 2-3-4 所示。

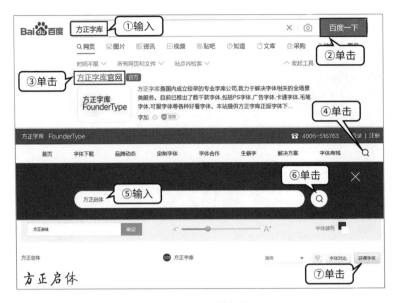

图 2-3-1 下载字体

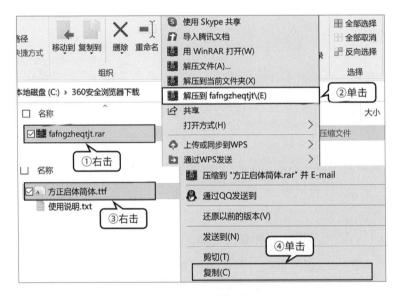

图 2-3-2 解压文件

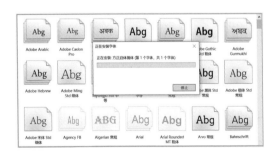

图 2-3-3 安装字体

图 2-3-4 在 Word 文档中查看字体

> **小贴士**
>
> 用户还可以通过【Windows 设置】-【个性化】-【字体】，找到添加字体的位置。

2.3.3 学科特殊文本输入

> 李老师制作一年级语文课文《春夏秋冬》的电子教案时，根据课标需要给某些字添加拼音类特殊符号，以帮助学生认识和熟记生字。王老师在制作五年级数学"分数的大小"一课的练习页时，需要用分数的形式呈现练习题。赵老师在制作八年级英语 How do you make a banana milk shake? 的导学案时，想给某些单词加上音标，帮助学生阅读、记忆……不同学科在教学过程中可能都会涉及该学科特殊文本的输入。教师应该如何做才能实现这些操作呢？

一、输入拼音

输入拼音有两种情况，一种是在文字上方标注拼音，如教学；二是单独输入拼音，如 jiào xué。这里以输入"春"字拼音为例，介绍两种情况的具体操作步骤。

（一）在文字上方标注拼音

标注拼音：在"Word 文档"的目标位置输入"春"并选中该字。单击【开始】选项卡，然后单击字体组中的【拼音指南】按钮，弹出拼音指南对话框，最后单击【确定】按钮即可，如图 2-3-5 所示。

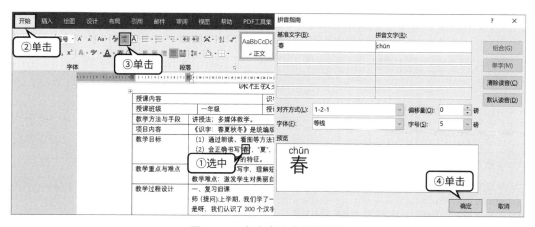

图 2-3-5 在文字上方标注拼音

（二）单独输入拼音

插入符号：在目标位置输入"chn"，将光标定位到"h"和"n"中间位置，之后单击【插入】选项卡，再单击【符号】按钮，在其下拉菜单中选择【其他符号】，如图

2-3-6所示，然后会弹出【符号】对话框。

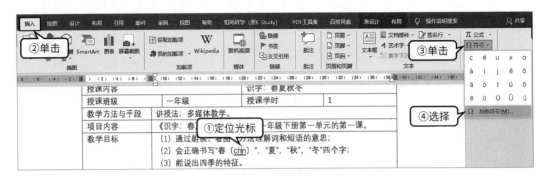

图2-3-6 插入符号

插入拼音：在【符号】对话框中，在"字体"下拉菜单中选择【（普通文本）】，在"子集"下拉菜单中选择【拉丁语扩充-A】，单击【ū】后单击【插入】按钮即可，如图2-3-7所示。最后效果如图2-3-8所示。

图2-3-7 插入拼音　　　　　　图2-3-8 插入拼音后效果图

二、输入数学公式

数学教师在制作练习题或者试卷时，常有遇到需要插入分数、数学公式等特殊符号的情况。Word中已经内置了二次公式、二项式定理、勾股定理等常用公式，教师可以直接使用，但也有部分特殊的公式符号需要教师自行添加。下面以输入"比一比：$\frac{1}{8}$和$\frac{2}{5}$的大小"为例，讲解具体操作步骤。

输入文字：输入"比一比：$\frac{1}{8}$和$\frac{2}{5}$的大小"文字，之后将光标定位到"和"字前，单击【插入】选项卡，单击【公式】按钮，如图2-3-9所示。

插入分式：进入公式编辑界面，单击【分式】下拉键，单击其下拉表中的【分式（竖式）】，如图2-3-10所示。选中分数中的分子虚线框，输入"1"，然后选中分母虚线框，输入"8"，即可完成分式 $\dfrac{1}{8}$ 的插入，如图 2-3-11 所示。按照上述方法继续插入分式 $\dfrac{2}{5}$ 可完成该题目的编辑。

图 2-3-9 输入文字

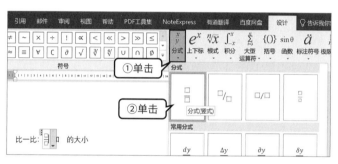

图 2-3-10 插入公式

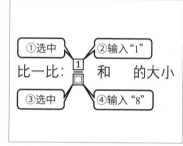

图 2-3-11 输入分子和分母

以上是 Word 文档中简单数学符号"分数"的插入，对于高等数学中复杂的定积分，Word 文档同样可呈现。下面以添加积分公式 $\displaystyle\int \dfrac{\mathrm{d}x}{\sqrt{a^2-x^2}}$ 为例，介绍具体操作步骤。

插入新公式：将光标定位到需要插入公式的位置，单击【插入】选项卡，单击【公式】下拉键，单击下拉菜单中的【插入新公式】，如图 2-3-12 所示。

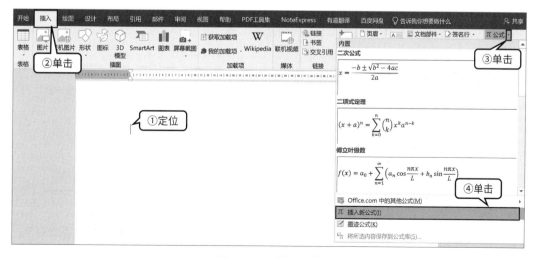

图 2-3-12 插入公式

插入积分：进入公式编辑界面，单击【结构】组中的【积分】下拉键，选择【积分】，如图2-3-13所示。插入积分后效果如图2-3-14所示。

图2-3-13 插入积分

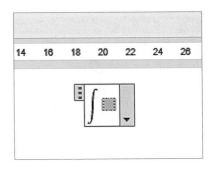

图2-3-14 插入积分后效果图

插入分式：选中虚线框，单击【结构】组中的【分式】下拉键，选择【分式（竖式）】，如图2-3-15所示。插入公式后效果如图2-3-16所示。

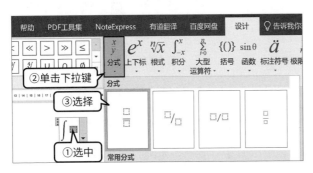

图2-3-15 插入分式

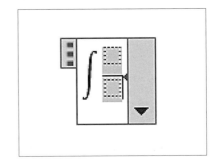

图2-3-16 插入分式后效果图

插入平方根：选中分数中的分子虚线框，输入"dx"，选中分母虚线框，单击【结构】组中的【根式】下拉键，选择【平方根】，如图2-3-17所示。插入平方根后效果如图2-3-18所示。

图2-3-17 插入平方根

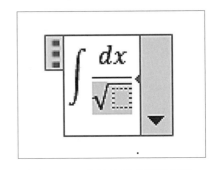

图2-3-18 插入平方根后效果图

插入上标：选中平方根虚线框，单击【结构】组中的【上下标】下拉键，选择【上标】，如图2-3-19所示。插入上标后效果如图2-3-20所示。

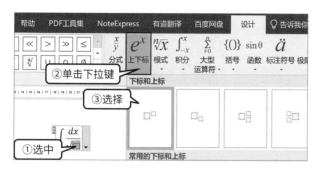

图2-3-19 插入上标

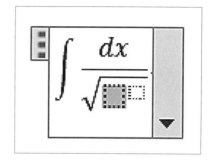

图2-3-20 插入上标后效果图

输入平方根内容：选中上标虚线框，输入"a"，选中平方输入框，输入"2"，如图2-3-21所示。继续输入"-"，如图2-3-22所示。再次插入上标后，输入"x"和"2"，最后效果如图2-3-23所示。

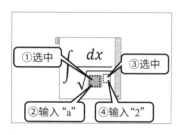

图2-3-21 输入"a²"

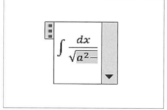

图2-3-22 输入"-"

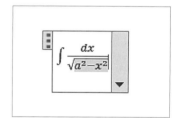

图2-3-23 输入"x²"

三、输入音标

若想在Word文档中插入音标，首先需要下载"Ksphonet.ttf"金山词霸国际音标字体。该字体可以帮助用户显示出电脑中的音标文字，下载安装后即可使用。下面以添加"shake"单词的音标为例，介绍具体操作步骤。

插入符号：打开浏览器搜索"Ksphonet.ttf"，然后下载安装该字体（详见第二章第三节第二小节字体安装）。在Word文档中将光标定位到需要插入音标的位置，单击【插入】选项卡，单击【符号】下拉键，在下拉菜单中单击【其他符号】，如图2-3-24所示。

插入音标：在弹出的【符号】对话框中单击"字体"下拉菜单中的【Kingsoft Phonetic Plain】字体，然后可以看到【符号】选项框里面的字体已更新。每单击一个音标，就单击一次【插入】，直至音标输入完成，如图2-3-25所示。

图 2-3-24 插入符号

图 2-3-25 插入音标∣∫∣

四、输入五线谱

音乐教师使用 Word 文档编写音乐教案或制作五线谱练习题时，会涉及五线谱符号的使用，有时是插入谱例，有时是在文中嵌入各种时值的音符（包括休止符）或音乐记号。在 Word 文档中使用五线谱符号时，需要下载并安装"akvo.ttf"五线谱字体。五线谱符号输入后可像文字一样调整大小、间距和行距，也可任意缩放、变形。安装"akvo.ttf"字体后，【符号】对话框中出现了五线谱符号，如图 2-3-26 所示。输入五线谱的具体步骤请参照输入音标的步骤。

图 2-3-26 "akvo.ttf"字体符号

五、输入化学反应式

化学反应式的输入步骤与数学公式的输入步骤基本相同,不同的是化学方程式需要在等号上下方输入文本信息。下面以"氯酸钾受热分解产生氧气"的方程式为例展开讲解,效果如图 2-3-27 所示。具体操作步骤如下。

$$2KClO_3 \xrightarrow[\Delta]{MnO_2} 2KCl + 3O_2\uparrow$$

图 2-3-27 氯酸钾受热分解产生氧气的方程式

插入新公式:单击【插入】选项卡,单击【公式】下拉键后单击【插入新公式】,如图 2-3-28 所示。

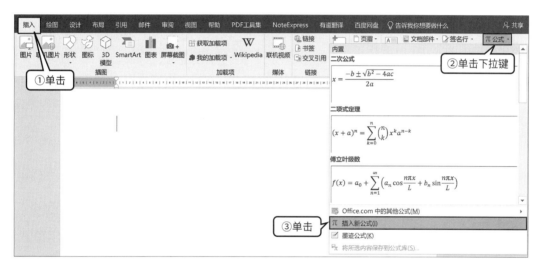

图 2-3-28 插入新公式

插入箭头:在公式编辑框中输入"2KClO₃2KCl+3O₂↑",效果如图 2-3-29 所示。其中,输入向上箭头"↑"时,光标定位在"2"后,再单击【设计】选项卡,在【符号】组中选择【↑】,如图 2-3-30 所示。

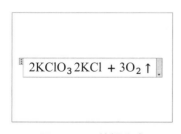

图 2-3-29 编辑公式

图 2-3-30 插入箭头("↑")

插入分式：将光标定位到"2KClO$_3$"右边，单击【设计】选项卡下的【分式】按钮，选中"分式"中的"分母虚线框"，输入一个空格，如图2-3-31所示。

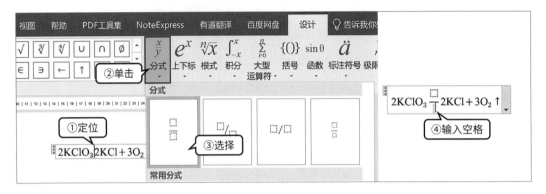

图2-3-31 插入分式

插入底线符号：选中"分子虚线框"，单击【设计】选项卡下【结构】组中的【标注符号】，之后选择其下拉菜单中的【底线】，即可生成等号，如图2-3-32所示。效果如图2-3-33所示，然后在等号上下方分别输入"MnO$_2$"和"△"即可。

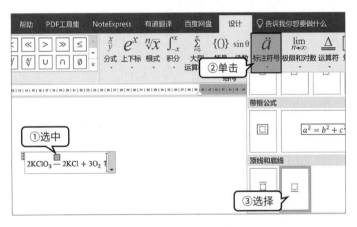

图2-3-32 插入底线　　　　　　　图2-3-33 插入底线后的效果图

2.3.4 文本版式设计

> 许老师需要制作四年级数学上册《平行》一课的电子教案，为使界面更加简洁美观，许老师需要事先进行文本版式设计。请问具体应该如何操作呢？

文本版式设计通常包括纸张大小与方向的调整、页面边距、页面分栏、页眉及页脚的设置等。启动Word新建空白文档后，教师需根据实际需要进行页面设置。

一、调整纸张大小与方向

Word 提供了不同规格的纸张大小和"纵向""横向"两种纸张方向。具体操作步骤如下。

大小调整：单击【布局】选项卡，之后单击【纸张大小】，在下拉菜单中选择纸张大小的规格，如 A3、A4 等规格，实现纸张大小调整，如图 2-3-34 所示。

图 2-3-34 纸张大小调整

方向调整：单击【纸张方向】选项，在下拉菜单中选择【纵向】或【横向】，实现纸张方向的调整，如图 2-3-35 所示。调整方向后，效果如图 2-3-36 和 2-3-37 所示。

图 2-3-35 纸张方向调整

图 2-3-36 纵向效果图　　　　　　图 2-3-37 横向效果图

二、设置页边距

Word提供了"常规""窄""中等"等不同页边距,教师还能根据实际需求自定义页边距。

页边距设置:单击【布局】选项卡,单击【页边距】下拉键,然后选择单击"常规""窄""中等""宽""对称"选项中的一种,即可实现对应页边距设置,如图2-3-38所示。

图 2-3-38 页边距设置

自定义页边距:在【布局】选项卡下单击【页边距】,再在其下拉菜单中单击【自定义页边距】,弹出【页面设置】对话框,在该对话框中依次输入页边距上、下、左、右数据,最后单击【确定】即可,如图2-3-39所示。

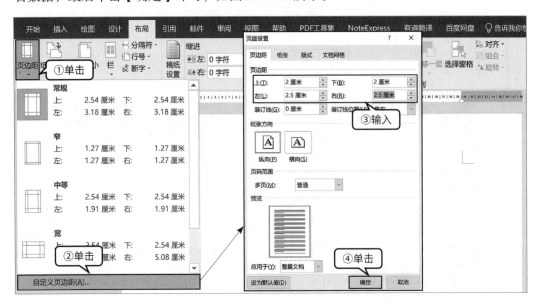

图 2-3-39 自定义页边距

三、设置页面分栏

Word 文档中能够将文本信息拆分成一栏或多栏，还能设置每一栏的宽度与间距。具体操作步骤如下。

分栏设置：选中所有文字后，单击【页面设置】组的【栏】，在下拉菜单中可直接按需求单击一栏、二栏、三栏等选项，需要进行高级设置时则单击【更多栏】选项，在弹出的【栏】对话框中，单击【两栏】，并勾选【分隔线】，如图 2-3-40 所示，最后单击【确定】按钮。两栏效果如图 2-3-41 所示。

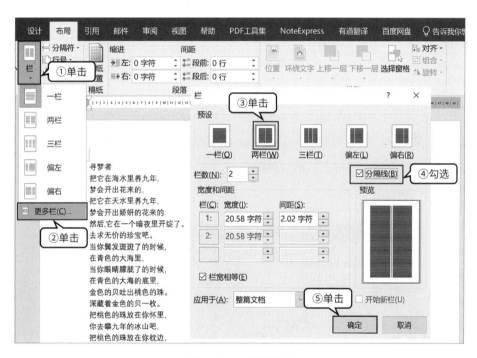

图 2-3-40 分栏设置

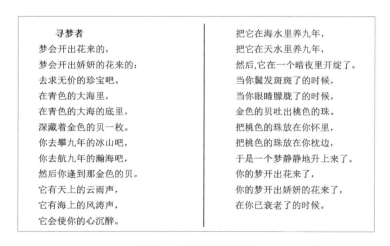

图 2-3-41 两栏效果图

四、设置页眉和页脚

可以给教案设置页眉和页脚，使学习者明确课程主题，具体操作步骤如下。

插入页眉：单击【插入】选项卡，单击【页眉】下拉键，在下拉菜单中单击【空白】，如图2-3-42所示。

图2-3-42 插入页眉

编辑页眉文字：在页眉的"[在此处键入]"处输入"第五章 第一节 平行"，完成页眉的输入，如图2-3-43所示。然后单击【关闭页眉和页脚】，效果如图2-3-44所示。

图2-3-43 编辑页眉文字

图2-3-44 插入页眉后效果图

教案页码通常以数字形式在页面底端居中呈现。在Word页脚中编辑教案页码，具体操作步骤如下。

插入页脚：单击【插入】选项卡，单击【页脚】选项，在下拉菜单中选择【空白】，如图2-3-45所示。

图 2-3-45 插入页脚

插入页码：单击【页眉和页脚】组中的【页码】下拉键，再单击【页面底端】选项，在右侧菜单中单击【普通数字 2】即可实现页码居中呈现，如图 2-3-46 所示，最后单击【关闭页眉和页脚】选项退出页眉页脚编辑即可。插入页码后效果如图 2-3-47 所示。

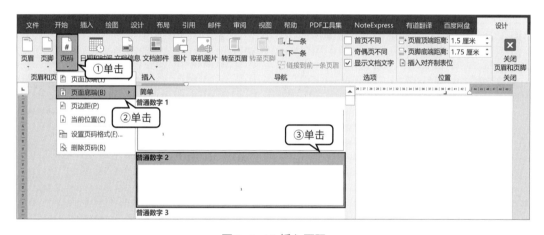

图 2-3-46 插入页码

图 2-3-47 插入页码后效果图

小贴士

若要删除设置好的页眉和页码，应首先进入页眉页脚编辑状态，再单击【页眉和页脚】组中的【页眉】或【页码】，在下拉列表中选择【删除页眉】或【删除页码】即可。

2.3.5 文本内容排版编辑

> 许老师使用 Word 文档编辑完教案文档后，发现教案文字排版不够美观，如图 2-3-48 所示。许老师想对教案中的文字进行排版，如调整字体、字号、字形、对齐方式、缩进、间距等，让整个教案更加规范美观，如图 2-3-49 所示，她该怎么做呢？

图 2-3-48 文字内容排版前　　　　　　图 2-3-49 文字内容排版后

文本内容排版通常包括设置字体格式、段落格式等。教师编辑完文档后，可以根据实际需要进行文本内容排版。以下为本案例中的具体操作步骤。

一、设置字体格式

标题加粗：选中文本"第五章 第一节 平行【第一课时】"，在【开始】选项中单击【字体】下拉键，在其下拉菜单中选择字体为【黑体】；单击【字号】下拉键，在其下拉菜单中选择字号为【三号】，再单击加粗【B】图标，如图 2-3-50 所示。

正文样式修改：依次对"【教材分析】""【学情分析】""【教学目标】"等标题文字，按照上述方法设置字体为"宋体"，字号为"小四"，并将文本加粗；将正文字体设置为"宋体"，字号设置为"小四"。最后效果如图 2-3-51 所示。

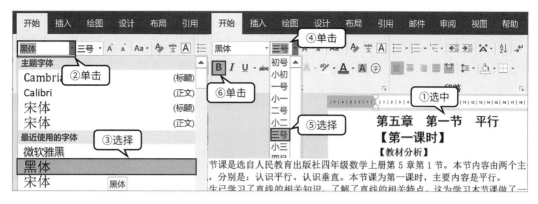

图 2-3-50 加粗字体

图 2-3-51 正文修改后的效果图

二、设置段落格式

标题居中：选中标题"第五章 第一节 平行【第一课时】"，在【段落】组中单击【居中】按钮，使标题居中，如图 2-3-52 所示。

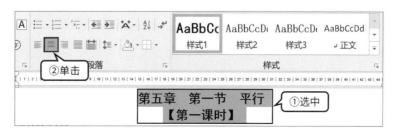

图 2-3-52 标题居中

首行缩进：选中"本节课是……"段落，右击鼠标，单击【段落】选项，在弹出的对话框中单击【特殊】下拉键，在其下拉菜单中选择【首行】，最后单击【确定】按钮，如图 2-3-53 所示。对其他段落按同样方式设置首行缩进效果。

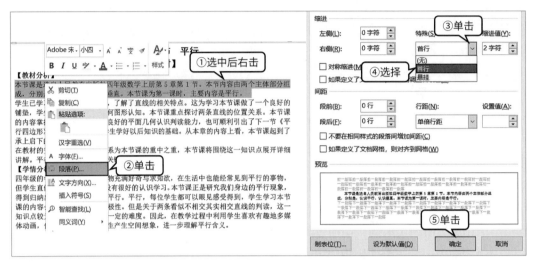

图 2-3-53 首行缩进

设置行距：选中所有内容，在【段落】组中单击【行和段落间距】下拉键，在其下拉菜单中选择【1.5】，如图 2-3-54 所示。最后效果如图 2-3-55 所示。

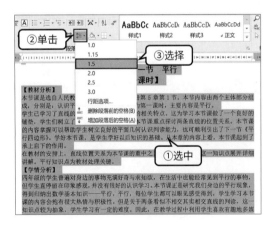 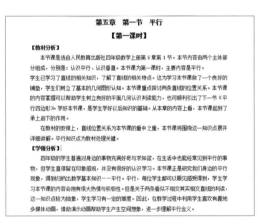

图 2-3-54 段落间距设置　　　　图 2-3-55 设置行距后的效果图

2.3.6 文本目录编辑

> 许老师使用 Word 文档编辑完教案文档并对文本内容排版后，发现教案页面过多，想找到目标内容需要花费较多时间，因此他想为文档添加目录。添加目录后的文档不仅整体内容一目了然，还能通过单击目录的方式快速定位到相应的内容。

文本目录编辑通常包括设置大纲级别、生成目录、更新目录等操作。以下为本案例的具体操作步骤。

一、设置大纲级别

大纲级别是指用于为文档中的段落指定等级结构的段落格式。一般会通过【样式】设置和【段落】设置的方式对正文中的标题设置大纲级别。

（一）通过【样式】设置大纲级别

由于样式库中现有的标题样式不符合本案例中文本样式的要求，因此需要自行创建样式，具体步骤如下。

创建"样式1"：选中"第五章 第一节 平行"文本，单击【开始】选项卡，单击【样式】组中的【其他】按钮，在下拉菜单中单击【创建样式】，如图2-3-56所示。

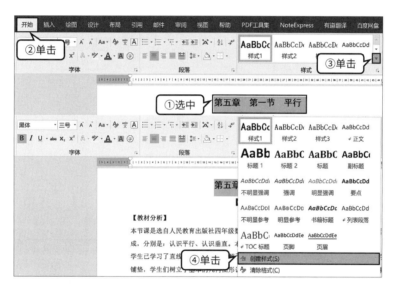

图2-3-56 创建样式

输入样式名称：在弹出的【根据格式化创建新样式】对话框中，在"名称"输入框中输入"样式1"，单击【修改】按钮进行样式修改，如图2-3-57所示。

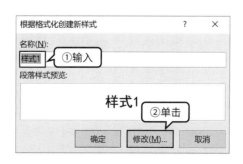

图2-3-57 输入样式名称

样式修改：在弹出的【根据格式化创建新样式】对话框中，单击【样式基准】下拉键，选择【标题1】，在【格式】栏中单击【加粗】图标 B，单击【格式】按钮，在其菜单中单击【段落】进行段落样式修改，如图2-3-58所示。

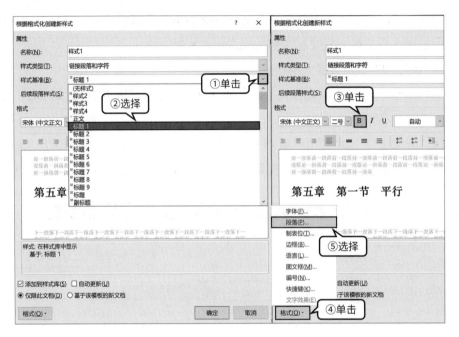

图2-3-58 样式修改

段落样式修改：在弹出的【段落】对话框的【间距】栏中，调节段前为【0行】，调节段后为【0行】，最后单击【确定】按钮完成段落样式修改，如图2-3-59所示。

创建2级、3级样式：按照上述步骤创建【样式2】和【样式3】后的样式库如图2-3-60所示。其中，样式1对应大纲级别1级，样式2对应大纲级别2级，样式3对应大纲级别3级。依次对正文中的目录设置大纲级别，其中"【第一课时】"设置为大纲级别2级，其余标题设置为大纲级别3级。设置好后，在导航窗口查看的标题大纲级别如图2-3-61所示。

（二）通过【段落】设置大纲级别

设置段落级别：选中标题"第五章 第一节 平行"后右击，在弹出的菜单中单击【段落】。在弹出的【段落】对话框中单击【大纲级别】下拉键，在其下拉菜单中单击【1级】，单击【确定】按钮完成标题设置，如图2-3-62所示。按照上述步骤，依次设置"【第一课时】"的大纲级别为【2级】，"【教材分析】""【学情分析】""【教学目标】"等的大纲级别为【3级】。

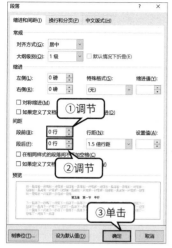
图 2-3-59 段落样式修改

图 2-3-60 创建 2 级和 3 级样式

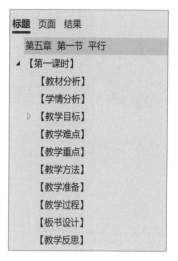
图 2-3-61 导航窗口查看标题

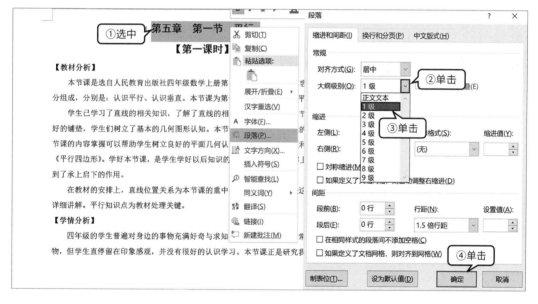
图 2-3-62 设置段落级别

查看导航窗格：单击【视图】选项卡，在【显示】栏中单击勾选【导航窗格】，在左侧弹出的【导航】窗口中即为设置好的大纲级别，如图 2-3-63 所示。

二、生成目录

（一）自动目录

单击【引用】选项卡，单击【目录】下拉键后选择【自动目录 1】，如图 2-3-64 所示，即可自动生成目录。效果如图 2-3-65 所示。

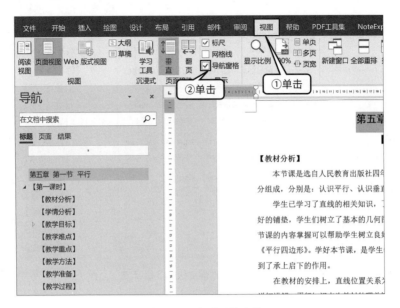

图 2-3-63 查看导航窗格

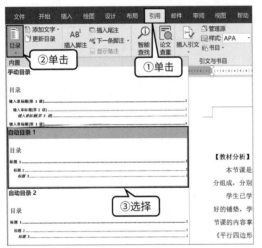

图 2-3-64 自动生成目录

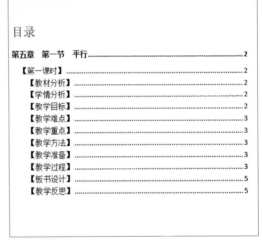

图 2-3-65 生成目录后的效果图

（二）自定义目录

自定义目录，可以自定义目录的"显示页码""页码右对齐""制表符前导号""格式""显示级别"等选项，具体操作步骤如下。

单击【引用】选项卡，单击【目录】下拉键后选择【自定义目录】，在弹出的【目录】对话框中，单击勾选【显示页码】和【页码右对齐】，再单击【制表符前导符】下拉键选择【……】，单击【格式】下拉键选择【正式】，单击【确定】实现自定义目录的插入，如图 2-3-66 所示。

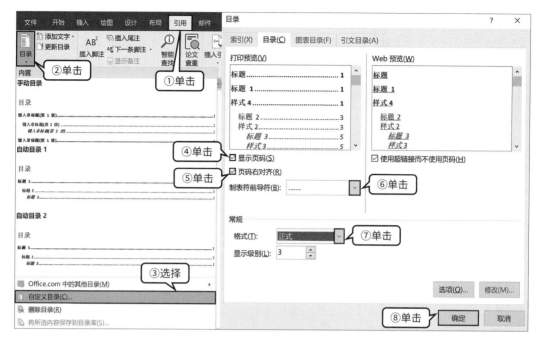

图 2-3-66 自定义目录

三、更新目录

当用户修改或添加了文档标题时,则需要同步更新目录,具体操作步骤如下。

单击【引用】选项卡,在【目录】组中选择【更新目录】,在弹出的【更新目录】对话框中单击【更新整个目录】按钮,再单击【确定】即可实现目录更新,如图 2-3-67 所示。

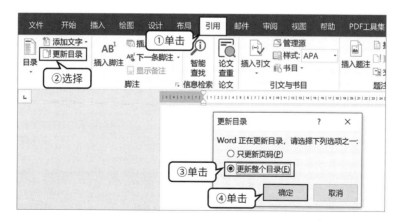

图 2-3-67 更新目录

小贴士

关于"只更新页码"与"更新整个目录"的区别：只更新页码是指在更新目录时，只显示页码的变化；若只对文档中的正文内容进行修改，则在更新目录时选择"只更新页码"。而更新整个目录是指在更新目录时，显示标题和页码的变化；若对文档的标题和正文内容均进行了修改，则在更新目录时选择"更新整个目录"。

2.3.7 文本格式转换

王老师在备课时，从网络上获取了一份PDF文本资料。他在使用时发现有需要补充和修改的地方，但是PDF格式不便于快速编辑。他该如何做才能快速进行文本的编辑呢？在课堂教学结束之后，王老师决定将教学PPT分享给学生，帮助他们课后巩固。但是在发送之前，王老师考虑到需要防止学生对PPT误修改，并方便学生打印阅览。王老师如何实现这些需求呢？

不同格式的文本资源各有优势和局限，为充分利用各种格式的文本资源，可借助工具实现不同格式资源之间的转换。常用的格式转换工具包括在线工具，如Convertio、Aconvert，也包括软件工具，如格式工厂。为实现对PDF格式文档文本的编辑，可以借助格式转换工具将其转换成为Word文档格式。下面介绍使用Convertio进行格式转换的具体操作步骤。

导入文件：打开浏览器，进入Convertio官网（https://convertio.co/zh）后，单击【转换】选项，在下拉菜单中单击【文档转换器】，在出现的在线文档文件转换器中单击【选择文件】按钮，如图2-3-68所示。在弹出的对话框中找到需要转换的文档，导入即可。

图2-3-68 导入文件

文档转换： 文档导入后，单击【到……】按钮，再选择导出的文档格式，即单击"文档"右侧的【DOC】格式，最后单击【转换】即可，如图2-3-69所示。

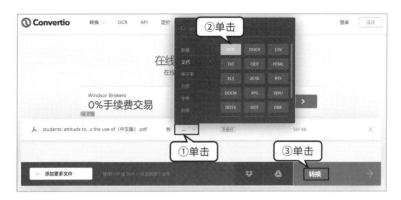

图2-3-69 文档转换

拓展提升

Word文档直接打印可能会出现格式混乱，而PPT文档直接打印也存在阅览不便的问题，因此可以将Word文档、PPT文档转换成为PDF文档之后再打印使用，避免上述问题。下面以PPT文档转换为PDF文档为例，介绍具体操作步骤。

打开需要进行格式转换的PPT，单击【文件】选项卡，再单击【导出为PDF】即可实现格式的转换，如图2-3-70所示。需要注意的是，此方式得到的文档是在原文档所在位置存储的同名PDF文档。Word文档转换为PDF文档操作与上述类似，此处不再赘述。

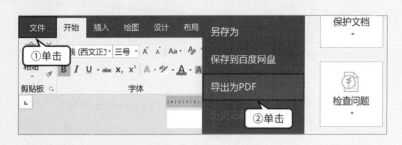

图2-3-70 导出为PDF格式

2.3.8 文档加密与保护

许老师使用Word文档编辑完教案后，想设置文档的打开方式为"只读"以限制其他人编辑，并想对文档加密以防未经允许的其他人查看。请问他应该怎么做呢？

一、设置文档权限

限制编辑：打开文档后，单击【审阅】选项卡，在【保护】组中单击【限制编辑】按钮开始设置权限，如图2-3-71所示。

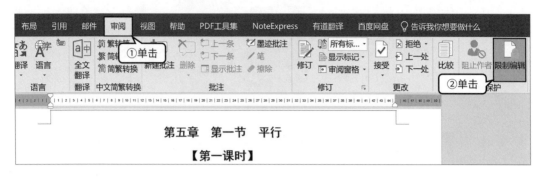

图2-3-71 限制编辑

设置权限：在弹出的【限制编辑】对话框中，依次单击【限制对选定的样式设置格式】和【仅允许在文档中进行此类型的编辑：】选项，在【2.编辑限制】的下拉菜单中选择【不允许任何更改（只读）】，在【例外项（可选）】中单击【每个人】选项，再单击【是，启动强制保护】选项，如图2-3-72所示。

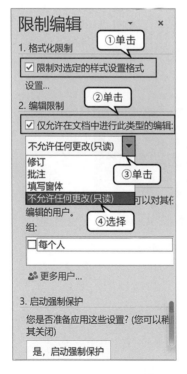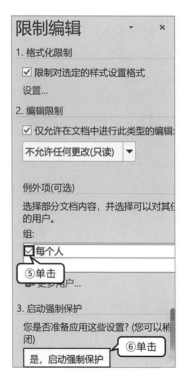

图2-3-72 设置权限

输入密码：在弹出的【启动强制保护】对话框中，输入并确认限制/取消文档编辑的密码后，单击【确定】按钮，如图2-3-73所示。文档编辑限制设置成功后的"限制编辑"界面如图2-3-74所示。

图2-3-73 输入密码

图2-3-74 "限制编辑"界面

二、用密码加密

保护文档：单击【文件】选项卡，在其菜单中选择【信息】，单击【保护文档】下拉键，在其下拉菜单中选择【用密码进行加密】按钮进行密码加密，如图2-3-75所示。

图2-3-75 保护文档

输入密码：在弹出的【加密文档】对话框中输入密码，单击【确定】按钮后在随即再次弹出的【确认密码】对话框中重新输入密码，如图2-3-76所示，单击【确定】按钮，文档密码即设置成功。

图 2-3-76 输入密码

2.3.9 在线协同编辑文档

一、协作编辑文档工具

协作编辑文档工具，顾名思义，是能够提供多人在线协作的文档工具，即支持处于不同地理位置的多个用户通过网络实时地浏览和编辑同一个共享的文档，实现集中式知识库的搭建，从而节省时间、人力和物力，提高效率。协作编辑具有实时性、分布性和无约束性等特点，具有在线编辑评论、实时云端保存、多端自动同步、团队知识管理等功能。进行协同工作的用户能够自由、快速、低延迟地进行信息的交流和传输。

提供协作编辑功能的工具大体上可分为两类：协同办公类、在线文档类。协同办公类是整合了多种功能的办公平台，协作编辑功能也嵌入其中，典型的有钉钉、飞书。在线文档类工具主要是对文本进行处理，下面介绍几款常用的在线协作编辑文档工具，如表 2-3-2 所示。

表 2-3-2 协作编辑文档工具

	协作编辑文档工具		
	腾讯文档	石墨文档	金山文档
使用平台	使用范围广，无须注册即可通过QQ、微信一键登录，并支持跨平台使用。	国内首款多人实时协同软件，能在企业微信、钉钉等办公平台快速使用。	全面兼容多平台操作，电脑版、手机版无缝整合。
模板	多套Word、Excel模板；提供信息收集、打卡签到、考勤、在线办公、在线教育、简历等免费模板。	提供文档、表格、幻灯片、企业网盘等全套云协同办公产品。	稻壳儿为其模板生产机器，模板能力相对领先。
安全性	支持自主设置文档权限；云端存储加密技术。	多层级权限设置；精细化行为管控。	采用云端文件加密存储。

(续表)

	协作编辑文档工具		
特色功能	一键翻译、语音输入转文字、图片 OCR 文字提取、表格智能分裂、查看历史修订记录，但搜索功能较其他工具单一。	一键生成精美长图、复制链接、导出 PDF 和 Word，并自由分享到多个平台。	整合日历、会议、待办、表单、通信录等；智能识别文件来源，轻松管理。
共同点	支持随时随地创建、编辑的多人协作式在线文档。		

二、协作编辑文档操作方法

> 新冠病毒感染疫情防控期间李老师每周都要收集各任课老师的网络教学情况汇报表。他需要逐个私发信息并收集填写好的报表，这样不仅效率低，而且不能实时查看教师的填写情况。有什么好的方法能够帮助李老师呢？

协作编辑文档工具的操作方法都比较相似，下面以腾讯文档为例，介绍多人协作编辑文档的操作方法。

（一）登录腾讯文档

打开"腾讯文档"网页，在页面中可选择"微信登录"或"QQ登录"，可勾选下方的"下次自动登录"，如图 2-3-77 所示，然后在没有重启电脑的情况下重新打开网页，即可实现账号自动登录。

图 2-3-77 PC 端登录腾讯文档

小贴士

通过 PC 端或移动端的"QQ"软件界面，均可唤起"腾讯文档"进行新建、编辑等操作。PC 端"QQ"直接单击界面下方的【腾讯文档】图标即可，如图 2-3-78 所示。移动端的"QQ"先单击头像，然后单击【我的文件】，再单击界面上方的【腾讯文档】图标即可，如图 2-3-79 所示。

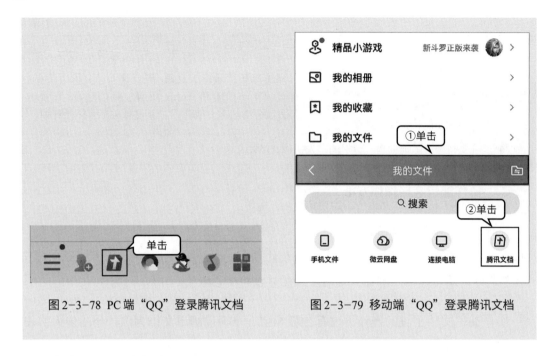

图 2-3-78 PC 端"QQ"登录腾讯文档　　图 2-3-79 移动端"QQ"登录腾讯文档

（二）导入在线文档

导入本地文档：登录腾讯文档后，单击【导入】按钮，在弹出的窗口中选择"网络教学情况汇报表（10月24-30日）.xlsx"文档，再单击【打开】按钮，将汇报表导入腾讯文档中，如图 2-3-80 所示。

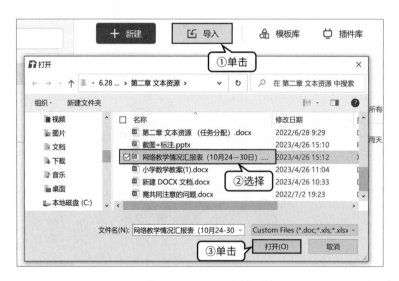

图 2-3-80 导入文档

查看文档：导入本地文档后，腾讯文档的界面如图 2-3-81 所示，单击"网络教学情况汇报表（10月24-30日）"，查看导入的文档是否异常。

图 2-3-81 查看文档

（三）分享文档

分享并设置权限：查看文档无异常后单击右上角的【分享】按钮，在弹出的【分享】窗口中，权限设置选择【所有人可编辑】。可在"QQ 好友""微信好友""复制链接""生成图片"和"生成二维码"五种分享方式中选择一种，分享给其他协作人员，如图 2-3-82 所示。

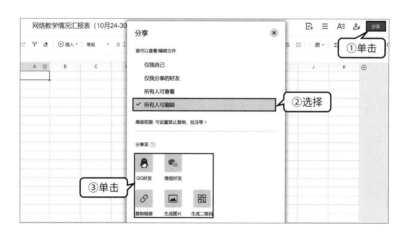

图 2-3-82 查看文档

（四）协作编辑

以"复制链接"分享方法为例，当协作用户收到分享链接，打开链接即可进入课程汇总表在线文档中，登录过后可直接进行编辑。腾讯文档界面右上方显示同一时间参与在线编辑文档的用户，也可实时看到用户在文档中编辑的内容，如图 2-3-83 所示。

（五）导出在线文档

当所有协作人员填写完毕后，单击"腾讯文档"界面右上角的【文档操作】按钮，再依次单击【导出为】按钮和【本地 Excel 表格（.xlsx）】按钮，如图 2-3-84 所示。导出成功后，即可查看下载到本地电脑中的"网络教学情况汇报表（10月24—30日）.xlsx"文档，如图 2-3-85 所示。

图 2-3-83 协作编辑界面

图 2-3-84 导出文档

图 2-3-85 导出到本地电脑中的文档

2.4 制作文本资源

2.4.1 《时间单位的换算》教案制作

> 以前，教师大都是手工编写教案，费时费力，而且不利于资源共享。现如今，越来越多的教师选择在电脑上编写电子教案。电子教案便于修改与整理，还具有很强的共享性，减轻了教师的工作量。刘老师准备使用 Word 文档制作三年级数学《时间单位的换算》一课的教案，最终的效果如图 2-4-1 所示。

一、教案标题设置

新建文档，输入"课程教案"，字体为"宋体"，字号为"小二"，"加粗"设置，段落对齐方式为"居中"，最后效果如图 2-4-2 所示。

图 2-4-1 电子教案效果图

图 2-4-2 标题设置

二、教案表格制作

（一）插入表格

另起一行，单击【插入】选项卡，单击【表格】组中的【表格】按钮，在下拉列表中移动鼠标选择 8 行 4 列，选择好后单击即可在文档中创建一个 8 行 4 列的表格，如图 2-4-3 所示。

（二）合并和拆分单元格

1. 合并单元格

选中第一行中的第一列与第二列单元格后右击，在弹出的快捷菜单中选择【合并单元格】选项，如图 2-4-4 所示。设置后的效果图如 2-4-5 所示。

图2-4-3 插入表格

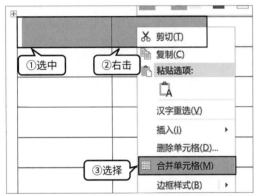

图2-4-4 合并单元格

图2-4-5 合并单元格后的效果图

小贴士

必须同时选中至少两个单元格，才能进行单元格合并操作。

2. 拆分单元格

光标定位到需要拆分的单元格内后右击，在弹出的快捷菜单中选择【拆分单元格】，弹出【拆分单元格】对话框，选择【列数】值为"2"，选择【行数】值为"1"，单击【确定】，如图2-4-6和图2-4-7所示。拆分后的效果如图2-4-8所示。

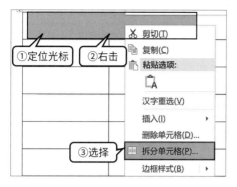

图 2-4-6 拆分单元格（一）

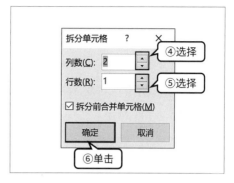

图 2-4-7 拆分单元格（二）

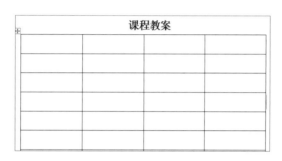

图 2-4-8 拆分单元格后的效果图

（三）增加/删除行或列

1. 增加行或列

Word 提供了"在左侧插入列""在右侧插入列""在上方插入行""在下方插入行"四种增加行或列的方式。下面以在目标单元格右侧插入一列为例讲解具体操作步骤。

光标定位第一行第一列单元格后右击，在弹出的快捷菜单中选择【插入】选项，在新弹出的菜单中选择【在右侧插入列】按钮，如图 2-4-9 所示，即出现一个 8 行 5 列的表格。效果图如 2-4-10 所示。

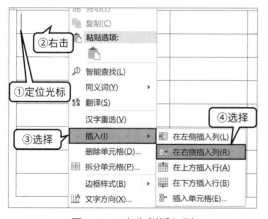

图 2-4-9 在右侧插入列

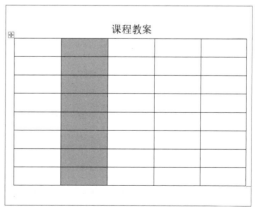

图 2-4-10 右侧增加一列后的效果图

拓展提升

一种快速添加表格行或列的方法：鼠标移到表格最左侧横向分割线的边缘，此时出现一个加号按钮，单击加号按钮就可以快速在该分割线的下方添加一行；鼠标移动到表格最上侧纵向分割线的边缘，单击加号按钮即可在该分割线的右边添加一列。如图2-4-11所示。

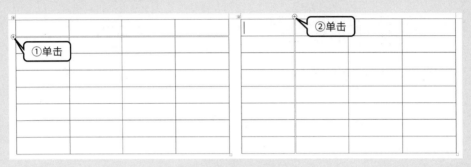

图2-4-11 快速添加表格行和列

2. 删除行或列

选中需要删除的某一行或某一列，单击【删除】选项，选择【删除行】。下面以删除第二行与第三列为例讲解具体操作步骤。

选中表格第二行后，单击【删除】选项，选择【删除行】按钮，如图2-4-12所示；选中表格第三列后右击，单击【删除】选项，选择【删除列】，如图2-4-13所示。

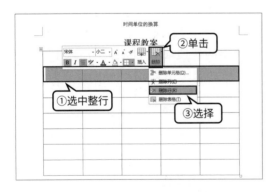

图2-4-12 删除行

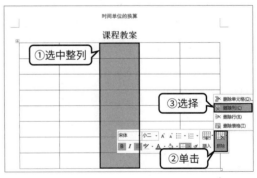

图2-4-13 删除列

按照教学设计与电子教案表格框架设置好表格的行与列，效果如图2-4-14所示，后续也可根据需要自行增删行和列。

（四）表格布局调整

自动调整表格：对表格进行"删除列"操作后，表格没有适应页面宽度导致布局不协调。移动鼠标至表格左上方并单击【全选柄】按钮⊞，右击鼠标，在快捷菜单中选择【自动调整】按钮，选择【根据窗口自动调整表格】，如图 2-4-15 所示。

图 2-4-14 电子教案表格效果图

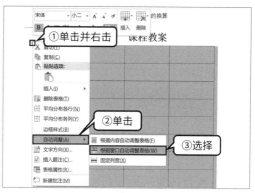

图 2-4-15 自动调整表格布局

调整表格高度：在表格中输入文本内容后，文本在表格中的布局不够美观，此时需要调整文本在表格中的布局。选中第一、二行，单击【布局】选项卡，分别单击【分布行】与【分布列】，在高度右侧调节框中输入【0.5】后，在键盘上按【Enter】键完成表格高度的调整，如图 2-4-16 所示。

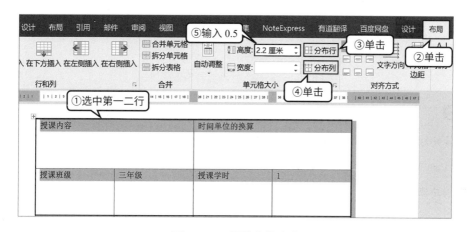

图 2-4-16 调整表格高度

> **小贴士**
>
> 自定义行高与列宽的方法：将鼠标移动到行或列的分割线上，当鼠标形状变为 ÷ 或 ╫ 时，按住鼠标左键上下拖动或左右拖动，即可调整表格行的高度或列的宽度。

文字对齐：为"授课内容""授课班级""授课学时"设置字体效果为"加粗"；选中表格中需要文本内容居中的单元格（以表格第一、二行为例），单击【布局】选项卡，单击【对齐方式】组中的【水平居中】按钮，如图 2-4-17 所示。

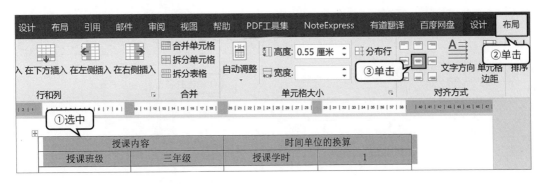

图 2-4-17 文字水平居中对齐

行标题设置： 输入行标题"教学方法与手段""教材分析""教学目标""教学重点与难点""教学过程设计"与"作业"，选中以上文字后设置"水平居中"，字体效果为"加粗"，效果如图 2-4-18 所示。

课程教案

授课内容		时间单位的换算	
授课班级	三年级	授课学时	1
教学方法与手段			
教材分析			
教学目标			
教学重点与难点			
教学过程设计			
作业			

图 2-4-18 插入标题后表格效果图

小贴士

若要修改调整单元格大小，应首先选中目标单元格，再移动鼠标至该单元格行或列的分割线，当鼠标形状变为 ÷ 或 ╫ 时，再按住鼠标左键上下拖动或左右拖动至单元格合适大小即可。

行距设置： 选择剩余未填写内容的单元格，单击【段落】组的对话框启动器，在弹出的对话框中设置行距为【1.5倍行距】，如图 2-4-19 所示。

（五）表格内容布局排版

文字加粗： 在对应的行标题中输入教案内容后，将"教学目标"一行内的"知识与技能""过程与方法""情感态度与价值观"文本字体设置为"加粗"效果。将"教学重点与难点"一行内的"教学重点""教学难点"文本字体设置为"加粗"效果，在"教学过程设计"一行中，将四个教学环节"一、复习导入""二、讲授新知……""三、巩固提升""四、归纳总结"的字体设置为"加粗"效果。最后效果如图 2-4-20、2-4-21 所示。

74

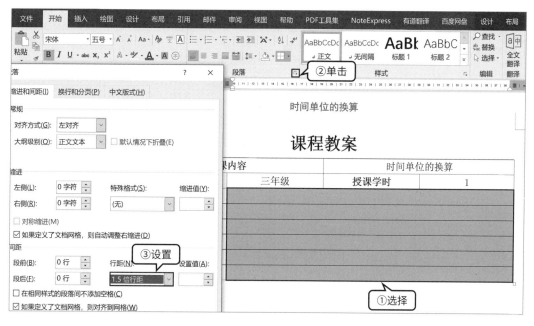

图 2-4-19 行距设置

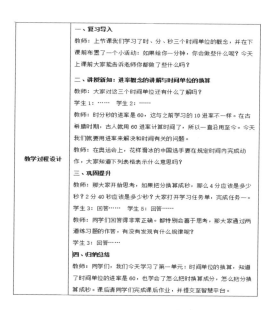

图 2-4-20 教案效果图（一）　　　　　图 2-4-21 教案效果图（二）

插入图片：单击"作业"行空白表格，单击【插入】选项卡，单击【图片】按钮，在弹出的对话框中选择"图片.png"图片，单击【插入】按钮，如图 2-4-22 所示。

调整图片大小：按【Shift】键并长按图片左上角控点进行拖动，将图片等比例调整至合适大小，如图 2-4-23 所示。

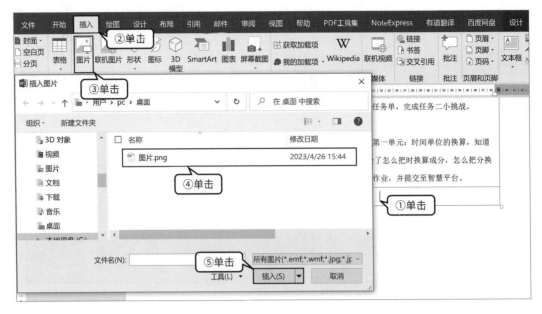

图 2-4-22 插入图片

图 2-4-23 调整图片大小

三、教案页眉页脚设置

（一）插入页眉

单击【插入】选项卡，单击【页眉和页脚】组中的【页眉】，在下拉列表中选择【空白】；进入页眉编辑状态后，在页眉处输入"时间单位的换算"，随后单击【关闭页眉和页脚】，如图 2-4-24 所示。

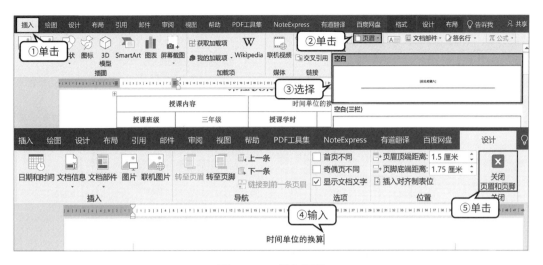

图 2-4-24 插入页眉

> **小贴士**
>
> 鼠标在页眉或页脚的位置上双击，是一种快速进入页眉页脚编辑状态的方式；双击正文位置可快速退出页眉页脚编辑状态。

（二）插入页脚

单击【插入】选项卡，单击【页眉和页脚】组中的【页码】按钮，选择【页面底端】，在弹出的下拉列表中选择【普通数字 2】即可插入页脚，如图 2-4-25 所示。

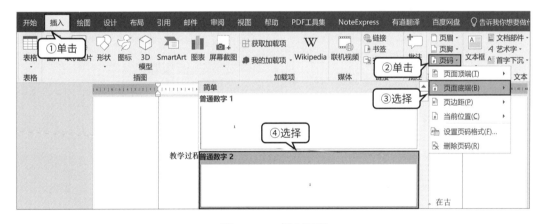

图 2-4-25 插入页脚

（三）删除页眉页脚

双击页眉快速进入页眉页脚编辑状态后，单击【页眉】下拉列表中的【删除页眉】按钮即可删除当前页眉，如图 2-4-26 所示。双击页脚快速进入页眉页脚编辑状态后，单击【页码】下拉表中的【删除页码】按钮即可删除当前页脚中的页码，如图 2-4-27 所示。

图 2-4-26 删除页眉

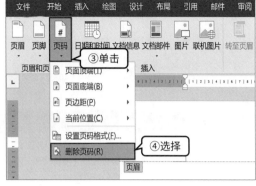
图 2-4-27 删除页码

2.4.2 小学五年级上册语文期末试卷编制

试卷是检查学生知识掌握情况的重要工具，而制作试卷是教师需要掌握的关键技能。目前教师利用 Word 软件编辑试卷是非常普遍的行为，一份完整试卷的编制需要一系列相关的技术操作。

> 期末来临，几位语文老师一起协商制定了小学五年级上册语文期末试卷的内容，并交由李老师进行编制。该试卷除了密封线、标题、统分栏、页码、文本内容等常规部分，还含有四线拼音格、田字格、作文格等特定格式，效果如图 2-4-28 所示。那么，李老师该如何利用 Word 软件来完成试卷的编制呢？

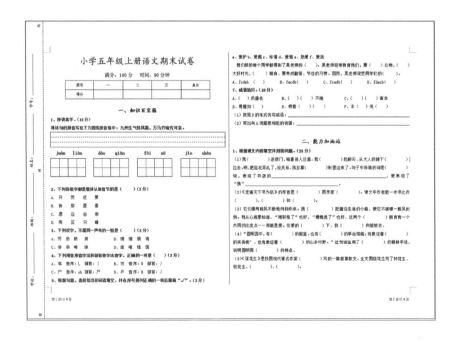

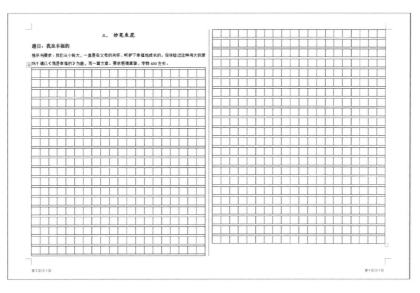

图 2-4-28 试卷效果图

一、设置页面

试卷通常使用 A3 纸，横向、分两栏印刷，因此在制作之前，先要设置页面。启动 Word 新建空白文档后，教师应根据实际需求进行页面设置，包括选择纸张大小与方向、设置页边距与页面分栏、编辑页眉页脚等，如图 2-4-29 所示。

图 2-4-29【页面设置】组

（一）选择纸张大小与方向

设置纸张大小：本案例试卷选择的是 A3 纸规格。单击【布局】选项卡，单击【纸张大小】选项，在下拉菜单中选择【A3】规格，如图 2-4-30 所示。

图 2-4-30 选择 A3 规格

设置纸张方向：本案例试卷选择的是"横向"规格。单击【纸张方向】选项，在下拉菜单中选择【横向】，如图2-4-31所示。

图2-4-31 选择横向

（二）设置页边距

Word 提供了"常规""窄""中等""宽"等不同页边距，除此之外，教师也能根据实际需求自定义页边距。本案例试卷的页边距为上、下2厘米，左、右2.5厘米，单击【页边距】选项，在下拉菜单中选择【自定义页边距】，弹出【页面设置】对话框，在该对话框中依次输入页边距上、下、左、右的数据，最后单击【确定】，如图2-4-32所示。

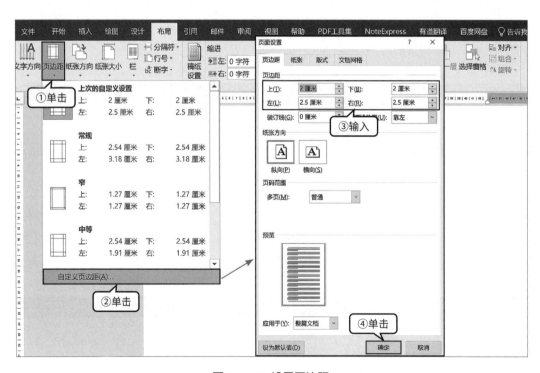

图2-4-32 设置页边距

（三）设置页面分栏

在 Word 中能够将一段文字拆分成一栏或多栏，并能选择栏的宽度与间距。本案例试卷采用两栏格式，如图 2-4-33 所示。单击【分栏】选项，在下拉菜单中选择【更多栏】，在弹出的【栏】对话框中，选择【两栏】按钮，并勾选【分隔线】，最后单击【确定】。

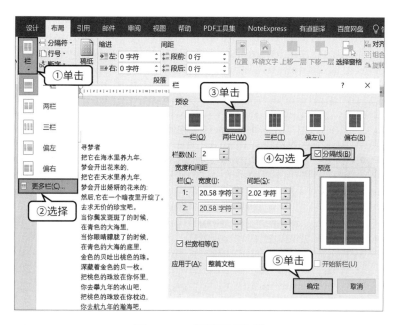

图 2-4-33 设置页面分栏

设置完成后的效果如图 2-4-34 所示。

图 2-4-34 分两栏后的效果图

二、制作密封线

绘制横排文本框：密封线是一张正规试卷不可或缺的部分，用以密封考生信息，规范考生作答。单击【插入】选项卡，单击【文本框】选项，在下拉菜单中选择【绘制横排文本框】；鼠标指针呈现十字形时，单击页面出现文本框，如图 2-4-35 所示。

格式调整：选中文本框，单击【格式】选项卡，在【大小】选项栏中的宽度输入框中输入"29.7"，按【Enter】键，如图 2-4-36 所示。（注：A3 纸的尺寸为 29.7 厘米 ×42 厘米）

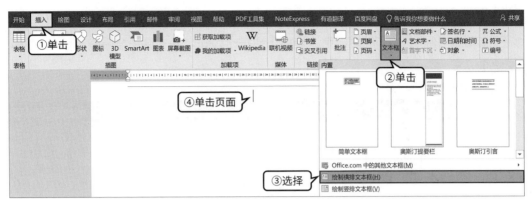

图 2-4-35 绘制横排文本框

图 2-4-36 文本框格式调整

对齐文字：在文本框输入如图 2-4-37 所示内容，字体为"楷体"，行间距为"1.5"；选中第一行文字，设置字号为"小四"，单击【居中】按钮，然后选中第二行文字，单击【分散对齐】按钮，如图 2-4-38 所示。

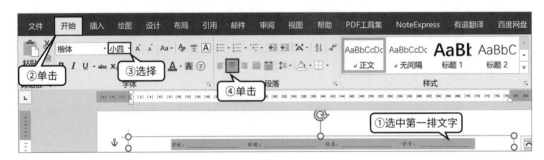

图 2-4-37 居中对齐第一行文字

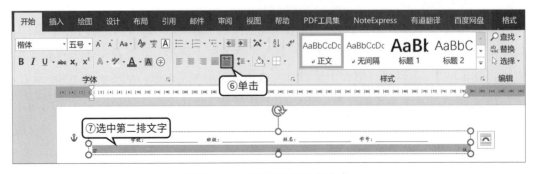

图 2-4-38 分散对齐第二行文字

旋转文本框：将鼠标放置在文本框上面的旋转标志上，鼠标指针呈现旋转箭头形，按住鼠标左键逆时针移动，将文本框逆时针旋转90°；接着将文本框拖动至页面最左侧，如图2-4-39所示。

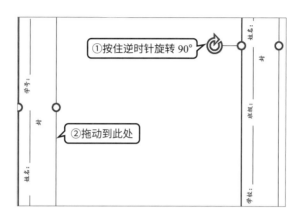

图2-4-39 旋转文本框

固定位置：选中该文本框，单击【格式】选项卡，单击【形状轮廓】选项，在下拉菜单中选择【无轮廓】；然后单击【环绕文字】，在下拉菜单中选择【在页面上的位置固定】，如图2-4-40所示。

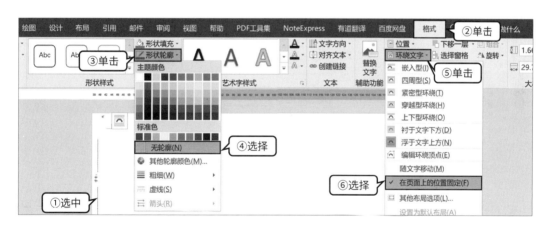

图2-4-40 固定位置

绘制直线：单击【插入】选项卡，单击【形状】选项，在下拉菜单中选择【直线】图标，此时鼠标箭头指针呈现十字形。在页面上按住鼠标左键向下拖动的同时按键盘上的【Shift】键，绘制到任意长度时松开鼠标左键与【Shift】键，此时绘制出一条垂直的线，如图2-4-41所示。

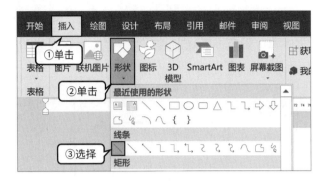

图 2-4-41 插入直线形状

直线样式修改：选中插入的直线，单击【格式】选项卡，在【大小】选项栏中的高度输入框中输入"29.7"，按【Enter】键；然后单击【形状轮廓】，在下拉菜单中选择【黑色】，粗细选择【1磅】，虚线选择【短划线】，如图 2-4-42 所示；最后，将修改后的虚线移动到页面左侧，效果如图 2-4-43 所示。

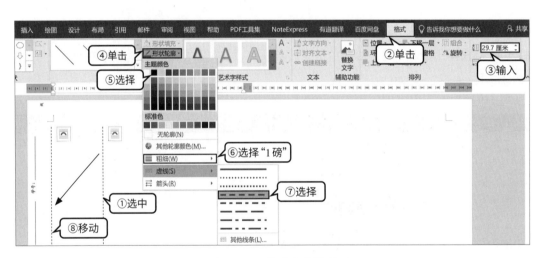

图 2-4-42 修改直线样式

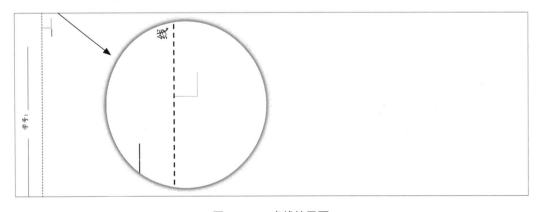

图 2-4-43 虚线效果图

三、制作试卷题头与页码

（一）制作试卷标题

输入标题文字：试卷标题用以说明试卷相关信息，包括试卷名称、考试时间、分数等。输入文字如图2-4-44所示：文字居中对齐；第一行文字字体为"楷体"，字号为"一号"；第二行文字字体为"宋体"，字号为"四号"。

图2-4-44 输入标题文字

（二）制作试卷统分栏

插入表格：插入一个5×2规格的表格，选中表格后单击【布局】选项卡，输入单元格高度为"0.9"，宽度为"3"，并单击【水平居中】按钮，如图2-4-45所示。

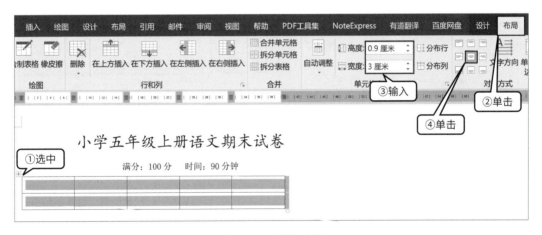

图2-4-45 插入表格

字体样式修改：在各个单元格中输入文字后，选中表格，单击【开始】选项卡，选择表格文字【字体】为"宋体"，字号为"小四"，并单击【居中】按钮，如图2-4-46所示。

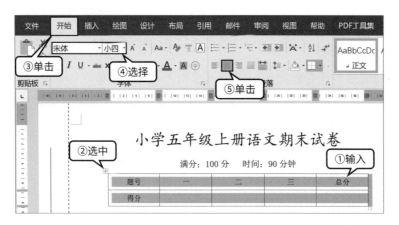

图 2-4-46 字体样式修改

（三）制作试卷页码

插入页码：试卷页码通常以"第 X 页 / 共 X 页"的形式呈现在试卷左下角或右下角。可以在 Word 页脚中编辑试卷页码：单击【插入】选项卡，单击【页脚】选项，在下拉菜单中选择【空白】。操作后效果如图 2-4-47 所示。

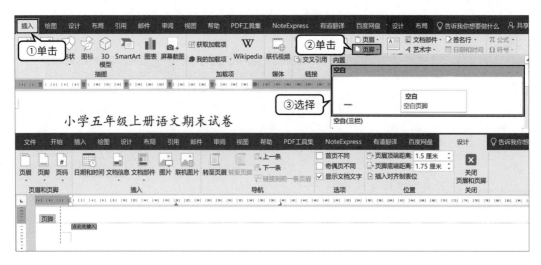

图 2-4-47 插入页码

插入花括号：在页脚 [在此处键入] 处输入"第页 / 共页"；将输入光标放在"第页"两字之间，同时按两次【Ctrl】+【F9】键，出现两对花括号{ }；再将输入光标放在"共页"两字之间，同时按两次【Ctrl】+【F9】键，出现两对花括号{ }；接着在花括号中输入如图 2-4-48 所示内容。

更新域：右击"第页"两字之间的双花括号{ { } }；在菜单栏中选择【更新域】，如图 2-4-49 所示；再右击"共页"两字之间的双花括号{ { } }，在菜单栏中选择【更新域】，最后操作后效果如图 2-4-50 所示。

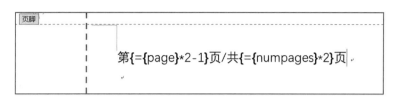

图 2-4-48 插入花括号

图 2-4-49 更新域

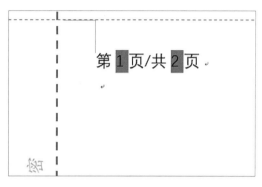

图 2-4-50 更新域后的效果图

完成第一栏页码的编辑，需复制第一栏的页码，粘贴于第二栏。由于当前页码不一样，而总页码数不变，所以只需要重新编辑当前页码。

切换域代码：复制上一步编辑好的第一栏页码，粘贴到第二栏右下方；右击当前页码域，在菜单栏中选择【切换域代码】，如图 2-4-51 所示，将大括号中 "*2-1" 字符修改为 "*2" 即可；接着右击刚才修改的花括号部分，在菜单栏中选择【更新域】，如图 2-4-52 所示，此时该部分变为数字 "2"。

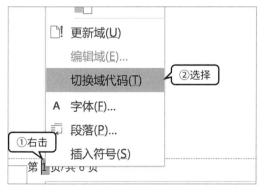

图 2-4-51 切换域代码

图 2-4-52 更新域

关闭页眉页脚：在【设计】选项卡中单击【关闭页眉和页脚】，如图 2-4-53 所示，退出页眉页脚编辑。

图 2-4-53 关闭页眉页脚

四、制作各种题型

一套试卷中有各式各样的题型，涉及不同的制作方法，本节为读者介绍几种典型题型的制作方式。

（一）制作四线拼音格

插入表格：单击【插入】选项卡，单击【表格】，在下拉栏中选择插入一个 1×3 的表格，如图 2-4-54 所示。

图 2-4-54 插入表格

表格行高修改：右击表格左上角【全选柄】图标⊞，在弹出的菜单中选择【表格属性】，弹出【表格属性】对话框，单击对话框中的【行】选项卡，输入【指定高度】为"0.5"，选择【固定值】，如图 2-4-55 所示。

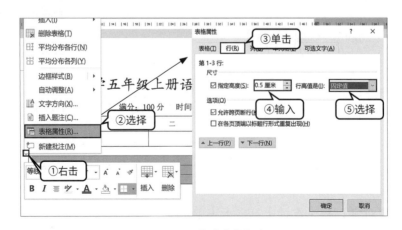

图 2-4-55 修改表格行高

表格内框横线样式修改：选中表格，单击【设计】选项卡，单击【边框】选项，在下拉菜单中选择【边框和底纹】，打开【边框和底纹】对话框，单击【边框】选项卡，样式选择【虚线】，然后选择"内部横框线"图标，观察预览图中内部横框线是否变为虚线，最后单击【确定】，如图2-4-56所示。四线拼音格完成后的效果如图2-4-57所示。

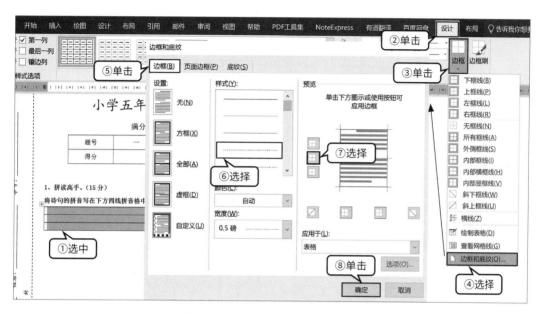

图 2-4-56 表格内框横线样式修改

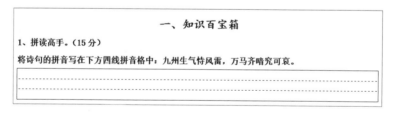

图 2-4-57 四线拼音格效果图

（二）制作田字格

插入表格：单击【插入】选项卡，单击【表格】，在下拉栏中选择【插入表格】打开【插入表格】对话框，输入列数为"19"，行数为"2"，单击【确定】，如图2-4-58所示。

表格属性修改：右击表格左上角【全选柄】图标，选择【表格属性】，打开【表格属性】对话框；在对话框中单击【行】选项卡，【指定高度】输入"0.9"，在【行高值】栏选择【固定值】；然后单击【列】选项卡，【指定宽度】输入"0.9"，最后单击【确定】按钮。如图2-4-59至图2-4-61所示。

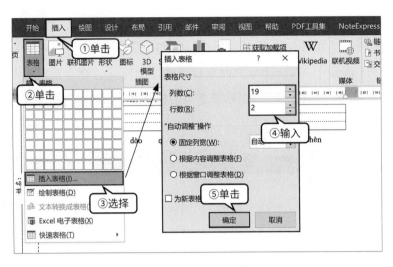

图 2-4-58 插入表格

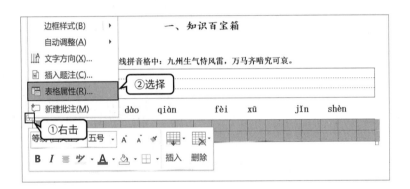

图 2-4-59 打开表格属性

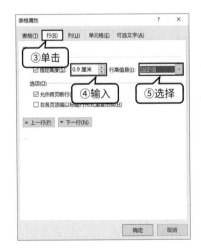 

图 2-4-60 修改行高　　　　图 2-4-61 修改列宽

边框和底纹修改：选中如图2-4-62所示深色表格，单击【设计】选项卡，单击【边框】选项，在下拉菜单中选择【边框和底纹】，打开【边框和底纹】对话框。

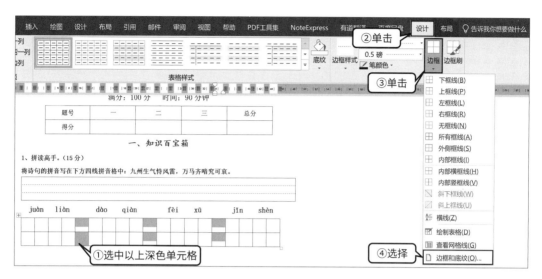

图2-4-62 打开【边框和底纹】对话框

表格框线删除：在【边框和底纹】对话框中的【边框】选项卡里，依次单击"上框线""内部横框线""下框线"图标，观察预览图中上框线、内部横框线、下框线是否消失，最后单击【确定】，如图2-4-63所示。

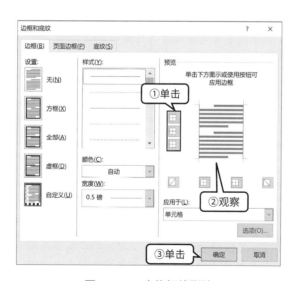

图2-4-63 表格框线删除

虚线修改：单击表格，单击【设计】选项卡，单击【笔样式】，在下拉菜单中选择【虚线】，此时鼠标指针呈现"边框刷"形状，如图2-4-64所示，单击需要改变的边框即可将其变为"虚线"。最后效果如图2-4-65所示。

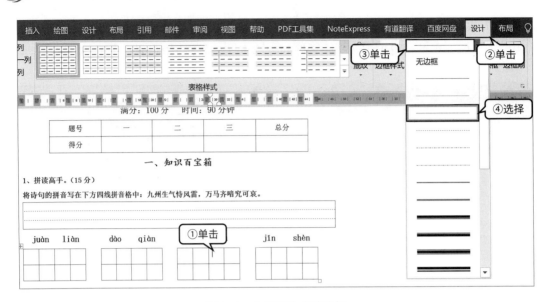

图 2-4-64 修改为虚线边框

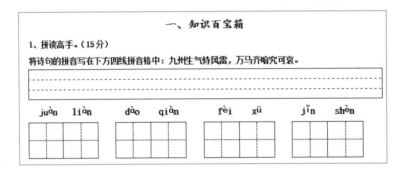

图 2-4-65 虚线边框效果图

（三）制作选择题

选择题是在各年级各科试卷中都比较常用的一种题型，制作也比较简单。

插入编号： 选中输入的题目选项，单击【开始】选项卡，单击【编号】选项，在下拉菜单中选择适合的编号符号，如图 2-4-66 所示，一般以 A、B、C、D 或者①、②、③、④等形式较为常见。插入编号后效果如图 2-4-67 所示。

（四）制作填空题

填空题也是在各年级各科试卷中比较常见的一种题型，既可以采用括号的形式，也可以利用 Word 中的下划线符号完成制作。

插入横线： 将光标定位到需要制作空格的位置，单击【开始】选项卡，单击【U】选项，如图 2-4-68 所示，此时在键盘上按空格键出现可以作答的横线。完成后的效果如图 2-4-69 所示。

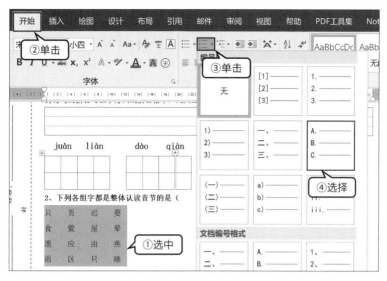

图 2-4-66　插入编号

2、下列各组字都是整体认读音节的是（　　）（3分）

A. 只　页　迟　要

B. 食　紫　屋　晕

C. 愿　应　由　燕

D. 雨　区　只　睡

图 2-4-67　选择题效果图

图 2-4-68　插入横线

1、根据课文内容填空并回答问题。（25分）

（1）我（　　　　）进店门，暗喜没人注意。我（　　　　）起脚尖，从大人的腋下（　　　　）过去。哟，把短发弄乱了，没关系，我总算（　　　　）到里边来了。句子中所填的词是（　　　　）词，表现了书店的＿＿＿＿＿＿＿＿＿＿＿＿＿＿＿＿＿＿＿＿，更表现了“我”＿＿＿＿＿＿＿＿＿＿＿＿＿＿＿＿＿＿＿＿。

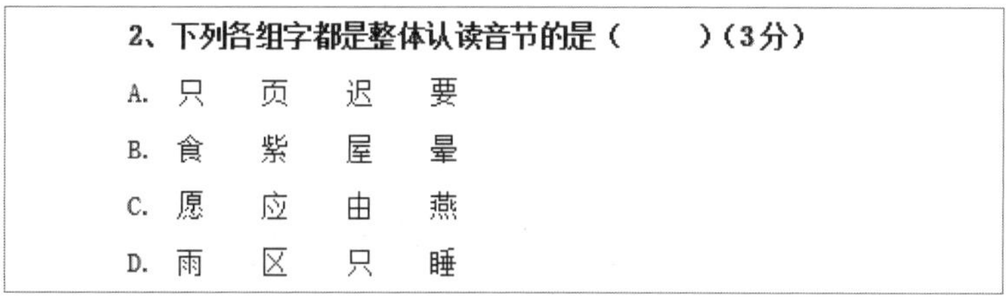

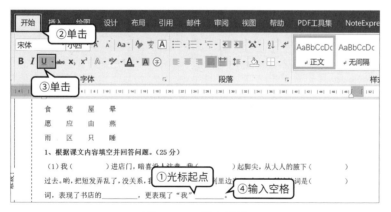

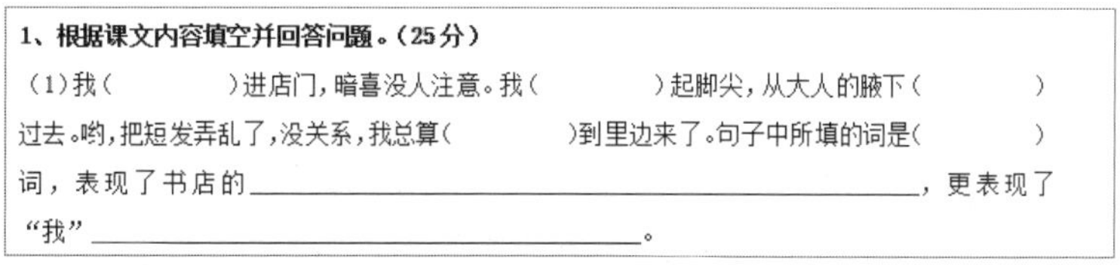

图 2-4-69　填空题效果图

（五）制作作文格

作文格是语文试卷中常见且非常重要的组成部分，有其特定的格式，如图 2-4-70 所示。

图 2-4-70 作文格效果图

插入表格：将光标定位到要插入作文格的地方，单击【插入】选项卡，单击【表格】选项，选择【插入表格】；在弹出的【插入表格】对话框中的【列数】栏输入"20"，【行数】栏输入"2"，单击【确定】，如图 2-4-71 所示。

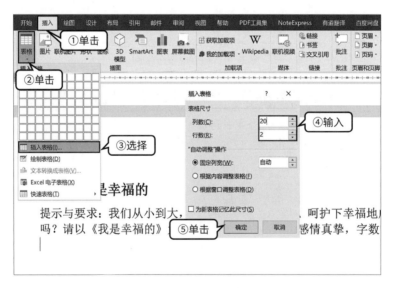

图 2-4-71 插入表格

合并单元格：插入表格后，选中第一行右击，在弹出的菜单栏中选择【合并单元格】，如图 2-4-72 所示。

行高修改：选中合并后的第一行右击，在菜单栏中选择【表格属性】，在弹出的对话框中单击【行】选项卡，勾选【指定高度】前面的方格，然后在指定高度栏中输入"0.2"，行高值栏中选择【固定值】，最后单击【确定】，如图 2-4-73 所示。按上述操作步骤修改表格第二行的行高,高度为0.8。

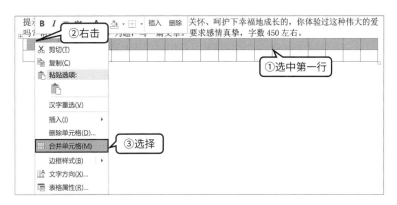

图2-4-72 合并单元格

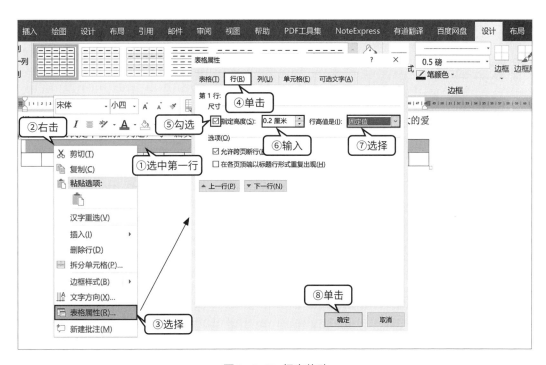

图2-4-73 行高修改

复制表格: 选中调整完毕的两行表格并复制,把光标点到表格下方,重复进行粘贴操作,粘贴至自己需要的表格数量即可完成。最后效果如图2-4-74所示。

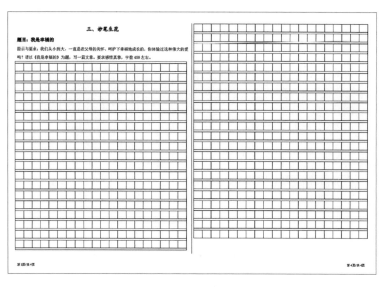

图 2-4-74 作文格效果图

本章小结

- 常见的文本资源类型有 Word 文档、Excel 表格、PPT 演示文稿、PDF 电子书与记事本文档等。
- 文本的格式可以根据文件后缀进行区别。常见的文本格式有 TXT 格式、PDF 格式、DOCX 格式、XLSX 格式和 HTML 格式等。
- 可以通过文本资源下载平台、文本资源转化途径和文本输入等方式获取所需的文本资源。
- 教师编写电子教案和试卷需要掌握一些常见的操作，例如表格设置、特殊符号的插入、行距与段间距的设置、插入页眉页脚、密封线与试卷头的制作、各种题型录入、页面格式调整等。

操作题

1. 请选择一节课，用 Word 文档制作一份教学设计。
2. 请选择一个学科，用 Word 文档制作一份期末试卷。

第三章　图像资源设计与制作

本章彩图
扫码可看

学习目标

- 了解图像资源的类型及其格式；
- 了解图像资源的教学应用情境，能够在教学中巧妙运用图像资源；
- 了解图像资源获取途径，能够快速获取教学所需的图像资源；
- 掌握图像资源的编辑工具，能够根据教学需求对图像资源进行调整尺寸、去除冗余信息、抠像与合成、色调色彩调整、格式转换等处理。

知识图谱

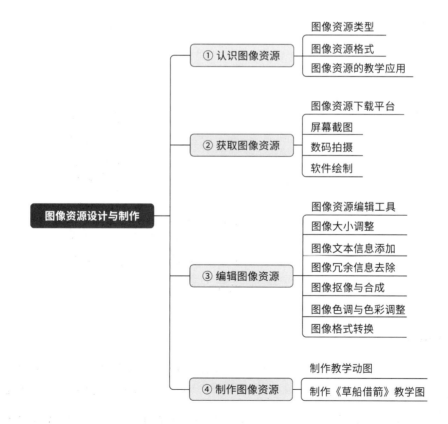

3.1 认识图像资源

3.1.1 图像资源类型

"一图胜千言",指一张图片传达信息的效果往往能胜过千百个字所传达的信息。图像可以形象地表达文字难以传递的信息。在教学中恰当地使用图像资源,可以使一些抽象难懂的知识变得易于理解,达到更好的学习效果。图像资源的常见类型有照片、绘画、剪贴画、地图、书法作品等,如图3-1-1至图3-1-3所示。

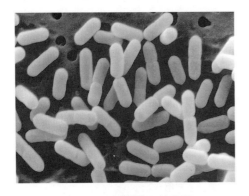

图3-1-1 显微镜下的细菌

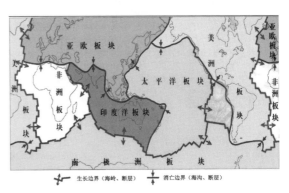

图3-1-2 板块运动

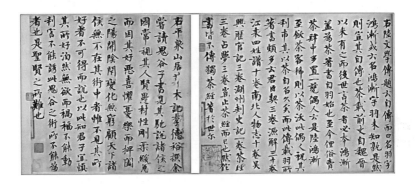

图3-1-3 欧阳修《集古录跋》

3.1.2 图像资源格式

常见的图像资源格式有BMP格式、JPEG格式、PNG格式、GIF格式、PSD格式等,不同的格式有其适合的制作编辑工具,具体如表3-1-1所示。除信息技术学科教师和艺术学科教师外,其他学科教师不建议学习专业的图片编辑工具(如Photoshop等)。实践表明,Windows系统自带的画图工具足以解决教师在教学中的图片编辑问题。

表 3-1-1 图像资源格式与编辑工具

图像资源格式	文件扩展名	编辑工具	工具主要功能
BMP 格式	.bmp	画图	可以对图像进行编辑修改，如裁剪、旋转、调整大小、抠图、合成、设置图像的亮度、对比度、饱和度、颜色，设置图像的图像样式和艺术效果等。
JPEG 格式	.jpg		
PNG 格式	.png	ACDSee	
GIF 格式	.gif	Photoshop	集编辑修改、图像制作、图像输入与输出、动图制作等功能于一体，具备转换格式、调整大小和精度、图像裁剪、旋转、抠图、相片修复等功能。
PSD 格式	.psd		

3.1.3 图像资源的教学应用

图像是课前准备、课中互动、课后小结等教学环节中大量使用的教学资源，其生动、形象的特点能够提高教学信息的接受度，增加课堂的趣味性和教学内容的观赏性。

一、抽象内容直观化

对于一些难以展示的实物，比如细胞的微观结构、区域地形地貌、抽象的黄道面等，教师可以利用图像进行模拟展示，结合相应的指示信息分析其内部结构关系，使知识呈现直观化；图像还可以将知识点系统化地组织在一起，形成知识的概念图。例如在《基因工程的基本操作程序》的知识点中，教师利用概念图将操作步骤系统地整合到一起，方便学生内化知识，如图 3-1-4 所示。

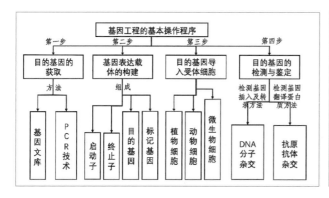
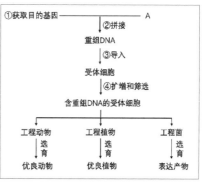

图 3-1-4 《基因工程的基本操作程序》概念图

二、引发情感共鸣

在教学过程中结合教材文本合理地使用图像，方便学生理解和接受。图像在一定程度上能够唤起学生的情绪，让学生对教师讲述的内容产生共鸣，从而提升情感认知。

例如：在语文课《伟大的悲剧》中，教师通过语言或文字无法很好地描述斯科特探险队到达南极的困难程度，因此教师呈现南极冰川、能见度差的南极天气、人力替代雪橇狗运输物资等反映南极恶劣环境的图片，如图3-1-5和3-1-6所示，同时问学生在南极生存存在哪些危险并引导学生体会其困难程度，感受探险队员们勇于探险的精神、为事业献身的崇高品质和团队意识。

图3-1-5 斯科特在南极的船只"特拉诺瓦号"

图3-1-6 人拉雪橇拖运物资

三、呈现演示过程

在理科课的教学过程中，经常会涉及用图像呈现关键实验步骤、推理证明、拆解公式等，图像资源的使用有利于学生更直观地获取知识。例如，在讲述"勾股定理"时，数学老师通过动态图像来展现勾股定理的证明，而不仅仅是拆解抽象的公式，如图3-1-7所示。

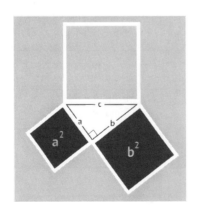
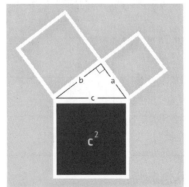

图3-1-7 "勾股定理证明"动图截屏

3.2 获取图像资源

图像作为应用最广泛的数字化教学资源之一，有多种获取方式，主要包括资源下载平台、屏幕截图、数码拍摄和软件绘制等。

3.2.1 图像资源下载平台

互联网上有大量的图像资源，如何根据教学需求获取相应的图像资源是教师需要掌握的技能。图像资源下载平台包括百度图片（https://image.baidu.com）、素材中国（https://www.veer.com）、阿里巴巴图标素材库（https://www.iconfont.cn）、搜图114网站（http://www.sotu114.com）、觅元素（https://www.51yuansu.com）、千图网（https://www.58pic.com）等。

一、静态图片下载

以百度图片平台为例，下载关键词为"植物细胞结构"的静态图片，具体操作步骤如下。

搜索"植物细胞结构"图片：在百度图片平台的搜索框中输入"植物细胞结构"，单击【百度一下】，在跳转的页面中挑选符合条件的图像后单击该图像，如图3-2-1所示。

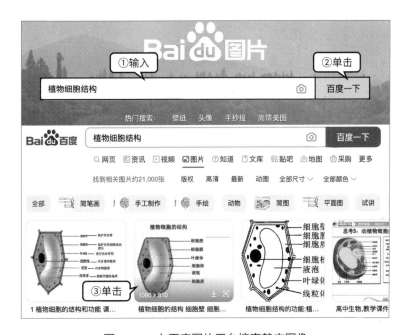

图3-2-1 在百度图片平台搜索静态图像

下载图片：在跳转的页面中单击【下载】按钮，存储为"植物细胞结构"，并选择保存"位置"，单击【存储】按钮，如图 3-2-2 所示。

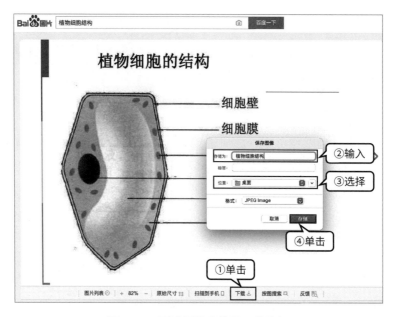

图 3-2-2 更改图像名称及下载路径

> **小贴士**
>
> 网页中的图像，不仅可以通过下载的方式保存图片，还能通过【复制图像】命令将静态或动态图像直接粘贴到 Word、PPT 等之中。

二、动态图片下载

以百度图片平台为例，下载关键词为"勾股定理"的动态图片。这里运用到的搜索技巧是在两个关键词之间使用"+"，表明可以筛选出同时满足两个关键词的信息。具体操作步骤如下。

在百度图片平台的搜索框中输入"勾股定理+gif"或者"勾股定理+动图"，单击【百度一下】，在跳转的页面中单击符合需求的图像，如图 3-2-3 所示。其余下载步骤可参照图 3-2-2 所示。

三、透明背景图片下载

教师在制作课件的过程中，经常需要使用透明背景图像作为教学素材。透明背景图像可以从专门的素材网站中获取，如搜图 144、觅元素、PNGMart 等。

以搜图 114 网站（http://www.sotu114.com/）为例，查找"化学用品"主题的透明背景图片，具体操作步骤如下。

在搜图114网站搜索框中输入"化学用品"关键词，单击【搜索元素】，在跳转的页面中单击符合需求的图像，在跳转的新页面中单击【下载图片】按钮，如图3-2-4所示。

图3-2-3 百度图片平台搜索动态图像

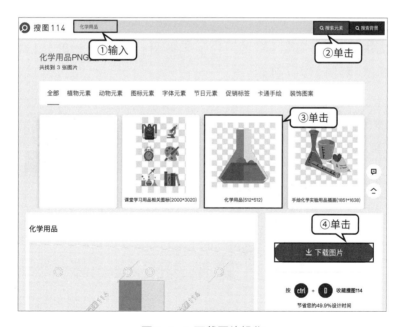

图3-2-4 下载图片操作

四、源图下载

源图是指保留图片图层信息，可继续进行后续编辑的源文件，常见源图格式有psd、ai和3ds等图片格式。可下载源图的网站有千图网、包图网、昵图网等。

以千图网为例，查找"安全教育"主题班会的源图，具体操作步骤如下。

筛选图像资源：在千图网搜索框中输入"安全教育"关键词，单击【搜索】按钮后，显示与"安全教育"相关的所有图像资源，单击【PSD】筛选图像资源，如图3-2-5所示。

图 3-2-5　千图网平台搜索界面

下载源文件：选择好需要下载的图片后查看具体详情界面，单击【免费下载】按钮即可开始下载，如图3-2-6所示。

图 3-2-6　下载源文件

3.2.2　屏幕截图

教师可以利用屏幕截取技术将计算机或移动端界面内容截取下来用在课堂教学中。屏幕截取的分类有静态截图与滚动截图：静态截图主要由屏幕捕获 PrtScr 软件截图、软件快捷键截图、播放器截图三种途径获取，滚动截图则包含电脑端与移动端的动态截取。

一、静态截图

（一）PrtScr 软件截图

PrtScr 软件是 Windows 系统安装的一款屏幕捕获工具，主要用于捕获全屏或特定应用软件窗口的图片。该工具的使用方式为按键盘上的【PrintScreen】键（或【PrtScr】键）快速截取计算机的整个屏幕界面，也可使用键盘上的【Alt】+【PrintScreen】键对当前桌面活动窗口（指当前置顶的且未最大化屏幕界面的窗口）进行截图。PrtScr 软件常用于网页界面截取、软件操作界面截取等场景，如图 3-2-7 所示。

图 3-2-7 PrtScr 软件截图

下面介绍用 PrtScr 软件截图的具体操作步骤。

打开并最大化需要截取的界面，按键盘上的【PrintScreen】键（或【PrtScr】键），如图 3-2-8 所示，此时截取的图像存储在计算机的剪贴板中。打开需要粘贴截图的 PPT 课件，同时按键盘上的【Ctrl】+【V】键粘贴至文档中，如图 3-2-9 所示。

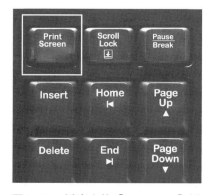

图 3-2-8 键盘上的【PrintScreen】键

图 3-2-9 将截取的图片存入 PPT 课件

小贴士

若需要截取的是活动窗口的画面，以图 3-2-10 中的活动窗口为例，按【Alt】+【PrintScreen】键，然后打开需要粘贴截图的 PPT 课件，再按键盘上的【Ctrl】+【V】键粘贴即可，效果如图 3-2-11 所示。

图 3-2-10 活动窗口

图 3-2-11 将截图粘贴至 PPT 课件中

（二）软件快捷键截图

电脑端的输入法软件和通信软件均有截图的快捷键，可以方便用户快速截图电脑端的图像。接下来以电脑端输入法软件"搜狗输入法"为例展示具体的操作步骤。

语文教师在设计《小蝌蚪找妈妈》教学课件的情境导入环节时，想从国家中小学智慧教育平台的"视频课程"中截取一张图像，再粘贴到自己的课件中，具体操作步骤如下。

切换设置菜单：单击"搜狗输入法"工具栏中的【菜单】图标，弹出快捷菜单，单击【更多设置】，如图 3-2-12 所示，弹出【我的输入法】对话框。

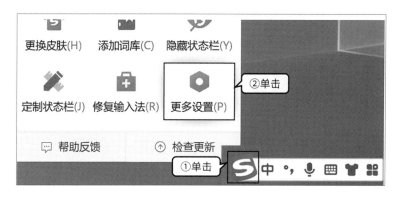

图 3-2-12 更多设置

设置截屏快捷键：选择【按键】选项卡，单击【系统功能快捷键设置】，进入系统功能快捷键操作界面，勾选【截屏】复选框，单击右侧选择框，在弹出的列表中选择【Ctrl+Shift+P】选项，如图 3-2-13 所示。

图 3-2-13 设置截屏快捷键

框选截屏区域并截图：此时定位到需要截图的目标点，然后同时按【Ctrl】+【Shift】+【P】键，屏幕上将出现蓝色边框的矩形区域，如图 3-2-14 所示，鼠标按住左键并拖动至合适位置，框选出需要截取的区域后释放鼠标左键，单击右下角的【完成】按钮即可将截图保存至电脑剪贴板中。

粘贴图像：打开《小蝌蚪找妈妈》演示文稿，定位到需要插入截图的幻灯片，按【Ctrl】+【V】键将剪贴板中的截图粘贴至幻灯片中，并调整截图的大小及位置，如图 3-2-15 所示。

图 3-2-14 框选截屏区域

图 3-2-15 效果图展示

电脑端通信软件如 QQ、微信、TIM 等都可以实现快捷截图。其中，QQ 和 TIM 默认截图快捷键为【Ctrl】+【Alt】+【A】，微信默认截图快捷键为【Alt】+【A】。具体实现步骤与上述操作步骤相似，此处不再赘述。

小贴士

使用软件快捷键截取图像之前，必须确保计算机已经在后台登录该款软件，否则按组合键时不会有任何反应。

（三）播放器截图

许多视频播放器也具备截图功能，可以截取播放器中正播放的视频画面，例如 QQ 影音、暴风影音、百度影音等。下面以 QQ 影音软件为例，介绍运用播放器截取图像的具体操作。

截取图像： 使用 QQ 影音打开视频，定位到需要截取图像的位置，单击播放界面右下角的【影音工具箱】按钮，在弹出的列表中选择【截图】按钮，如图 3-2-16 所示。

图 3-2-16 播放器截图

打开截图：截图后，播放界面左下角显示"截图已保存到……"位置，此时可以单击右侧的【打开】按钮 ，打开截图文件，如图 3-2-17 所示。

图 3-2-17 打开截图文件

二、滚动截图

（一）电脑端滚动截图

教师常常会有截取长图的需求，即突破计算机屏幕尺寸的限制，利用滚动截图的方式获取完整的页面内容。例如，要想获取整个网页的内容，可以使用浏览器自带的保存网页功能实现网页的保存，如图 3-2-18 所示。

图 3-2-18 360 浏览器网页截图

电脑端 QQ 通信软件的"长截图"功能也可以滚动截取长图。例如数学教师在制作《亿以内数的认识》PPT 课件时，想要把一则关于十亿元人民币是什么概念的新闻放进 PPT 里进行讲解，因此想把该新闻截成一张长图。下面以 QQ 通信软件为例具体讲解截取长图的操作步骤。

快捷键截图：后台登录 QQ，打开浏览器，找到新闻链接，按【Ctrl】+【Alt】+【A】键，同时按住鼠标左键拖动框选定部分目标区域，在下方工具栏中单击【长截图】按钮开始截长图，如图 3-2-19 所示。

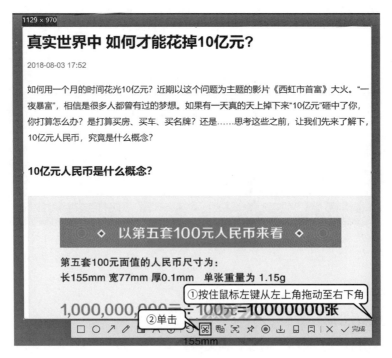

图 3-2-19 电脑端滚动截图

完成截图：滚动鼠标滑轮开始向下滑动截取，截取到一定区域后，单击右下角的【完成】按钮，如图3-2-20所示。此时长图被保存在剪贴板，教师可根据需求选择粘贴至课件或文档位置，也可另存为图像。

图3-2-20 完成电脑端滚动截图

（二）移动端滚动截图

滚动截图除了可以使用电脑端，还可以使用移动端，此方法适合在手机中截取长图。下面将以华为安卓手机为例，讲解手机滚动截图的具体操作步骤。

滚动截图：打开手机，定位到想要截图的画面，由屏幕顶端向下滑动打开控制中心界面；单击【截屏】下拉按钮，选择【滚动截屏】选项，如图3-2-21所示。

图3-2-21 手机滚动截屏

保存截图：此时返回截屏界面且正在滚动截屏，当屏幕画面滚动至目标位置后单击滚动区域进入编辑界面，如图3-2-22所示，单击屏幕右上角的【保存】按钮即可保存至手机图库中。截图保存效果图如图3-2-23所示。

图 3-2-22　确定截图区域并保存　　　图 3-2-23　滚动截图效果图

3.2.3　数码拍摄

通过网络找不到满足教学需求的图像时，教师可以自行拍摄图像素材。常用的拍摄工具有数码相机和智能手机等。

教师使用数码相机或智能手机拍摄图像时，需要注意不同的景别表现着不同的视野、空间范围、视觉韵律和节奏。[1]远景用于呈现全貌、烘托气氛，特写能够抓住细节、捕捉微观事物，中景用来呈现人物之间的关系，全景用来表现人物全身动作。[2]

例如：小学体育教师使用数码相机拍摄人跑步起跑时的姿态特写图片，如图 3-2-24 所示。地理教师使用智能手机拍摄平原的远景画面，如图 3-2-25 所示，以便为同学们讲述地貌形态等知识。

---

[1] 尚慧琳. 浅谈电影画面的景别 [J]. 电影文学，2007（20）.

[2] 景别：被摄体在摄影机寻像器中呈现的范围的区别 [EB/OL]. [2023-12-12].https://baike.baidu.com/item/%E6%99%AF%E5%88%AB/4093427?fr=aladdin#3.

图 3-2-24 起跑特写图片

图 3-2-25 平原远景图片

3.2.4 软件绘制

在日常教学中,常常会遇到需要二次加工教学图像的情况,如为图片添加辅助线、添加标题文本等,而 Windows 自带的"画图"软件就能够满足对教学图像的基本处理,"画图"软件不需要专门下载安装,相比于"Photoshop"专业图像处理软件操作更为简单方便。

为讲授"高尔基体的结构和功能",生物教师从网络上下载了一张细胞结构图,如图 3-2-26 所示,生物教师打算使用 Windows 自带的"画图"软件将高尔基体的形状标出,最终效果如图 3-2-27 所示。

图 3-2-26 绘制前的细胞结构图

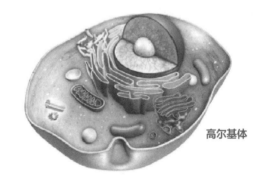

图 3-2-27 绘制后的细胞结构图

下面以"画图"软件为例,介绍在图像上绘制分割线的操作步骤。

一、添加图像

打开"画图"软件：单击电脑桌面左下角的【搜索】按钮，在弹出的搜索框中输入"画图"，如图3-2-28所示，单击【打开】，进入"画图"软件界面。也可以在"Windows附件"中找到"画图"软件。

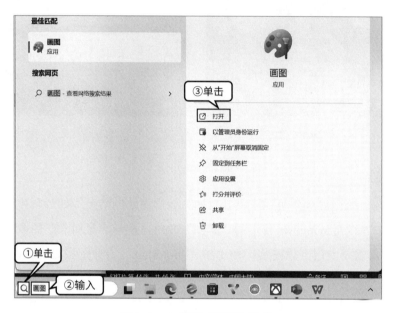

图3-2-28 打开"画图"软件

添加图像：复制下载的细胞结构图，切换到"画图"软件界面。单击【粘贴】按钮将图片粘贴至画图面板，鼠标移至图像上，按住鼠标左键拖动图片至合适位置，如图3-2-29所示。

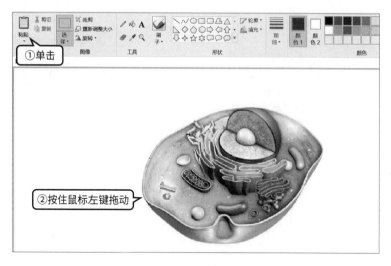

图3-2-29 添加画像

二、绘制线条

单击【刷子】按钮，选择【颜色】组中的【绿色】。然后将鼠标定位到需要画线的初始位置，按住鼠标左键不放并移动鼠标即可绘制线条。画到终点位置后，释放鼠标左键即可完成线条的绘制，如图3-2-30所示。

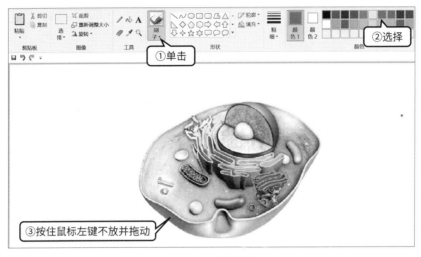

图3-2-30 绘制线条

三、添加文本

单击【工具】组中的【文本】按钮A，选择字体为【微软雅黑】，字号为【16】，选择【加粗】，颜色选择【靛青色】，此时鼠标变为"I"字形，在图像目标位置单击，输入"高尔基体"，如图3-2-31所示。

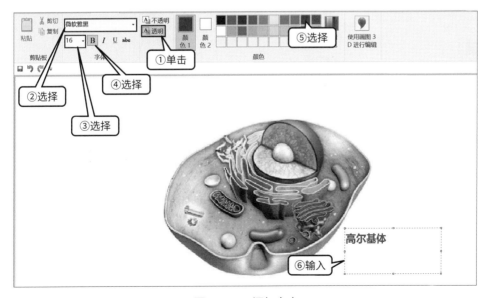

图3-2-31 添加文本

拓展提升

若想输入竖排文本，在文本内容编辑状态，将鼠标移至文本框右下角矩形处，此时鼠标呈双向箭头，按住鼠标左键拖动成合适大小的竖条形状文本框，然后释放鼠标左键即可将横排文本改变为竖排文本，如图 3-2-32 所示。

图 3-2-32 调整文本框

四、保存图像

图像绘制完成后，单击【文件】，再单击其选项卡下的【保存】按钮，弹出【保存为】对话框，选择保存位置，输入"植物细胞结构图-高尔基体"文件名，单击【保存】按钮，如图 3-2-33 所示。

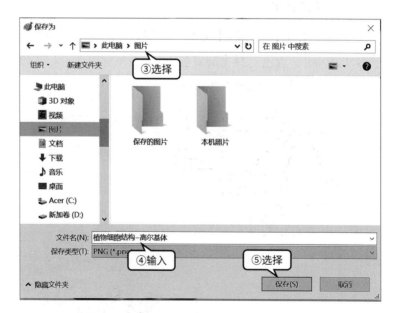

图 3-2-33 保存图像

3.3 编辑图像资源

3.3.1 图像资源编辑工具

图像教学资源能够直观、形象地呈现教学信息，但并不是所有的图像教学资源都能直接使用，教师需要对图像资源进行处理，如调整尺寸、图像裁剪、去除无关信息、抠像等，以满足教学需求。因此，了解并学会使用基本的图像编辑工具至关重要。常见的图像资源编辑工具详见第三章第一节第二小节表3-1-1图像资源格式与编辑工具。

3.3.2 图像大小调整

> 张老师在某考试系统中提交证件照时，系统要求照片尺寸不大于200k，宽高为150×200像素。因此，张老师需对证件照进行尺寸调整和大小压缩。你认为张老师该怎样做呢？

电脑端和移动端都有图像压缩和尺寸调整的软件，如电脑端有Windows系统自带的"画图"工具、格式工厂、转转大师、讯飞图片转换器等，移动端有美图秀秀、图片编辑、照片压缩工厂等。下面以Windows系统自带的"画图"工具和转转大师为例，介绍在电脑端调整图像尺寸和压缩图像的具体操作步骤。

一、图像尺寸调整

调整尺寸这一功能是几乎所有图像处理软件都具备的基础功能，教师无须掌握全部的图像处理软件的操作技能，只需学习简单的工具，满足教学的基本需求即可。下面以Windows系统自带的"画图"工具为例，介绍调整图像尺寸的具体操作。

打开"画图"工具：单击Windows【开始】菜单，单击【Windows附件】，在其下拉菜单中选择【画图】，如图3-3-1所示。也可以直接用鼠标右击需要处理的图像，单击【打开方式】，选择【画图】，如图3-3-2所示。两种方式均可打开"画图"工具。

导入图像：使用右击图像打开"画图"工具后，需要处理的图像已经位于编辑窗口中。而单击Windows开始菜单打开"画图"工具后，还需要将图像导入其中，具体操作是：单击【文件】选项卡，单击下拉菜单中的【打开】，之后单击"证件照"图片，再单击【打开】，如图3-3-3所示。

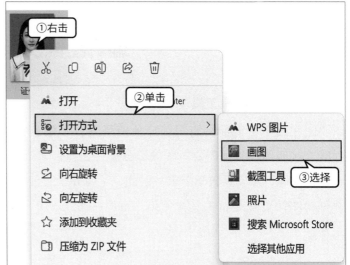

图 3-3-1 通过 Windows 菜单打开"画图"工具

图 3-3-2 右击图片打开"画图"工具

图 3-3-3 导入图像

调整大小：单击"图像"组的【重新调整大小】按钮，在弹出的【重设大小和倾斜】对话框中，单击【像素】，单击取消【保持纵横比】按钮，再依次单击"水平"框和"垂直"框，将其值设置为【150】和【200】，单击【确定】，如图 3-3-4 所示。

小贴士

通常情况下需要勾选"保持纵横比"，防止图像失真。勾选之后，水平和垂直是同比例放大和缩小的，只需填写一个数值即可。若是不勾选，水平和垂直的两个数值可以随意更改，但是会导致图像被拉伸或者压扁，造成图像的失真。

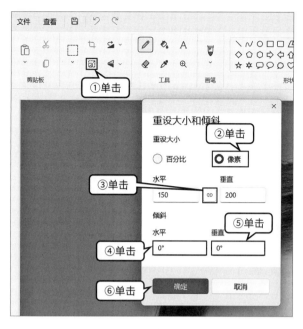

图 3-3-4 图像大小调整

保存图像：更改完成后，单击【文件】，然后单击【另存为】，选择【JPEG 图片】，在弹出的【另存为】对话框中输入"证件照（改）"文件名，再单击【保存】即可，如图 3-3-5 所示。

图 3-3-5 保存图像

二、图像压缩

转转大师（https://pdftoword.55.la）是一个专业的文档转换工具，无须下载安装即可在线免费使用。操作简单高效，支持在线录屏，能提供 42 种文档转换，支持图像无损压缩，还能设置图像的压缩大小和输出格式。其图像压缩页面如图3-3-6所示。

图3-3-6 转转大师图像压缩页面

选择文件：进入转转大师首页后单击【文件压缩】，在其下拉菜单中选择【图片压缩】，在弹出的页面中单击【选择文件】，如图3-3-7所示。

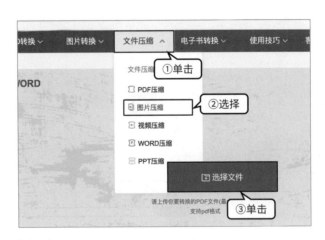

图3-3-7 选择文件

上传图像：在弹出的【打开】对话框中单击"证件照（改）"图像，再单击【打开】按钮即可将图像导入，如图3-3-8所示。

压缩图像：在【图片压缩】窗口中，单击【压缩程度】为【10%】，再单击【开始转换】即可开始图像压缩，如图3-3-9所示；转换成功后照片的大小如图3-3-10所示，可单击"预览"查看图像或"下载"保存图像。

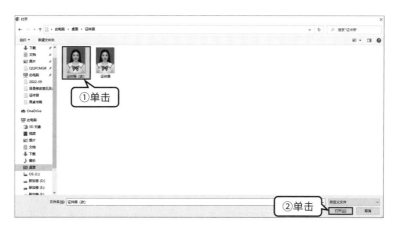

图 3-3-8 上传图像

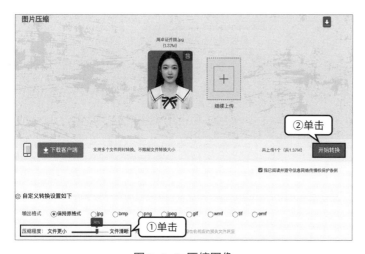

图 3-3-9 压缩图像

图 3-3-10 压缩后效果图

3.3.3 图像文本信息添加

王老师在制作《设计的原则》课件时，选用了不同的中国建筑图像作为案例。为了使图像表述更加直观明确，王老师想给图像添加文本信息。添加文本前的图像如图 3-3-11 所示，添加文本信息后如图 3-3-12 所示。他应该如何做呢？

图 3-3-11 无添加文本信息

图 3-3-12 添加文本信息后

121

使用Windows系统自带的"画图"工具实现图像文本信息的添加操作简单方便，下面介绍具体操作步骤。

输入文本并修改文本样式： 使用"画图"工具打开需要处理的图像，单击"工具"组中的【文本】按钮A，设置字体为【微软雅黑】，字号为【16】，单击【加粗】，选择【颜色】组中的【红色】。此时鼠标变为"I"字型，在图像目标位置单击，输入"鸟巢"即可，如图3-3-13所示。

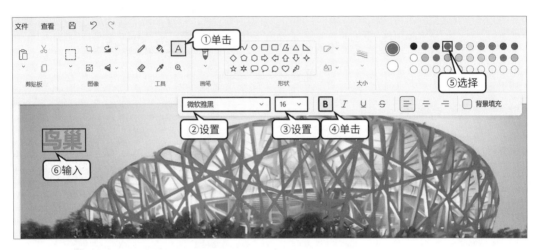

图3-3-13 输入文本并修改文本样式

3.3.4 图像冗余信息去除

王老师在制作《纪念白求恩》课件时，从网络上获取了一张图像，但是该图像带有水印，如图3-3-14所示。水印不仅与教学无关，还影响了图像的美观，甚至会分散学生的注意力，所以需要去除。为达到图3-3-15所示效果，李老师该如何操作呢？

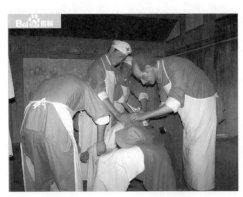

图3-3-14 配图带有无关信息

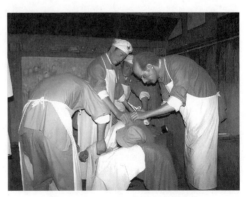

图3-3-15 配图去除无关信息

去除图像无关信息的工具多样，如 Photoshop、美图秀秀、Windows 自带的"画图"工具等。下面介绍使用 Windows 自带的"画图"工具去除无关信息的具体操作步骤。

一、通过"选择"去除冗余信息

框选区域：打开"画图"工具，导入需要处理的图片。单击【图像】组中的【选择】按钮，在冗余信息附近框选能够覆盖冗余信息的区域，如图 3-3-16 所示。

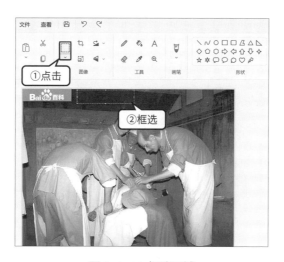

图 3-3-16 框选区域

复制框选区域：框选之后按【Ctrl】+【C】键将该区域进行复制，之后再按【Ctrl】+【V】键粘贴，所选择的区域会粘贴到另一空白处。

覆盖冗余信息区域：粘贴完成后，使用鼠标将该区域拖曳到需要去除信息的部分，完成遮挡。如果无法完全遮挡，还可以拉动调整至完全遮挡，如图 3-3-17 所示。

图 3-3-17 覆盖冗余信息区域

二、通过"刷子"去除冗余信息

导入图片后，单击【画笔】按钮，再单击【工具】组中的【颜色吸取器】按钮，在水印附近单击相近颜色区域。为更高效完成操作，可以单击【大小】下拉键，单击下拉列表中选择【8像素】，最后拖动鼠标涂抹冗余信息即可，如图3-3-18所示。

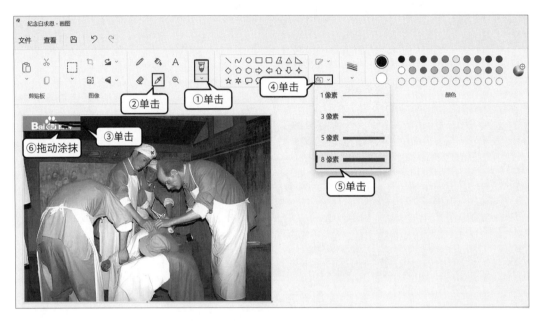

图3-3-18 通过"刷子"去除冗余信息

> **小贴士**
>
> 当无关信息所处位置位于图像边缘，裁剪后不影响图像内容呈现时，可通过裁剪图像来消除无关信息。使用Windows自带的"画图"工具也可以裁剪图片，具体操作步骤如下。
>
> 打开"画图"工具并将需要处理的图片导入其中。单击【图像】组中的【裁剪】按钮，然后长按鼠标左键拖曳，即可只保留框选区域，如图3-3-19虚线框所示。松开鼠标后即可完成无关信息的去除，裁剪后的效果如图3-3-20所示。

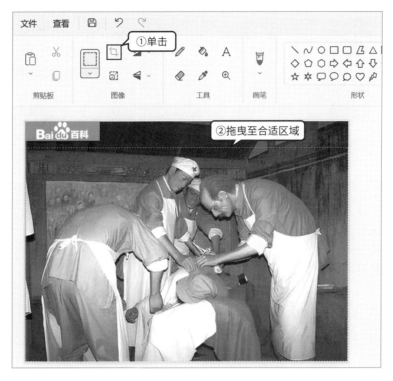

图 3-3-19 在"画图"工具 PPT 中裁剪图片

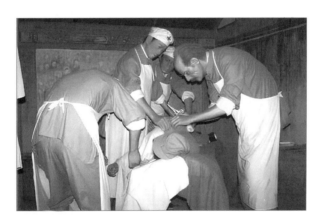

图 3-3-20 裁剪后的效果图

3.3.5 图像抠像与合成

一、PPT 软件实现抠像与合成

杨老师从网络获取到了如图 3-3-21 所示图像素材。他想利用这些资源制作一张"太阳、地球和月球的关系"的图片以辅助知识讲授，如图 3-3-22 所示。他该如何做呢？

图 3-3-21 图像素材

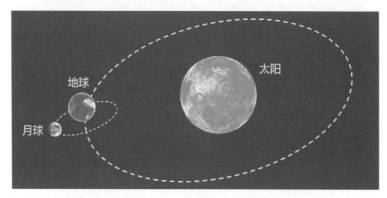

图 3-3-22 月球、地球和太阳的关系效果图

（一）图像抠像

首先应将所需素材从原图像中抠出，专业的抠像工具有 Photoshop、ACDSee 等软件。对于教学中简单的抠像需求，PPT、Word 软件自带的图像处理工具（如图 3-3-23 和图 3-3-24 所示）就可以实现。

图 3-3-23 Word 文档的图像工具——删除背景

图 3-3-24 PPT 演示文稿的图像工具——删除背景

下面以 PPT 演示文稿为例，介绍抠像操作步骤。

抠除背景：单击选中需要去除背景的图像，然后单击【图片格式】选项卡，单击【调整】组中的【删除背景】，背景部分被全部选中，然后直接单击【关闭】组中的

【保留更改】即可，如图 3-3-25 所示。

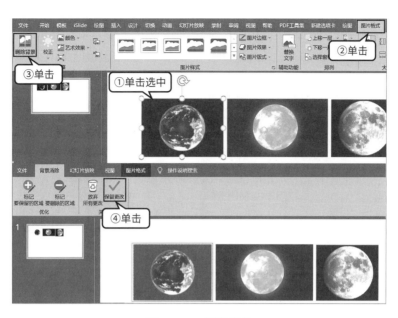

图 3-3-25 图像抠像

拓展提升

单击"删除背景"后，图像中的紫色阴影部分即为要删除的部分，根据图像具体情况，按需选择单击"标记要保留的区域"或"标记要删除的区域"，然后根据自己的选择对图像进行涂抹处理。如在抠"月球"图像时，单击"删除背景"后看到有少部分应保留区域也标记上了紫色阴影作为要删除部分。如图 3-3-26 所示，此时需要单击【标记要保留的区域】，并涂抹删去图像中需保留区域的紫色阴影，使其恢复图像原本颜色。如图 3-3-27 所示，最后单击【保留更改】完成抠图。

图 3-3-26 紫色阴影为要删除部分

图 3-3-27 涂抹要保留部分后的效果图

如有需要，抠除背景后的图片还可以重新设置背景，如图3-3-28所示。单击选中上例抠除背景后的"月球"，单击【图片格式】选项卡，单击【绘图】组中的【形状填充】下拉键，再单击【图片】，按需选择图片，就得到了以该图片为背景的月球，如图3-3-29所示。

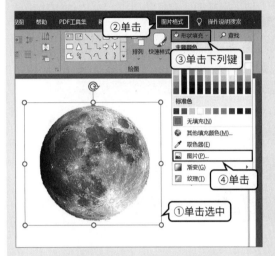 

图3-3-28 更换"月球"背景图片　　　　图3-3-29 更换背景图片后的效果图

在使用图像处理软件如Photoshop完成图像抠出后，保存图像时应该保存为PNG格式，否则图像会带有白色背景。

（二）素材合成

图像抠像完成之后，将其调整到适当大小，放置在合适位置。下面以"月球"图像素材的调整为例，介绍具体操作步骤。

更改图像尺寸：单击选中"月球"图像素材，图像周围出现边框，单击边框四角中的右下角控点，向外拖动即可放大图片，如图3-3-30所示。向内拖动即可缩小图片，缩小后的图片如图3-3-31所示。

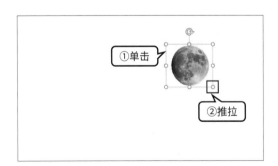 

图3-3-30 放大图像　　　　　　　　　图3-3-31 缩小图像

移动图像：选中改变大小后的图像素材，按住鼠标左键不放，拖曳移动，将其置于合适位置，如图3-3-32所示。用同样的方法对其他两个素材进行调整，效果如图3-3-33所示。

图3-3-32 移动"月球"

图3-3-33 移动素材位置后的效果图

图像制作过程中会涉及虚线绘制、线条调整等操作，下面介绍具体操作步骤。

插入"椭圆"形状：单击【插入】选项卡，再单击【形状】下拉键，然后单击"基本形状"栏中的【椭圆】，如图3-3-34所示。

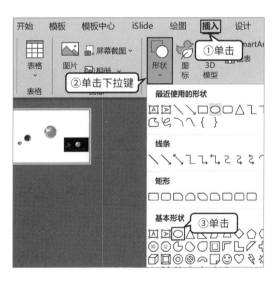

图3-3-34 插入形状

形状样式修改：用鼠标拖曳，在PPT中绘制一个椭圆形状，如图3-3-35所示；再在"形状样式"选项卡中单击【形状填充】下拉键，单击【无填充】选项，得到纯线型；单击【形状轮廓】下拉键，再单击【黄色】，完成线条颜色的更改；鼠标移过【虚线】后单击【长虚线】，完成实线向虚线的转变，如图3-3-36所示。按照以上操作完成所有虚线的绘制。

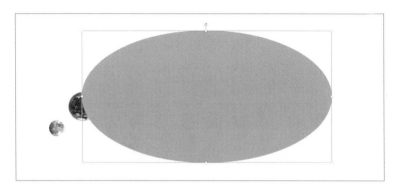

图 3-3-35 绘制椭圆形状

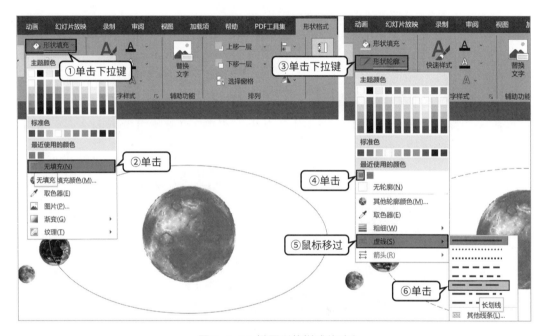

图 3-3-36 椭圆形状样式修改

形状轮廓粗细设置：为区分地球与月球的运动轨迹，可以对运动轨迹线条进行粗细不同的设置。单击选中椭圆形运动轨迹图案，再单击【形状格式】选项卡，在【形状样式】组中单击【形状轮廓】下拉键，鼠标移过【粗细】然后单击【1.5 磅】，完成细条的粗细设置，如图 3-3-37 所示。

旋转形状：单击选中椭圆形运动轨迹图案，鼠标按住边框上方的"旋转"图标进行旋转可得到方向变化的线条，通过左右、上下拉伸边框可对其进一步进行调整。

插入"矩形"形状：同插入椭圆的操作相似，在 PPT 中插入一个矩形，并用鼠标拖曳调整至与 PPT 背景同等大小，颜色填充为黑色，"形状轮廓"设置为"无轮廓"。设置完成后，单击鼠标右键，再单击【置于底层】，完成图像背景的添加，如图 3-3-38 所示。

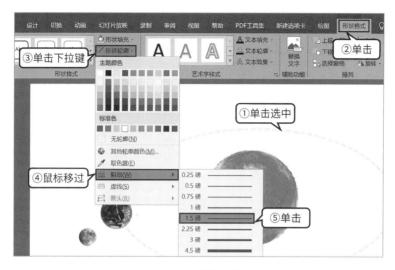

图 3-3-37 形状轮廓粗细修改

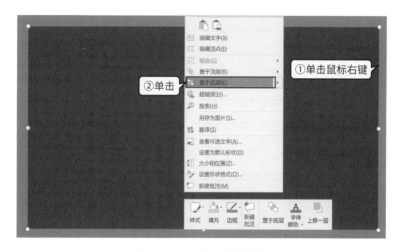

图 3-3-38 插入矩形形状

图层更改：选中"地球"素材，单击鼠标右键，再单击【置于顶层】可实现运行轨迹环绕地球的效果。对"月球"素材的操作同上，效果如图 3-3-39 所示。

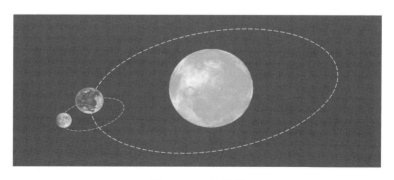

图 3-3-39 效果图

绘制横排文本框：单击【插入】选项卡，再单击【文本框】下拉键，单击【绘制横排文本框】，如图3-3-40所示。然后鼠标拖曳绘制文本框，在文本框中输入相应文字，如图3-3-41所示。

图3-3-40 绘制横排文本框

图3-3-41 输入文本信息

修改文本样式：首先选中文字，再单击"字体"组中【颜色】下拉键，选择适当的颜色并单击，完成字体颜色更改；单击"字体"组中的【B】，可实现字体的加粗；最后调整字号大小，可以通过直接在数字框中输入数值，也可以单击数字框右侧的字母实现字号的增大和缩小。如图3-3-42所示。

导出幻灯片：图片制作完成后，单击【文件】，之后单击【另存为】弹出【另存为】对话框，在"保存类型"处单击【JPEG文件交换格式】，然后单击【保存】，在弹出的对话框中单击【仅当前幻灯片】即可将其保存为图像，如下列图3-3-43至图3-3-45所示。

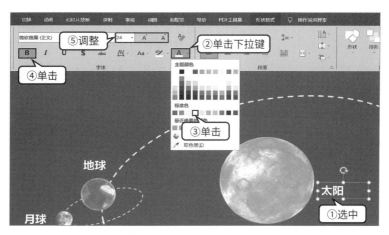

图 3-3-42 修改文本样式

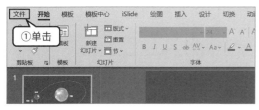

图 3-3-43 【文件】选项卡

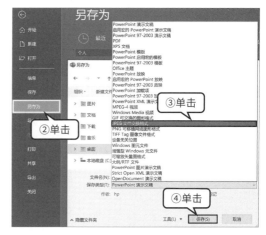

图 3-3-44 选择导出格式

图 3-3-45 导出幻灯片

二、"画图"软件实现抠像与合成

李老师在讲授《海底世界》之前,在网上搜集了海底的背景图、各种鱼类、海草等卡通图像素材,如图 3-3-46 所示。李老师想将这些素材抠像后合成为一张海底世界的图像,如图 3-3-47 所示,来为学生讲解海底生物,以增加课堂的趣味性。那么李老师该如何实现图像抠像,并将这些图像合成为一张封面图呢?

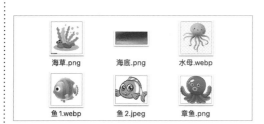

图 3-3-46 图像素材

图 3-3-47 海底世界效果图

下面以 Windows 自带的"画图"工具为例来介绍图像抠像、给图像添加文字、合成多张图像的具体操作步骤。

导入"海底"图像：打开"画图"工具，单击左上角的【文件】，单击其下拉菜单中的【打开】，如图 3-3-48 所示，在弹出的【打开】窗口中单击选择"海底"图像，单击【打开】导入素材。

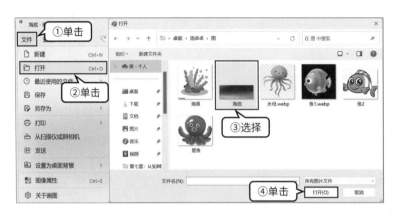

图 3-3-48 导入"海底"图像

调整画布：打开"海底"图像后的界面如图 3-3-49 所示。按键盘上的【Ctrl】键，滚动鼠标滑轮，将画布拉到足够大，如图 3-3-50 所示。

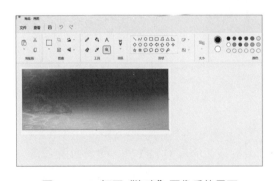 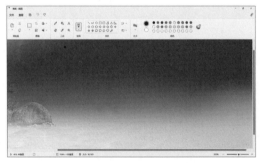

图 3-3-49 打开"海底"图像后的界面　　　图 3-3-50 调整画布后的界面

（一）图像抠像

导入图像：单击左上角【粘贴】按钮，在其下拉菜单中单击【导入】，在弹出的窗口中选择"章鱼"图像，单击【打开】即可将选中的图像导入"画图"软件中，如图 3-3-51 所示。

设置透明背景：打开"章鱼"图像后如图 3-3-52 所示，单击【选择】按钮，在其下拉菜单中单击【透明选择】，将"章鱼"图像变成透明背景。

调整图像大小：将图像设置透明背景后，单击【重新调整大小】按钮，在弹出的对话框【水平】中输入"50",单击【确定】按钮完成大小设置,如图 3-3-53 所示。拖动图像,将其移至合适位置,最后效果如图 3-3-54 所示。

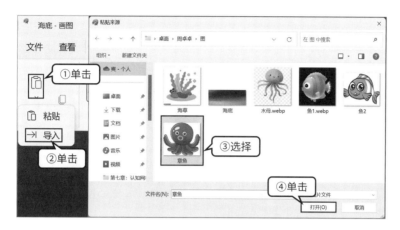

图 3-3-51 导入图像

图 3-3-52 透明背景设置

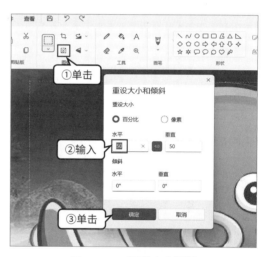

图 3-3-53 图像大小调整

图 3-3-54 移动位置后效果图

（二）素材合成

按照上述步骤依次添加图像素材并将它们设置成透明背景，调整位置后最终效果如图3-3-55所示。

图3-3-55 调整位置后的效果图

插入并设置文本样式：单击【工具】栏中的【文本】按钮A，选择字体为【微软雅黑】，字号为【28】，单击【加粗】，颜色选择【红色】，随后鼠标变成一条竖线"|"，在需要插入文字的地方单击并输入"海底世界"文本，效果如图3-3-56所示。

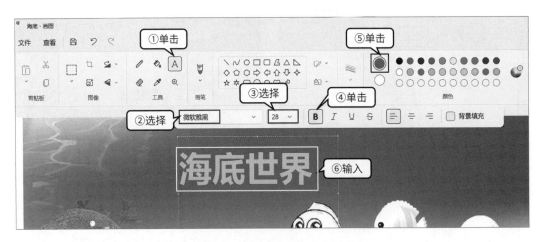

图3-3-56 插入并设置文本样式

保存图像：单击【文件】，再单击【另存为】下拉键，在其下拉菜单中选择【PNG图片】，即可将合成图像保存至目标文件夹位置，如图3-3-57所示。

图 3-3-57 保存图像

3.3.6 图像色调与色彩调整

王老师在制作《长城》课件时,想通过展示长城图像让同学们直观地感受气势恢宏的万里长城,但是王老师认为该图像的色调有些暗淡,如图 3-3-58 所示,并不能很好地表达万里长城的壮阔。王老师想调整图像的色调与色彩,如图 3-3-59 所示,他应该如何做呢?

图 3-3-58 原图

图 3-3-59 调整后的效果图

色彩是图像的重要组成部分,一幅好的图像离不开好的色彩设计。色调与色彩的调整主要包括亮度、对比度、饱和度。亮度指图像的明亮程度,对比度指一幅图像中最亮的白和最暗的黑之间不同亮度层级的测量值,一般来说对比度越大,图像越清晰醒目。饱和度则是指图像色彩的鲜艳程度。

图像色调与色彩的调整工具有许多,专业型软件有 Photoshop、GIMP、Pixlr 等,如果只是对图像的色彩与色调做简单的调整,常用的办公软件 Word、PPT 也可实现。下面介绍使用 Word 软件对图像色调与色彩进行调整的方法。

图像分析：通过分析图 3-3-58，可以看到图片局部明显偏暗，亮度不够，因此需要调整图片亮度。当提高亮度时，图片的饱和度会因此降低，因此在调节亮度之后还需要调整图片的饱和度和色调以保持图片的色彩鲜艳。

高级设置：单击【文件】选项卡后，单击【更多】按钮中的【选项】，在弹出的窗口中单击【高级】按钮，勾选【不压缩文件中的图像】，最后单击【确定】完成设置，如图 3-3-60 所示。

图 3-3-60 高级设置

插入图像：返回文档后，单击【插入】选项卡，单击【图片】下拉列表中的【此设备】，单击"图 3-3-6 长城"图片，单击【插入】按钮将其插入文档中，如图 3-3-61 所示。

亮度校正：插入图像后，选中图像，然后单击【图片格式】选项卡，在选项卡左下方单击【校正】按钮后，在下拉菜单中单击"亮度：+20%，对比度：0%"效果，提高图像的亮度，如图 3-3-62 所示。

饱和度和色调调整：选中图像，单击【图片格式】选项卡，单击【颜色】按钮，再单击【颜色饱和度】中的"饱和度：200%"提高图像的色彩，单击【色调】中的"色温：5300K"调整图片色调，如图 3-3-63 所示。

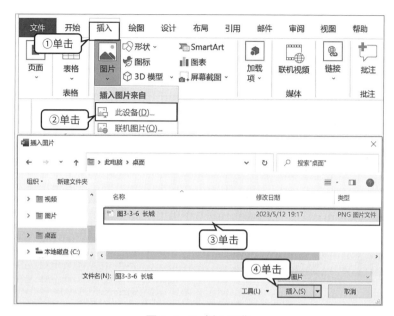

图 3-3-61 插入图像

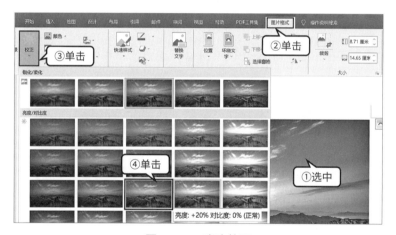

图 3-3-62 亮度校正

图 3-3-63 颜色调整

保存图像：图像设计完成后还需要保存图像。如图3-3-64所示，右击图像后单击【另存为图片】。在弹出的对话框中输入"万里长城"文件名，选择保存类型为【PNG】，然后单击【保存】即可，如图3-3-65所示。

图3-3-64 另存为图片

图3-3-65 填写图像保存信息

拓展提升

Microsoft PowerPoint 中同样提供了图像调整功能，该功能与 Microsoft office 一致，如图3-3-66所示。

图3-3-66 PowerPoint 的图像调整功能

3.3.7 图像格式转换

刘老师在制作《地球运动》课件时，从网上下载了PNG格式的地球图像，如图3-3-67所示。但是，他要将图像上传至在线学习平台，且平台要求他将图像格式改为JPEG，如图3-3-68所示。刘老师应该怎样进行图像格式的转换呢？

图 3-3-67 PNG 格式的地球图像　　　图 3-3-68 JPEG 格式的地球图像

图像格式有很多种，最常见的如 JPEG 格式（JPG 格式）、PNG 格式、BMP 格式等。有时制作课件需要特定的图像格式；有时某种图像格式文件太大，比较占空间，需要通过图像格式转换来得到占据更小存储空间的图像。

图像格式的转换通常可以利用格式转换软件进行，如"画图"工具、ACDsee、光影魔术手、美图秀秀、格式工厂等。下面以"画图"工具和格式工厂为例介绍图像格式转换的具体操作步骤。

第一，以"画图"工具为例进行介绍。

图像另存为 JPEG 类型：在"画图"工具中打开图像后，单击【文件】，单击选择【另存为】，在其菜单中选择【JPEG 图片】，如图 3-3-69 所示。

图 3-3-69 图像另存为 JPEG 类型

填写图像保存信息：在弹出的窗口中，在【文件名】中输入文件名"地球"，如图 3-3-70 所示，单击【保存】即可。最后存储的文件效果如图 3-3-68 所示。

图 3-3-70 填写图像保存信息

第二，以格式工厂为例进行介绍。

选择转换格式：打开格式工厂软件，单击【图片】选项卡，在其下拉菜单中选择图像转换的目标格式【JPG】，如图 3-3-71 所示。

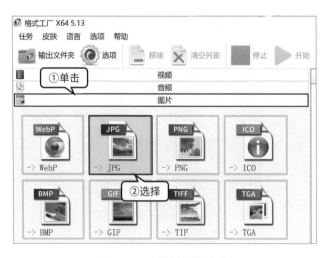

图 3-3-71 选择转换格式

导入图像：在打开的【JPG】窗口中，单击【添加文件】，在弹出的【请选择文件】对话框中单击"地球"图像，单击【打开】即可将图像添加到格式工厂，再在【JPG】窗口中单击右下角的【确定】进入格式转换界面，如图 3-3-72 所示。

图 3-3-72 导入图像

开始转换：在格式转换界面中，单击【开始】即可开始图像格式转换，如图 3-3-73 所示；单击【打开输出文件夹】图标即可打开 JPG 格式图像在计算机中的位置，如图 3-3-74 所示。

图 3-3-73 开始转换

图 3-3-74 打开输出文件夹

3.4 制作图像资源

3.4.1 制作教学动图

周老师为学生讲解"传统武术基础：五步拳"时，在课件中插入了武术动作视频，但视频画面切换过快，如图 3-4-1 所示，学生无法了解动作细节。因此，周老师想将五步拳动作视频制作成各个分解动作的动图，如图 3-4-2 所示，让学生更好地观看动作细节，从而掌握动作要领。那么，周老师应该怎样制作分解动作的动图呢？

 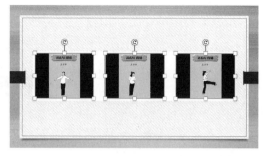

图 3-4-1《传统武术基础：五步拳》视频　　　　图 3-4-2 分解动图

动图容量小传播速度快、制作成本低，能够更简明、精细地呈现教学内容，可用于教学中原理知识的讲解、实验教学、技能训练等。QQ影音和gif5工具网都可用于制作动图。

一、视频中截取动图

下面将以《传统武术基础：五步拳》视频为例，讲解运用QQ影音软件从视频中截取动图的具体操作步骤。

选择截取工具：首先用QQ影音打开要截图的视频文件，单击【工具】图标，选择其下拉菜单中的【动画】，如图3-4-3所示。

图 3-4-3 使用【动画】工具

分解动作：在弹出的【动画截图】窗口中，单击拖动上方【蓝色圆形】图标 ○ 至【开始00：00：00】处，单击向右拖动【蓝色方框】按钮 ■ 至【2秒】，得到第一个分解动作，如图3-4-4所示。

速度调节：单击【动画速度】下拉键，在其下拉菜单中选择【慢】，再单击【保存GIF】，如图3-4-5所示。

图 3-4-4 分解动作

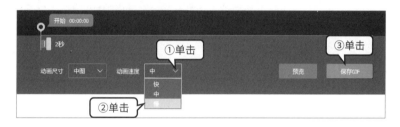

图 3-4-5 动画速度调节

保存动图：在弹出的【保存视频为】对话框中输入"分解动作 GIF 图 1"文件名，单击【保存】，如图 3-4-6 所示。

图 3-4-6 保存动图

截取第二个动图：按照图 3-4-3 的步骤所示打开【动画截图】窗口，单击拖动上方【蓝色圆形】图标◉至【开始 00：00：01】处，单击向右拖动【蓝色方框】按钮▮至【2 秒】，单击【动画速度】下拉键，在其下拉菜单中选择【慢】，再单击【保存 GIF】，即可得到第二个分解动作，如图 3-4-7 所示。

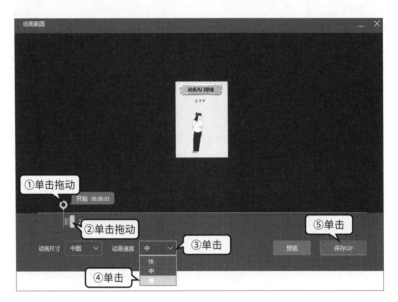

图 3-4-7 截取第二个动图

按照上述步骤截取第三个动图，截取时长为【开始 00：00：03】和【2 秒】。

在 PPT 中插入图片：打开 PPT 课件，单击【插入】选项卡，单击【图片】下拉键，在其下拉菜单中单击选择【此设备】，如图 3-4-8 所示。

图 3-4-8 在 PPT 中插入图片

插入动图：在弹出的【插入图片】对话框中，单击"分解动作 GIF 图 1"，再按键盘上的【Ctrl】键，依次单击"分解动作 GIF 图 2"和"分解动作 GIF 图 3"，单击【插入】,如图 3-4-9 所示。

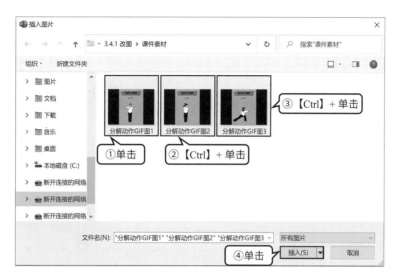

图 3-4-9 插入动图

将三个分解动作 GIF 动图插入 PPT 中后,调整其位置,最终效果如图 3-4-10 所示。

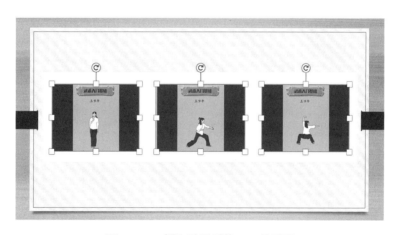

图 3-4-10 插入动图后的 PPT 效果图

二、静态图片合成动图

如图 3-4-11 所示,下面将以《传统武术基础:五步拳》视频中截取的部分动作图片为例,讲解运用 gif5 工具网网站将静态图片在线合成动图的具体操作步骤。

进入 gif5 工具网:打开浏览器,单击地址栏,输入"gif5.net",按键盘上的【Enter】键即可进入 gif5 工具网界面,如图 3-4-12 所示。单击右上角的【请登录】,扫码登录后,再单击【GIF 合成】。

图 3-4-11 从《传统武术基础：五步拳》视频中截取图片

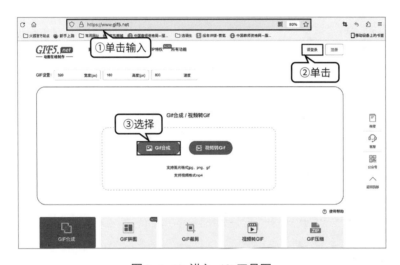

图 3-4-12 进入 gif5 工具网

导入静态图片：在弹出的【打开】对话框中，单击选中"动作截图1"图片，按键盘上的【Ctrl】键，依次单击选中"动作截图2""动作截图3""动作截图4""动作截图5"，再单击【打开】，如图 3-4-13 所示。

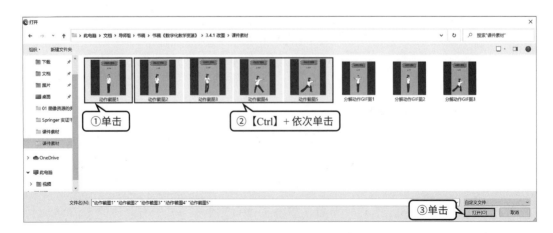

图 3-4-13 导入静态图片

生成 GIF 图片：添加完图片的界面如图 3-4-14 所示，单击【开始生成 gif】。

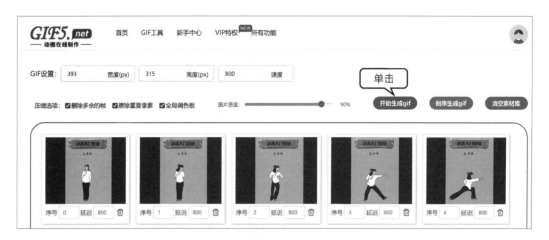

图 3-4-14 开始生成 gif 图片

下载图片：在弹出的【图片预览】对话框中，单击【下载图片】即可保存动图，如图 3-4-15 所示。

图 3-4-15 下载图片

> **小贴士**
>
> 　　静态图片合成动图的在线合成工具还有 SOOGIF 网站、GIF 中文网等。除了在线合成网站以外，相关软件有闪电 GIF 制作软件、Photoshop、Ulead GIF Animator，相关手机 APP 有 GIF 动图制作、GIF 制作、GIF 助手、GIF 工具箱。

3.4.2 制作《草船借箭》教学图

《草船借箭》是人教版小学语文五年级的一篇课文，李老师在制作该课的教学课件时想在其中插入草船借箭的动漫图片以加深学生的印象。但网络下载的图片水印过多，李老师想自己制作一张草船借箭图片，如图3-4-16所示，那么李老师应该如何制作呢？

图3-4-16《草船借箭》效果图

一、抠图

"箭头"抠图：在PowerPoint中插入"箭头"图像后，单击"箭头"图像，单击【图片格式】选项卡，单击【删除背景】按钮，此时"箭头"图像背景部分被全部选中，因此直接单击【关闭】组中的【保留更改】即可，如图3-4-17所示。

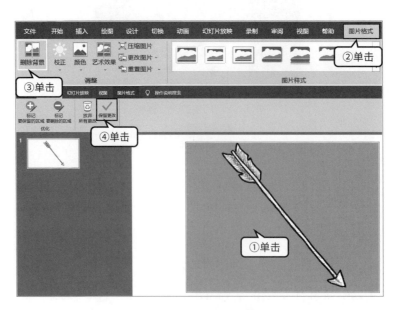

图3-4-17 "箭头"抠图

"诸葛亮"抠图：在 PowerPoint 中插入"诸葛亮"图像后，同样使用【删除背景】功能进行抠图。如图 3-4-18 所示，单击【标记要保留的区域】按钮，单击"诸葛亮"下半身衣服部分，保留区域如图 3-4-19 所示，最后单击【关闭】组中的【保留更改】。

图 3-4-18 "诸葛亮"抠图

图 3-4-19 标记要保留的区域

二、合成

复制图像素材：在 PowerPoint 中插入"草船"图像后，分别复制第 1 页的"箭头"图像、第 2 页幻灯片中的"诸葛亮"图像粘贴至第 3 页幻灯片中并移动到合适位置，如图 3-4-20 所示。

图 3-4-20 复制图像素材

复制单个"箭头"：使用【Ctrl】键 + 鼠标拖动方式可对被选中的且任意数量的对象执行复制操作。按键盘【Ctrl】键的同时拖动"箭头"图像进行复制，如图 3-4-21 所示，然后将新的"箭头"图像移至合适位置。

复制两个"箭头"：继续复制多个"箭头"图像增强图像效果。按【Ctrl】键的同时将被选中的两个"箭头"图像拖动进行复制，生成两个新的"箭头"图像后，将新的"箭头"图像移至合适位置,如图 3-4-22 所示。

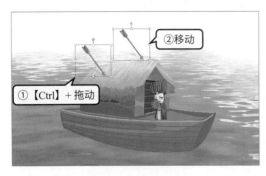
图 3-4-21 拖动复制单个箭头

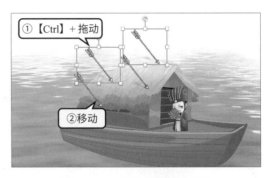
图 3-4-22 拖动复制两个箭头

批量复制"箭头":复制足够多的"箭头"图像后,再次进行批量复制。选中左侧所有"箭头"图像按【Ctrl】键拖动复制并将其移动至右侧,单击【图片格式】选项卡后,单击【旋转】下拉列表中的【水平翻转】,如图 3-4-23 所示。调整右侧"箭头"位置,最后效果如图 3-4-24 所示。

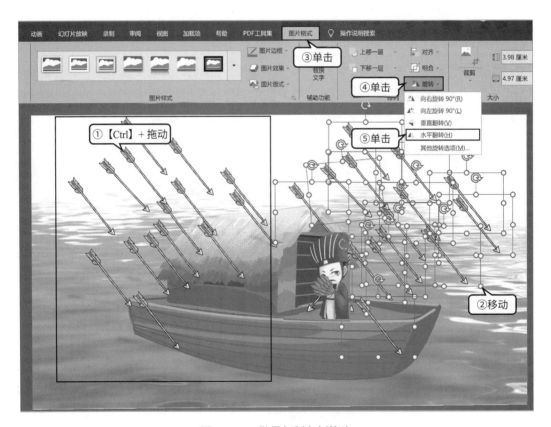
图 3-4-23 批量复制左侧箭头

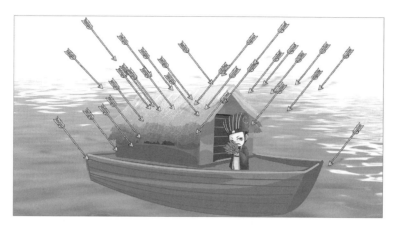

图 3-4-24 调整右侧"箭头"位置后效果图

添加阴影效果:为"箭头"设置影子效果,使用【Ctrl】+单击选中需要影子效果的"箭头"图像后,单击【图片格式】选项卡后,单击【图片效果】下拉表中的【阴影】中的【透视】效果的【透视:左上】,如图 3-4-25 所示。

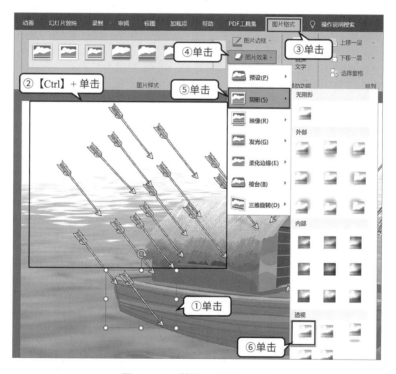

图 3-4-25 箭头设置影子效果

添加文字:首先安装"书体坊赵孟頫行楷 简"字体,字体安装详见本书第二章第三节第二小节。单击【插入】选项卡,单击【文本框】下拉表中的【绘制横排文本框】按钮,在文本框中输入文字"草船借箭"。修改"草船借箭"字体样式为【书体坊赵孟

頰行楷 简】，字号为【115】，添加【文字阴影】效果，如图 3-4-26 所示。

组合图片：使用【Ctrl】+【A】键选中幻灯片中的所有对象后，右击幻灯片打开快捷菜单，单击【组合】中的【组合】命令，如图 3-4-27 所示。将所有素材合成为一张图片，最后效果如图 3-4-16 所示。

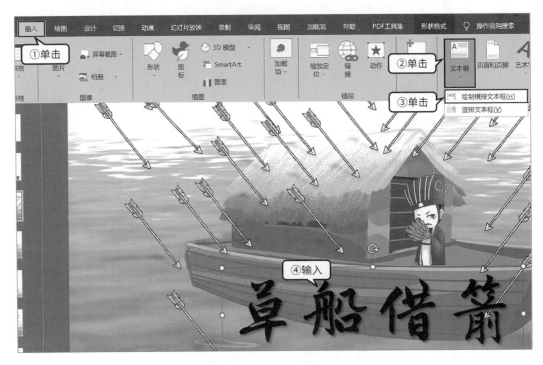

图 3-4-26 插入"草船借箭"文本

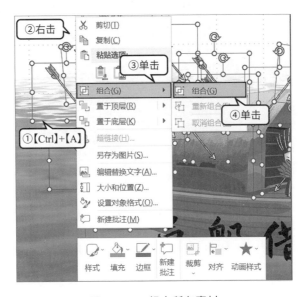

图 3-4-27 组合所有素材

本章小结

- 图像资源常见类型有照片、绘画、剪贴画、地图、书法作品等，不同类型的图像资源可发挥不同的教学作用，如抽象内容直观化、引发学生情感共鸣以及呈现知识的演示过程。
- 常见的图像资源格式有 BMP 格式、JPEG 格式、PNG 格式、GIF 格式、PSD 格式等。
- 图像资源的获取渠道有网络平台下载、屏幕截图、数码拍摄和软件绘制等。
- 可对图像进行大小调整、文本信息添加、冗余信息去除、抠像与合成、色调与色彩调整、图像格式转换等编辑修改操作，以满足教学需求。

操作题

1. 通过网络下载或屏幕截图的方式获取关于"海市蜃楼"的图像资源。

2. 根据网站链接地址（https://616pic.com/sucai/1peh27djz.html）自行下载"地球仪.jpeg"，并对图像素材做以下处理：

（1）调整图像尺寸宽度和高度为 5cm；

（2）去除图像的水印；

（3）转换为 PNG 文件格式。

3. 根据网站链接地址（https://www.bilibili.com/video/BV1uK411L7yc/?vd_source=4d49632b7a127bcb8f1fb094bbc8616a）自行下载"豆芽生长全记录"视频，制作生根发芽动图。

本章彩图
扫码可看

第四章　视频资源设计与制作

 学习目标

- 了解视频资源的类型及其格式；
- 了解视频资源的教学应用情境，能够在教学中巧妙运用视频资源；
- 了解常见的教学视频资源平台，能够快速获取教学所需的视频资源；
- 掌握视频制作的基本操作，能够利用视频编辑工具完成视频剪辑工作。

知识图谱

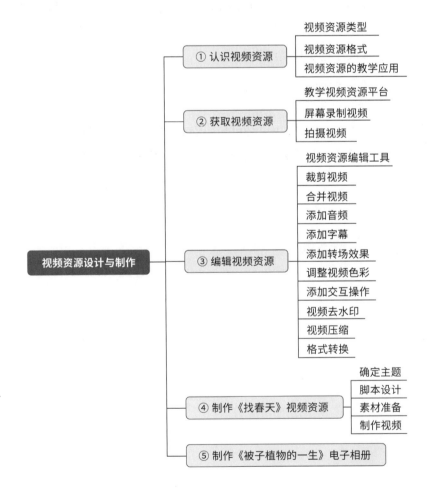

4.1 认识视频资源

4.1.1 视频资源类型

教学视频是指把传授给学习者的知识、技能等内容按照教学大纲的要求，运用技术手段生成视频文件，并发布给广大学习者学习使用的教学资源。

教学视频按其内容通常可以分为学习资源型教学视频和教辅资源型教学视频。[1]学习资源型教学视频主要是指能够提供教师授课实况的视频资源，如图4-1-1为专家讲座视频，图4-1-2为小学课堂实录视频。教辅资源型教学视频是指在教学过程中为学习者提供学习辅助、背景知识拓展的视频资源，如图4-1-3为微课视频，图4-1-4为实验操作视频。

图4-1-1 专家讲座

图4-1-2 课堂实录

图4-1-3 微课视频

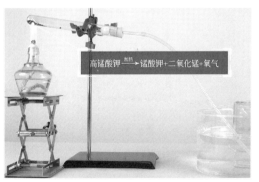

图4-1-4 高锰酸钾分解制氧气操作视频

---

[1] 李小刚，靳素丽，王运武.教学视频支持下的网络时代个性化学习研究[J].中国远程教育，2013(7).

4.1.2 视频资源格式

常见的视频资源有 AVI 格式、MP4 格式、MOV 格式、WMV 格式和 FLV 格式，教学中，可以根据不同的教学应用来选择不同格式的视频。视频资源格式类型及其具体教学应用如表 4-1-1 所示。

表 4-1-1 视频资源格式

视频资源格式	文件扩展名	教学应用实例
AVI 格式	.avi	多媒体光盘中视频。
MP4 格式	.mp4	电视广播视频，微课，视频讲座。
MOV 格式	.mov	影片，跨平台播放视频。
WMV 格式	.wmv	压缩教学视频，网络快捷传输视频。
FLV 格式	.flv	在线播放视频，网页嵌套视频，动画。

小贴士

要查看视频的格式，如图 4-1-5 所示，可单击视频所在文件夹中的菜单栏【查看】，然后单击【文件扩展名】。视频文件最后会显示文件的扩展名，如图 4-1-6 所示。

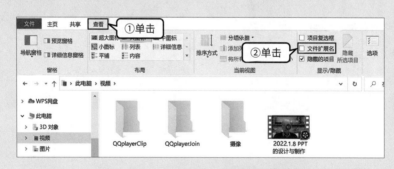

图 4-1-5 视频格式查看方法

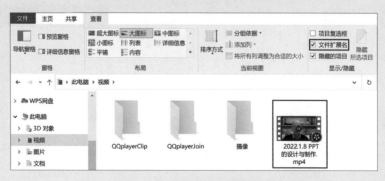

图 4-1-6 开启显示扩展名后

4.1.3 视频资源的教学应用

在教学过程中应用视频,能够更强烈地唤起学习者的视觉认知注意。视频资源主要用于创设真实情境、提供实践类课程教学示范以及展示事物的运动变化过程。在教学中,需要根据不同的教学应用场景、教学需求,来选择适合的视频资源,以便充分发挥视频资源的优势。

一、创设真实情境

与文字、图片和音频资源相比,视频资源具有更为强烈的现场感和真实感。教学过程中,教师可以利用视频资源在短时间内向学生传达出时间、地点、人物、事件等信息,促使学生快速置身于教学所需的情境之中,激发学生继续深入探究的学习兴趣。

例如:在八年级物理课《牛顿第一定律》中,有关定律的内容较为抽象,学生难以理解,需要教师在讲解定律内容前,播放与定律相关的《惯性实验》视频资源。视频资源内容:在盛有水的玻璃杯上放置一定硬度的挡板,挡板上放置一枚鸡蛋,随后以最快的速度抽取挡板使鸡蛋落入玻璃杯中,如图4-1-7所示。学生会发现在生活中也有视频中所呈现的现象,进而主动将学习内容与生活经验联系起来。此时教师再引入惯性的概念,就能促使学生基于生活经验深入理解学习内容。

图4-1-7《惯性实验》视频截屏

二、实践类课程教学示范

受课堂教学时间或教学条件的限制,当某些技能训练或实验操作无法真实呈现时,教师可以将视频作为教学内容的补充,为学生提供实验操作、动作学习、软件操作等内容的教学示范。

例如:在学习利用Photoshop软件抠图时,教师可以提前在电脑上录制教学过程,并将录制的视频作为示范教程提供给学生,如图4-1-8所示。学生可以根据视频中的操作示范进行模仿练习,也可以根据自身学习情况有选择地重复观看,以巩固操作方法。

图 4-1-8《PS 抠图》教学视频截屏

三、展现事物的发展变化过程

基于视频可重复播放的特点以及摄影技术的不断发展，视频在展示事物细节、再现事物发展的基础上，还能根据实际教学需要从宏观或微观的非正常视角，以快速或慢速的非正常方式呈现视频内容，辅助学生观察那些难以直接观察的现象，从而加强对知识尤其是抽象知识的理解。

例如：教师可以利用延时摄影视频来展现一些变化缓慢的进程或者肉眼无法分辨的快速运动过程，如植物生长、弹药爆炸等。如图 4-1-9 所示，该视频以延时摄影方式展示了豆芽种子萌发和生长的全过程，从而让学生在很短的时间内清楚地观察到豆芽生长变化的整个过程。

图 4-1-9《豆芽生长全纪录》视频截屏

4.2 获取视频资源

教师和学生可以根据教学需要直接从网站查看或下载学习视频资源，还可以通过屏幕录制、拍摄等方式获取视频资源。本节将具体介绍教学视频资源平台，以及屏幕录制视频和拍摄视频的操作方法。

4.2.1 教学视频资源平台

教学视频资源平台主要满足了教师及学生查看学习和下载视频资源等需求，根据平台提供的教学视频资源内容的不同，本节将教学视频资源平台分为综合类视频资源平台和学科类视频资源平台，常用的综合类及学科类视频资源平台如表4-2-1所示。

表 4-2-1 教学视频资源平台

类别	平台	平台介绍
综合类视频资源平台	国家智慧教育公共服务平台（https://www.smartedu.cn）	聚合了国家中小学智慧教育平台、国家职业教育智慧教育平台、国家高等教育智慧教育平台等，为各级各类学校的学生提供课程学习资源。
	微课之家（https://www.wkzj.com）	该网站视频资源丰富，提供包含中小学各学科的优质微课及课程资源。
	听课站（https://www.tingkez.com）	包含中小学各学科的优质课视频、说课视频、微课视频、同步课堂、视频专辑等资源。
	中国大学MOOC（https://www.icourse163.org）	最大的中文慕课平台，该平台包含计算机、外语、理学、工学、考研与就业等方面的资源，具体包含一万多门开放课、一千四百多门国家级精品课。
学科类视频资源平台	全球中文学习平台（https://www.chinese-learning.cn/#/web）	针对不同年龄、不同地域的学习者，提供个性化的、海量的中文学习资源，如为学前儿童提供儿童故事微课视频、为中小学生及大学生提供中外文学视频等。
	中学历史教学园地（http://www.zxls.com）	历史学科门户网站，资料丰富。该网站主要提供初高中及中职阶段的历史微课视频、课堂实录、中国及世界近现代史视频等。
	小学科学教学网（http://www.xxkxjx.net）	提供有关小学科学的微课、微视频、课件资源等，提供专家讲座、经典课例、优质课、研讨课等课例讲座。

4.2.2 屏幕录制视频

网络中的一些视频资源无法下载时，可以采用屏幕录制的方式获取视频。录屏软件不仅能录制在线播放的视频，还可以实时录制电脑屏幕动作。屏幕录制视频已成为视频媒体的一种重要扩展表现形式，在教学中具有很高的实用价值。

能够实现录屏功能的软件有 Camtasia Studio、ApowerREC、EV 录屏、Hypercam 等，具体工具介绍与录屏操作详见表 4-2-2。

表 4-2-2 录屏软件功能介绍

工具	工具介绍	录屏操作
Camtasia Studio	一款屏幕录像和视频编辑软件，具有剪辑和编辑视频、添加视频转场动画、添加视频字幕和水印、压缩视频等功能。此外，该软件交互功能强大，可以为视频添加交互习题，包括选择题、填空题、问答题、判断题等。	单击功能区中的【屏幕录制】按钮。
ApowerREC	一款专业录屏软件，具有录制屏幕、屏幕截图、视频格式转换、视频分享等功能。	单击操作界面中的【开始】按钮。
EV 录屏	一款免费的电脑录屏直播软件，集视频录制与直播串流于一体，支持桌面任意选区录制；支持窗口预览录制。	单击操作界面中的【录制】按钮。
Hypercam	一套用来捕捉屏幕操作画面的专业软件，包括鼠标移动轨迹与音效等。	单击操作界面中的【录制】按钮。

下面介绍使用 EV 录屏软件进行屏幕录制的操作步骤。

打开 EV 录屏软件及被录制视频：进入 EV 录屏软件，打开需要屏幕录制的视频，定位需要录制视频的开始节点，如图 4-2-1 所示。

图 4-2-1 打开被录视频

选择录制区域：切换到 EV 录屏主界面，在【常规】选项卡中，单击【选择录制区域】下方的下拉按钮，选择【选区录制】，如图 4-2-2 所示。跳转到浏览器界面，按住鼠标左键并拖动，选择需要录制的视频画面，确认后单击【确定】按钮，如图 4-2-3 所示。此时选中的区域被蓝色虚线框选中，然后返回至 EV 录屏主界面。

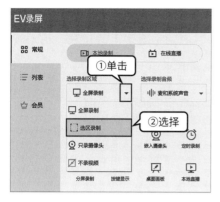

图 4-2-2 设置录制区域

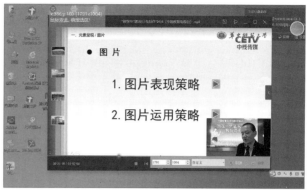

图 4-2-3 框选录制区域

开始录制设置：在【选择录制音频】下方单击下拉按钮，选择【仅系统声音】，随后单击左下角【开始】按钮即开始屏幕录制，如图 4-2-4 所示。此时屏幕上出现录制倒计时，倒计时结束后即开始录制。单击被录视频的【播放】按钮开始播放被录视频，如图 4-2-5 所示。

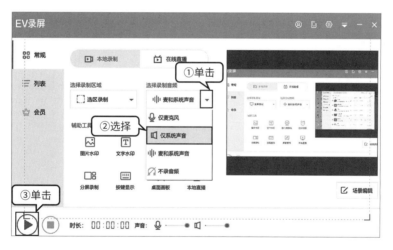

图 4-2-4 选择录制音频

图 4-2-5 开始录制视频

结束录制：录制完成后，鼠标移动到浮动球上，单击【录制完毕】按钮■，自动跳转至软件主界面【列表】选项卡☰；单击新录屏视频右侧的【更多】按钮⋯，可对视频文件进行播放、重命名和打开文件存储位置等设置，如图4-2-6所示。

图4-2-6 设置录屏视频

> **小贴士**
>
> 使用电脑屏幕录制时，在选择【仅系统声音】后，需要把电脑音量打开，否则将不会录制声音。可以通过观看浮动球中水波的波动变化来判断屏幕录制时声音录制是否成功。

4.2.3 拍摄视频

当现有的视频资源无法满足教学需求时，教师可以自行拍摄视频。常用的视频拍摄方式有手机拍摄和摄像机拍摄两种。

手机拍摄具有便携性好、自由度高、拍摄手法多样、APP适配性高等优势，但其拍摄像素较低，在光线对比强烈的情况下容易出现曝光过度（如图4-2-7所示）和眩光（如图4-2-8所示）现象，严重影响拍摄质量。为提高手机拍摄视频的质量，在使用手机拍摄时应选择安静且光线温和的拍摄环境，可以使用手机支架固定手机，防止抖动，还可以准备录音话筒提高录音质量。

摄像机拍摄具有变焦灵活、像素清晰、画面质量高、拍摄时间长等优势，但其局限性在于便携性差、对教师的拍摄技术要求高。

总之，两种拍摄方式各有优缺点，教师可以结合具体教学情境灵活选择。

图 4-2-7 曝光过度　　　　　　　　图 4-2-8 "眩光"现象

在拍摄视频时，应注意按照"平、稳、准、清、匀"5点基本要领进行操作，详解如下：

- "平"：是指无论在静止或运动状态下拍摄都应始终保持拍摄镜头处于水平状态；
- "稳"：是指拍摄时画面要始终保持平稳，不要抖动；
- "准"：是指拍摄过程中画面构图要准确；
- "清"：是指镜头所摄取的画面要清晰，尤其是在运动拍摄时，要注意镜头的移动速度不能太快，否则会使拍摄画面模糊；
- "匀"：是指拍摄时的速度和节奏要均匀合拍，手动变焦时用力要均匀，镜头起幅和落幅的速度要均匀。

4.3 编辑视频资源

4.3.1 视频资源编辑工具

并非所有的视频资源都能直接应用于教学，部分视频资源如过长、无音频、无字幕的视频资源，需要经过一些编辑处理才能满足教学需求。因此，教师有必要掌握一些常见视频资源编辑工具的基本编辑操作。常见的视频编辑操作有：视频剪裁、视频合并、添加音频、添加字幕、视频去水印、视频压缩、视频格式转换等。常见的视频资源编辑工具如表4-3-1所示。

表 4-3-1 视频资源编辑工具

工具	工具介绍
Camtasia Studio	是一款屏幕录像和视频编辑软件，具有剪辑和编辑视频、添加视频转场动画、添加视频字幕和水印、压缩视频等功能。此外，该软件交互功能强大，可以为视频添加交互习题，包括选择题、填空题、问答题、判断题等。
剪映	是一款视频编辑工具，具有丰富的视频剪辑模板、海量曲库资源，还支持自动生成字幕。
Adobe Premiere	是一款视频剪辑软件，具有视频编辑与剪切、视频切换特效处理、视频压缩大小、视频去水印等功能。
必剪	是一款视频剪辑工具，除了支持虚拟形象制作、高清录屏、录音提词、文本朗读、语音转字幕外，还可批量粗剪视频。
QQ 影音	是一款支持任何格式影片和音乐文件的本地播放器，具有视频片段截取、视频合并、视频压缩、视频格式转换等功能。
VideoSmaller	是一款在线视频压缩软件，支持 MP4、MOV、AVI 和 MPEG 等视频格式的压缩。
Easy Video Logo Remove	是一款小巧轻便、功能独特的视频去水印软件，支持去除视频文件的水印、LOGO、徽标、签名或字幕等。
格式工厂	是一款多媒体格式转换软件，支持所有类型视频转成 MP4、AVI、WMV、FLV、MOV 等格式。
FreeConvert	是一个智能在线压缩网站，支持图像、音频、视频的不同格式的转换，可将视频转换成 MP4、MPEG、AVI、FLV、RM 等多种格式。

4.3.2 裁剪视频

张老师是一名化学老师，在制作课件时，他从网上下载了一个制作非牛顿流体的实验视频，如图 4-3-1 所示。该视频包括理论及实验操作部分，但张老师只需要向学生展示视频中的实验部分，需要裁剪掉与教学内容无关的片头及对实验原理的讲解片段。

第四章 视频资源设计与制作

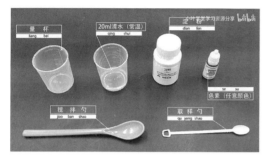

图 4-3-1 制作非牛顿流体的实验视频片段

裁剪视频的工具有很多，专业的视频编辑软件操作比较复杂，使用 QQ 影音软件即可满足简单的裁剪需求。下面将以 QQ 影音为例，介绍裁剪视频的具体操作步骤。

打开 QQ 影音软件并导入视频：单击【打开文件】选项，在弹出的【打开】对话框中，单击"非牛顿流体"文件，单击【打开】，如图 4-3-2 所示。

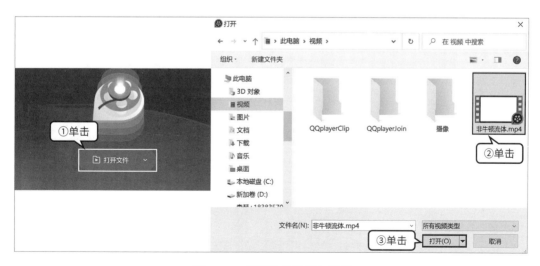

图 4-3-2 打开软件并导入视频

裁剪视频：单击右下角的【影音工具箱】图标，在其菜单中选择【截取】功能，如图 4-3-3 所示；在弹出的【视频截取】画面中，拖动蓝色进度条的左右两侧按

167

钮，裁剪出所需片段，如图4-3-4所示。单击视频画面中的【开始】图标▶预览所截取的视频，单击【微调】左右两侧的箭头，以0.5秒为单位对视频进行裁剪微调，如图4-3-5所示。

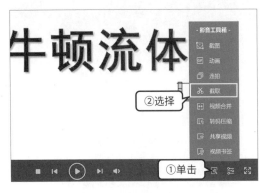
图4-3-3 选择截取功能

图4-3-4 裁剪视频

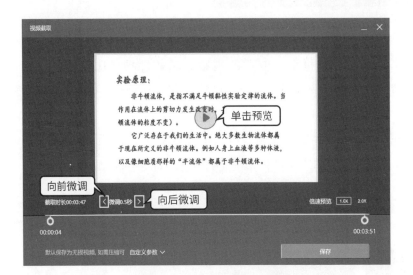
图4-3-5 预览并裁剪视频

保存视频：调整完成后，单击【保存】即可保存视频至目标文件夹，如图4-3-6所示。

图4-3-6 保存裁剪后的视频

4.3.3 合并视频

陈老师是一名八年级生物老师，在讲授"哺乳动物"这节课前，他想制作一个介绍哺乳动物的教学视频。他只搜集到几段常见哺乳动物的视频片段，如图 4-3-7 所示。那么，陈老师该如何将这些视频片段合并成一个视频呢？

图 4-3-7 哺乳动物视频片段

陈老师使用 QQ 影音软件可以对视频进行简单的合并处理。下面将以 QQ 影音为例，介绍合并视频的具体操作步骤。

打开"QQ 影音"软件并导入视频片段：打开 QQ 影音软件，单击【影音工具箱】图标，在其菜单中选择【视频合并】，如图 4-3-8 所示。在弹出的【打开】对话框中，找到存放视频文件的位置，按键盘中的【Ctrl】键，依次单击"哺乳动物－大象""哺乳动物－蓝鲸""哺乳动物－人"视频，再单击【打开】，即可将所选视频导入 QQ 影音中，如图 4-3-9 所示。

图 4-3-8 选择视频合并功能

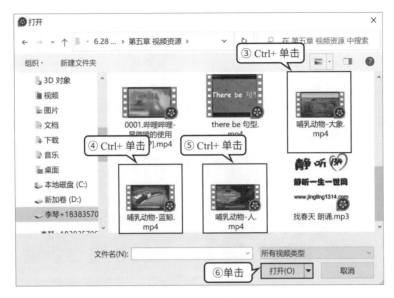

图 4-3-9 导入视频

调整视频顺序：在编辑界面中，长按鼠标拖动需要变更顺序的视频，即可调整其播放顺序，如图 4-3-10 所示。

图 4-3-10 调整视频顺序

保存视频：单击编辑界面下方的【默认参数】下拉键，在其下拉菜单中选择【默认参数】，再单击【保存】即可保存视频，如图 4-3-11 所示。

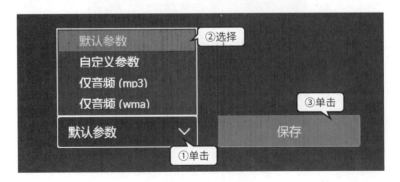

图 4-3-11 保存视频

4.3.4 添加音频

> 李老师制作了一个名为"网课教师修炼手册"的视频,现需要为该视频添加音频,包括旁白、背景音乐和音效,李老师应该如何操作呢?

下面以 Camtasia Studio 为例,介绍为视频添加音频的具体操作步骤。

一、添加旁白

添加视频文件:启动 Camtasia Studio 软件,单击【导入媒体】按钮,如图 4-3-12 所示;导入"网课教师修炼手册 .mp4"视频资源,并将其拖曳到时间轴轨道 2 上,如图 4-3-13 所示。

图 4-3-12 添加视频文件(一)　　图 4-3-13 添加视频文件(二)

添加旁白音频文件:单击【导入媒体】按钮 ➕,选择【导入媒体】选项,导入"旁白 .mp3"音频到媒体库,并将其拖曳到时间轴轨道 1 上,如图 4-3-14 所示。

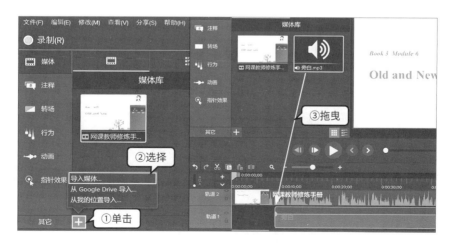

图 4-3-14 添加旁白音频

调整音量：选中旁白音频后，向上拖曳绿色直线调高音量，如图 4-3-15 所示。

图 4-3-15 调整音量

二、添加背景音乐

将背景音乐拖入轨道："添加"背景音乐.mp3"音频到媒体库，并将背景音乐拖到时间轴轨道 3 上，如图 4-3-16 所示。

图 4-3-16 添加背景音乐音频

调整背景音乐长度：选中时间轴上的"背景音乐"并同时按键盘上的【Ctrl】+【C】键复制该背景音乐，随后同时按键盘上的【Ctrl】+【V】键粘贴该背景音乐。重复上一操作，最后调整背景音乐与视频长度一致，如图 4-3-17 所示。

图 4-3-17 调整背景音乐长度

设置"淡入/淡出"效果：选中第一段背景音乐，单击【音频效果】选项卡，拖曳

【淡入】至背景音乐初始点，如图 4-3-18 所示；选中最后一段背景音乐，拖曳【淡出】至背景音乐结束点，如图 4-3-19 所示。

图 4-3-18 设置"淡入"效果

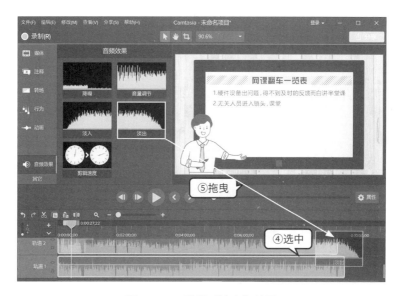

图 4-3-19 设置"淡出"效果

三、添加音效

按照上述添加旁白音频文件的方法，将音效素材添加到媒体库中，并将其拖到时间轴轨道 4 上即可，如图 4-3-20 所示。

图 4-3-20 添加音效

4.3.5 添加字幕

> 李老师为"网课教师修炼手册.mp4"视频添加音频后,想要为该视频添加字幕,他该如何操作呢?

下面以 Camtasia Studio 软件为例,介绍为视频添加字幕的操作步骤。

创建字幕轨道:单击【其他】选项卡下的【字幕】选项,如图 4-3-21 所示。拖曳定位针到旁白音频第一句话,单击【添加字幕】按钮,如图 4-3-22 所示。此时空白字幕创建在轨道 5 上,在字幕输入框中输入"网课教学很流行"这几个字,并调整其显示时长,如图 4-3-23 所示。

图 4-3-21 选择【字幕】

图 4-3-22 添加字幕

图 4-3-23 输入字幕

修改字幕样式：单击【字体属性】按钮 ，对字幕的样式、字体、大小、填充等属性进行设置，如图 4-3-24 所示。最终效果如图 4-3-25 所示。

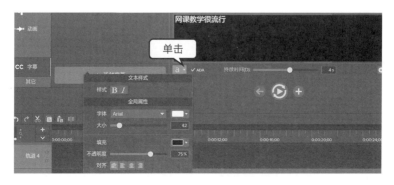

图 4-3-24 修改字幕样式

图 4-3-25 字幕添加效果

4.3.6 添加转场效果

> 陈老师将多段哺乳动物片段合成一个教学视频后，在两个视频片段衔接处添加了转场效果，图 4-3-26 为介绍黑猩猩视频片段到介绍蓝鲸视频片段的转场画面。他是如何给视频添加转场效果的呢？

图 4-3-26 添加转场效果图

视频转场是视频间的一种过渡效果，一般用于多个视频段落或场景的衔接处，为避免衔接生硬而使用。常用的转场效果包括淡入、淡出、旋转、擦除等。下面以"哺乳动物"视频为例，介绍使用 Camtasia Studio 软件为视频添加"淡出"转场效果的操作步骤。

导入多段视频素材：打开 Camtasia Studio 软件，将介绍哺乳动物的多段视频导入媒体库中，依次将视频按顺序拖入轨道。

添加转场效果：首先，选中要添加"淡出"效果的视频，再单击左侧菜单栏中的【转场】按钮，在右侧出现的转场菜单中右击【黑色淡出】选项效果，最后单击【添加到所选媒体】按钮，如图 4-3-27 所示。按照上述操作即可为视频各片段添加"淡出"转场效果。

图 4-3-27 添加"淡出"效果

4.3.7 调整视频色彩

> 陈老师制作了一个介绍哺乳动物的教学视频，但其视频色彩不够真实、美观。他该如何做才能调整视频色彩，实现由图 4-3-28 到 4-3-29 的转变呢？

图 4-3-28 原视频图

图 4-3-29 调整色彩后的视频

色彩是具有表现力且生动的视觉元素，视频画面的色彩是视频图像的生命力，能够使观众产生深刻的感知印象。视频色彩的呈现应该尽可能真实，还原事物本身的色彩。下面以 Camtasia Studio 软件为例，介绍调整视频色彩的操作步骤。

选择待调整色彩的视频：单击选中最后一个有关大象的视频片段，如图 4-3-28 所示，该视频颜色偏白，色彩不够鲜艳真实。

调整视频色彩：单击左侧菜单栏中的【视觉效果】按钮，在右侧出现的视觉效果菜单中右击【颜色调整】选项，再单击【添加到所选媒体】按钮，然后单击右侧的【属性】按钮，在上方出现的属性面板中找到"颜色调整"板块，通过拖动"亮度""对比度"和"饱和度"后对应的滑块，将视频调整至合适色彩，如图4-3-30所示，可以看到调整后的视频色彩变得更加明亮。

图 4-3-30 调整视频色彩

小贴士

需要明确的是，对于包含多个视频片段的视频文件，调整视频色彩时只对当前选中的视频片段有作用。若想同时对多个视频片段的色彩进行调整，可以将其合并为一个视频后再行操作。

4.3.8 添加交互操作

> 刘老师是高一物理学科老师，在讲授"超重与失重"这一内容时，他想在《超重与失重》微课视频中添加交互习题，即在总结完"超重"与"失重"的知识点后自动弹出习题，如果学生答对则继续观看微课视频，如果答错就跳转到知识总结教学片段再次学习。那么，这种具有交互操作的视频该如何制作呢？

Camtasia Studio 是一款功能强大的屏幕录制和视频剪辑软件，其自带的"交互性"功能可以实现交互习题的添加。利用 Camtasia Studio 软件制作的交互视频效果如图4-3-31所示，在网页中播放时可以看到视频的进度条上有圆形节点，即案例中添加的测验点；视频播放到此处时会自动暂停，弹出交互选项，如图4-3-32所示。

图4-3-31 带有测试点的交互视频

图4-3-32 进行答题操作

下面以Camtasia Studio软件为例，介绍为视频添加交互习题的操作步骤。

一、新建项目

打开Camtasia Studio软件，在开始界面单击【新建项目】，进入操作界面，如图4-3-33所示。

图4-3-33 新建项目操作

二、导入视频

导入视频到媒体库：在【媒体】栏中，单击【导入媒体】，然后在弹出的【打开】窗口中，选中目标文件夹中的"微课《超重与失重》原视频"，单击【打开】，如图4-3-34所示，即可将该视频导入媒体库。

拖动视频到轨道：鼠标左键按住导入的视频，向下拖动到【轨道1】最左侧位置后松开鼠标，如图4-3-35所示。

图 4-3-34 导入视频到媒体库

图 4-3-35 拖动视频到轨道

三、添加交互习题

将习题添加到所选视频媒体：首先选中【轨道 1】上的视频媒体，然后用鼠标左键按住时间轴上的时间指针，将其拖动到预添加习题的位置；接着单击【更多】菜单中的【交互性】选项，然后选择【所选媒体】，如图 4-3-36 所示，即可将交互习题添加到所选视频媒体中。

输入习题内容：选择【所选媒体】后，操作界面右侧出现习题设置栏，如图 4-3-37 所示。输入如下所示文本信息，并勾选正确选项，如图 4-3-38 所示。

问题：某人站在一台秤上，当他猛地下蹲的过程中，台秤示数将（不考虑台秤的惯性）会怎样？

答案：

● 先变小后变大，最后等于他所受的重力

○ 先变大后变小，最后等于他所受的重力

○ 变大，最后等于他所受的重力

○ 变小，最后等于他所受的重力

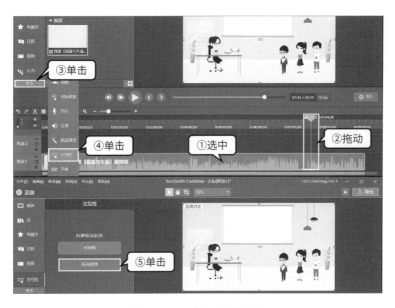

图 4-3-36 添加交互习题

图 4-3-37 输入习题内容

图 4-3-38 设置习题答案

预览习题：单击【预览】按钮，可以查看弹题效果，选择任意选项后单击【提交答案】即可，如图 4-3-39 所示。提交正确答案的效果如图 4-3-40 所示，提交错误答案的效果如图 4-3-41 所示。

图 4-3-39 预览习题

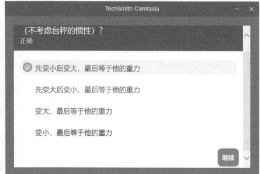

图 4-3-40 提交正确答案后的显示效果

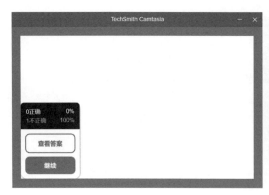
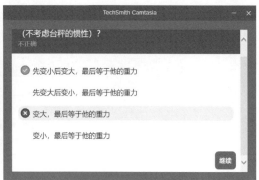

图 4-3-41 提交错误答案后的显示效果

设置习题跳转效果：勾选习题设置栏中的【显示反馈】，在【如果正确】栏中输入"恭喜你，答对了！"，【操作】选择"继续"；在【如果不正确】栏中输入"答案为 A 选项，请再观看一遍知识总结！"，【操作】选择"跳转到时间"，时间输入 5：30：00，即知识总结教学片段的起始位置。如图 4-3-42 所示。

图 4-3-42 设置习题跳转效果

四、导出视频

保存工程文件：单击【文件】菜单下的【保存】选项，在弹出的【另存为】对话框中选择保存视频的文件夹，输入"微课《超重与失重》互动视频源文件"文件名后单击【保存】即可，如图 4-3-43 所示。

图 4-3-43 保存工程文件

导出交互视频：单击【导出】菜单下的【本地文件】选项，在弹出的【生成导向】对话框中，选择"带 Smart Player 的 MP4"，然后单击【下一页】，如图 4-3-44 所示。

设置导出格式：在弹出的测验报告选项页面，输入电子邮箱，然后单击【测验外观】，输入"立即进行测验"，单击【确定】，最后单击【下一页】，如图 4-3-45 所示。输入生成名称"微课《超重与失重》互动视频"，接着单击【文件夹】按钮，选择视频的另存地址，再次输入文件名"微课《超重与失重》互动视频"，单击【保存】，最后单击【完成】，如图 4-3-46 所示，即可导出视频。导出后的视频文件为 MP4 格式，双击视频打开即可观看。

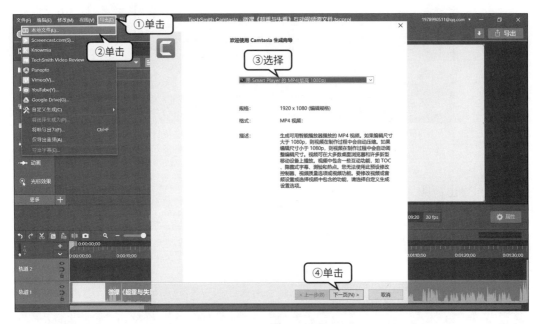

图 4-3-44 导出交互视频

图 4-3-45 设置导出格式（一）

图 4-3-46 设置导出格式（二）

4.3.9 视频去水印

> 王老师对《蒸腾作用》一节做教学设计时，从网上找到了一段展现蒸腾作用发生过程的视频。但该视频存在水印，如图4-3-47所示。水印属于无关信息，会干扰学生的注意力。因此为达到更好的教学效果，王老师决定将水印去除，如图4-3-48所示。王老师该如何去除水印呢？

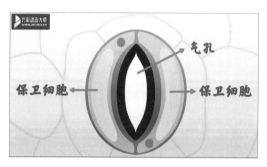

图 4-3-47 带水印的视频

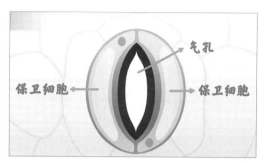

图 4-3-48 去掉水印后的视频

去除视频水印的工具较多，常用的如格式工厂、Easy Video Logo Remover、剪映、快剪辑、Adobe After、Premiere 等。Easy Video Logo Remover 界面简洁，具有"移除水印"和"裁剪视频"两个功能，操作方便快捷。下面具体介绍利用 Easy Video Logo Remover 去除水印的操作步骤。

打开软件并导入视频： 打开 Easy Video Logo Remover 软件，单击【载入视频文件】按钮，如图4-3-49所示；然后弹出【打开】窗口，选择需要去除水印的视频导入即可。

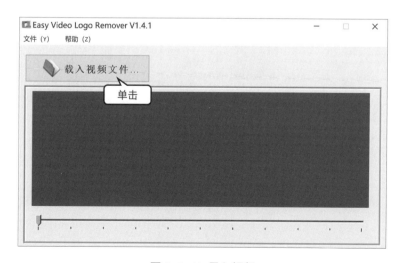

图 4-3-49 导入视频

去除水印：单击【删除 LOGO】按钮，再单击其下的【设置 LOGO 区域 1】按钮，弹出设置去除水印区域的操作界面。在该界面中直接长按鼠标左键不放，拖曳框选出水印部分，然后松开鼠标，即可看到被框选的要去除水印的区域，然后单击【确定】，完成需要去除水印区域的框选，如图 4-3-50 所示。如果存在一定的偏差，可以再次对区域框进行拖曳调整。

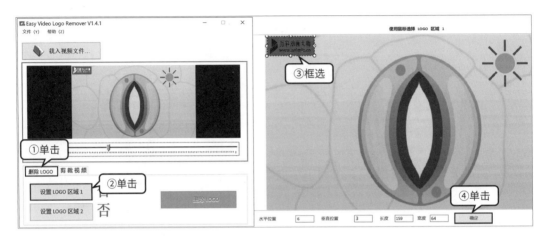

图 4-3-50 去除水印

保存视频：单击右下方的【删除 LOGO】按钮，在弹出的【另存为】对话框中选择文件保存位置、给文件命名、选择保存格式为"MP4"后，单击【保存】，即可将去除水印的视频导出，如图 4-3-51 所示。

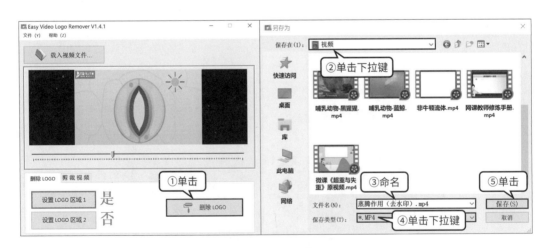

图 4-3-51 保存视频

4.3.10 视频压缩

> 李老师在课程结束后,想要将本节课的教学视频发送给学生,以帮助学生课后巩固知识。但视频太大,无法快速共享给学生。为了实现快速共享,李老师该如何做呢?

高清视频或录制的视频文件通常很大,不仅占用内存,也不方便传输和共享,这种情况下就需要压缩视频。下面以QQ影音为例,介绍视频压缩的具体操作步骤。

打开QQ影音软件并导入视频:打开QQ影音软件,单击【打开文件】按钮,之后会弹出【打开】窗口,选择需要压缩的视频,将其导入QQ影音软件中,如图4-3-52所示。导入视频后的页面如图4-3-53所示。

图4-3-52 打开文件

图4-3-53 导入视频页面

压缩视频参数设置:单击右下角的【影音工具箱】按钮,在弹出的菜单中单击【转码压缩】,如图4-3-54所示。在弹出的"转码压缩"界面已经有默认参数设置,若无特殊需求,直接输出即可。若按默认设置,压缩后的视频大小与预期不符,可通过调整"视频参数"下的"码率"和"音频参数"下的"码率"改变其大小,通常情况下更改前者即可。同样的分辨率下,视频码率越大,压缩比就越小,画面质量就越高,视频文件就越大。若是对其他参数有要求,也可按要求进行设置,如图4-3-55所示。

压缩视频:参数设置完成后,在"转码压缩"操作界面上方通过"压缩比"看到压缩后的视频文件大小,通过对比可以看到文件占用空间明显变小。然后在界面下方单击【更改】按钮,选择文件保存位置,最后单击【开始】按钮对视频文件进行压缩,如图4-3-56所示。在界面上方可以看到视频压缩的"进度"以及"剩余时间",进度变为"100%"时表示压缩完成。在界面右下角有【暂停】与【停止】两个按钮,可以在视频压缩过程中单击控制,如图4-3-57所示。

图 4-3-54 压缩视频　　　　图 4-3-55 压缩视频参数设置

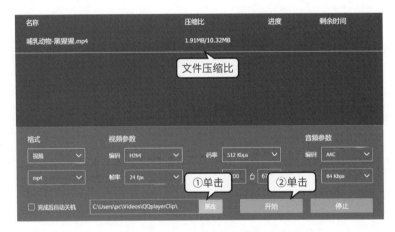

图 4-3-56 压缩视频（一）

图 4-3-57 压缩视频（二）

查看视频压缩结果： 压缩完成后，通过文件的"属性"，可以发现相较于原文件，经过压缩操作后的文件变小，如图4-3-58、图4-3-59所示。

图4-3-58 原文件大小

图4-3-59 压缩后文件大小

4.3.11 格式转换

> 许老师在制作《细胞的有丝分裂》课件时，想在课件中插入一个有丝分裂的视频，以帮助学生更好地理解该部分教学内容。但许老师发现PPT不支持插入flv格式的视频。许老师应该如何做才能在课件中插入该视频呢？

视频资源的格式很多，有时在一台计算机上能够播放的视频放到另外一台计算机上就无法播放，因此最好将视频转换成常用格式，如MP4格式。除此之外，很多视频格式不支持插入PowerPoint中，因此在使用视频资源时应当清楚视频素材的格式，如果不能插入PPT中，就需要对其进行格式转换。

下面以QQ影音软件为例，介绍将FLA格式的视频文件转换成MP4格式的操作步骤。

打开QQ影音软件并选择压缩功能： 将需要处理的视频导入媒体库中，然后单击右下角的【影音工具箱】按钮，在弹出的菜单中单击【转码压缩】，如图4-3-60所示。接下来软件中会弹出"转码压缩"操作界面。

视频格式转换： 首先，单击"转码压缩"界面下方的【格式】下拉键，选择输出的视频格式【mp4】格式；其次，根据需要设置【视频参数】，如设置视频的分辨率、帧率等，也可默认设置；设置完成后，单击【更改】按钮，选择视频保存位置；最后单击【开始】按钮，即可将"有丝分裂"视频的flv格式转换成mp4格式，如图4-3-61所示。

图 4-3-60 选择压缩功能

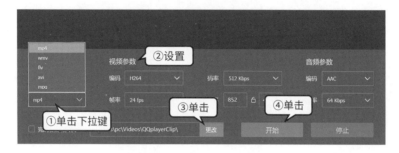

图 4-3-61 视频格式转换

4.4 制作《找春天》视频资源

4.4.1 确定主题

《找春天》是小学二年级语文下册的一篇课文,该课要求学生在仔细品读课文的基础上,能够拥有自己对美的理解,并且能在理解课文的基础上背诵课文。为此,李老师计划制作一段课文朗读视频,以帮助学生熟记课文。

4.4.2 脚本设计

表 4-4-1 视频脚本设计

视频主题	《找春天》朗读视频				
教学目标	正确、流利、有感情地朗读课文,并背诵课文,体会春天的美景,感受大自然的魅力。				
序号	画面	时长	声音	旁白	备注
1	片头:标题	3秒		"找春天"	
2	大树、鲜花	4秒	背景音	"春天来了!春天来了!"	由远及近
3	孩子在外面玩耍	8秒	背景音	"我们几个孩子脱掉棉袄,冲出家门,奔向田野,去寻找春天。"	平移、远景

（续表）

序号	画面	时长	声音	旁白	备注
4	孩子们玩耍的场景	12秒	背景音	"春天像个害羞的小姑娘，遮遮掩掩，躲躲藏藏。我们仔细地找哇，找哇。"	中景、由远及近
5	小草从地里探出头	7秒	背景音	"小草从地下探出头来，那是春天的眉毛吧？"	近景
6	小花从地里长出来	7秒	背景音	"早开的野花一朵两朵，那是春天的眼睛吧？"	中景
7	树木长出嫩芽	6秒	背景音	"树木吐出点点嫩芽，那是春天的音符吧？"	近景
8	小溪流水	6秒	小溪流水声	"解冻的小溪叮叮咚咚，那是春天的琴声吧？"	近景
9	孩子们观看小溪、闻花草、听鸟儿叫、摸树叶	10秒	背景音	"春天来了！我们看到了她，我们听到了她，我们闻到了她，我们触到了她。"	中景、移动
10	柳枝飘动、风筝飞翔	6秒	背景音	"她在柳枝上荡秋千，在风筝尾巴上摇哇摇；"	远景
11	喜鹊、杜鹃叫；桃花图片	9秒	鸟叫声	"她在喜鹊、杜鹃嘴里叫，在桃花、杏花枝头笑……"	近景

4.4.3 素材准备

一、视频素材准备

该视频中的相关视频素材主要通过视频素材网站下载获取，如摄图视频（https://699pic.com/media）、觅知网（https://www.51miz.com）与光厂（https://www.vjshi.com）。

二、声音素材准备

《找春天》诗朗诵素材需要教师使用手机自行录制获取；小溪流水、鸟叫等音效可通过爱给网（https://www.aigei.com）下载获取。

三、文字素材准备

该视频所需的文字素材主要为课文内容，教师可通过键盘自行输入。

4.4.4 制作视频

一、新建项目

启动 Camtasia Studio 软件，单击【新建项目】按钮，如图4-4-1所示。

图 4-4-1 新建项目

二、添加视频

添加视频素材：单击【导入媒体】按钮，弹出【打开】对话框，选择"花儿阳光.mp4"视频素材后，单击【打开】按钮，如图 4-4-2 所示。拖曳视频至时间轴轨道 1 上，如图 4-4-3 所示。然后重复操作，直至将全部视频素材拖入同一时间轴上。视频拖曳到时间轴上的效果如图 4-4-4 所示。

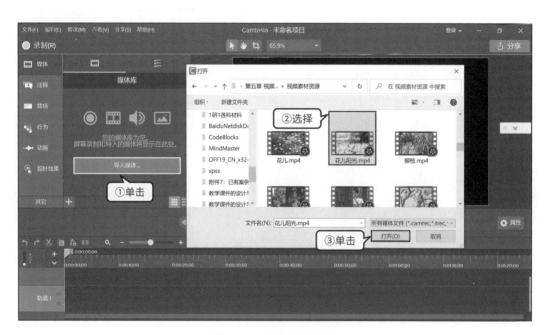

图 4-4-2 添加视频素材

图 4-4-3 拖曳视频到时间轴上

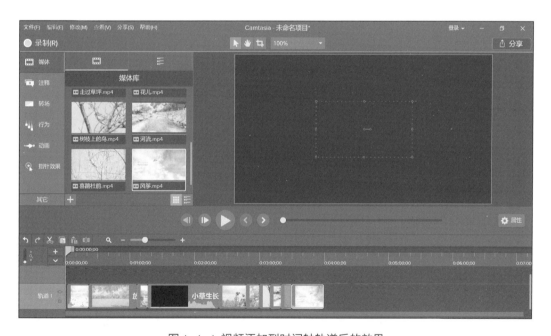

图 4-4-4 视频添加到时间轴轨道后的效果

小贴士

若下载的视频素材有水印，可通过拖曳视频周围的缩放按钮来放大视频，将有水印的页面移出画面即可，如图 4-4-5 所示。

图 4-4-5 放大画面

三、制作片头

添加形状与修改样式：单击【注释】选项卡，单击【形状】按钮，拖曳长方形至时间轴轨道 2 上，调整形状显示时长为 3 秒，选中轨道 1 上的所有视频向后移 3 秒，如图 4-4-6 所示；拖曳舞台上的形状使其填满画面，单击【属性】按钮，选择填充色为【蓝色】，如图 4-4-7 所示。

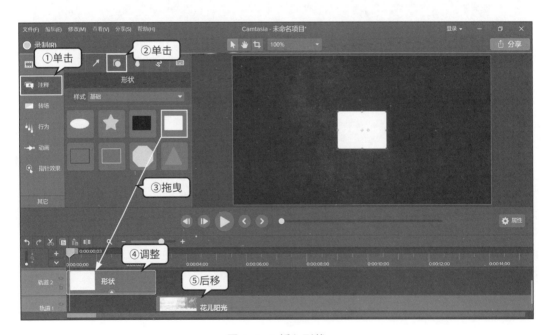

图 4-4-6 插入形状

第四章 视频资源设计与制作

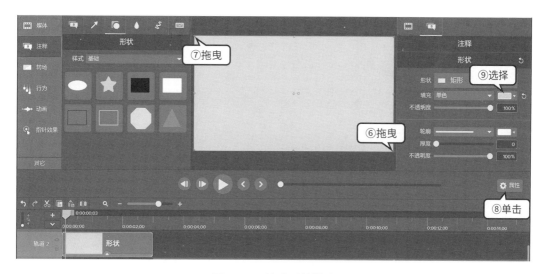

图 4-4-7 修改形状样式

添加片头文字与修改样式：单击【注释】按钮，拖曳文字至时间轴轨道 3 上，调整文本显示时长为 3 秒，在舞台上输入"找春天"文字，选择【粗体】，拖动大小为【83】，如图 4-4-8 所示。

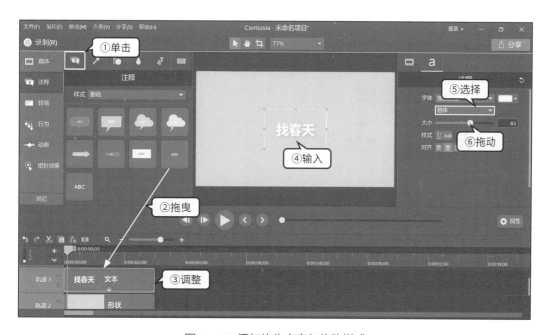

图 4-4-8 添加片头文字与修改样式

四、添加转场效果

定位到需要添加转场效果的位置，单击【转场】选项卡，拖曳【黑色淡出】效果至视频间，如图 4-4-9 所示。

195

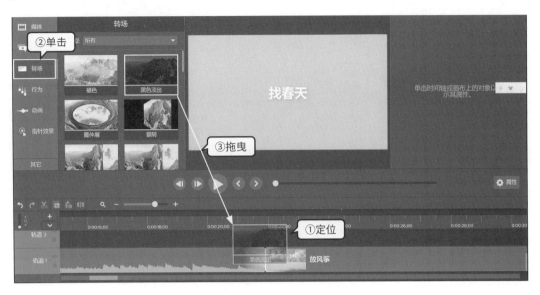

图 4-4-9 添加转场效果

五、添加音频

（一）添加旁白

导入"找春天 朗诵音频 .mp3"文件，拖曳到轨道 4 上，如图 4-4-10 所示。

图 4-4-10 添加旁白

（二）添加背景音乐

导入"背景音乐 .mp3"文件至媒体库，从媒体库中拖动到时间轴轨道 5 上，按住时间线上的"背景音乐"音频轨道右侧按钮并拖动调整播放结束时间，使之与朗诵音频时长一致，如图 4-4-11 所示。

图 4-4-11 添加背景音乐后的音频轨道

调整背景音乐音量： 选中轨道上的"背景音乐"音频素材，向下拖动绿色直线以降低音量，如图 4-4-12 所示。

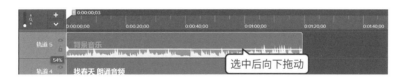

图 4-4-12 调整背景音乐音量

设置背景音乐"淡入/淡出"效果： 单击【音频效果】选项卡，拖曳【淡入】效果至背景音乐轨道起始点，拖曳【淡出】效果至背景音乐轨道结束点，如图 4-4-13 所示。

图 4-4-13 调整背景音乐"淡入/淡出"效果

（三）添加音效

导入"水流音效声"音频素材并从媒体库中拖动到时间轴的轨道 6 上，并调整至旁白"解冻的小溪叮叮咚咚，那是春天的琴声吧"所对应的时间段内；同理，将"大自然虫鸣鸟叫声"音效调整至"她在喜鹊、杜鹃嘴里叫"旁白所对应的时间段内，如图 4-4-14 所示。

图 4-4-14 添加音效

六、添加字幕

定位到朗读"春天来了 春天来了"旁白位置，单击【字幕】选项卡，单击【添加字幕】按钮，输入"春天来了 春天来了"文字，如图 4-4-15 所示。后续字幕添加步骤与上述类似，故不再赘述。

图 4-4-15 添加字幕

七、导出视频

编辑完成并预览后，单击编辑界面右上角的【分享】按钮，接着单击【本地文件】，如图 4-4-16 所示，然后根据教学需求设置参数即可完成导出。

第四章 视频资源设计与制作

图 4-4-16 导出视频

4.5 制作《被子植物的一生》电子相册

> 李老师想制作一个展现黄瓜从种子萌芽到开花结果过程的电子相册，如图 4-5-1 所示，作为《被子植物的一生》这节课的课堂总结。那么，李老师应该如何制作电子相册呢？

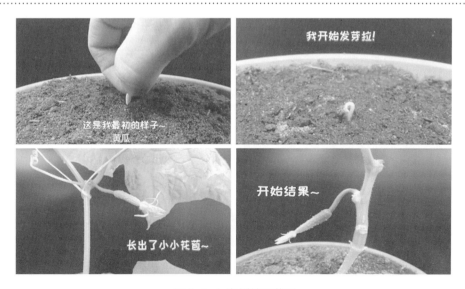

图 4-5-1 案例效果截图

199

一、新建视频

登录网址，新建视频：在浏览器地址栏中输入快剪辑网址（https://www.kuaijianji.com/freeclip），单击完成【登录】后，单击【新建视频】，如图4-5-2所示。

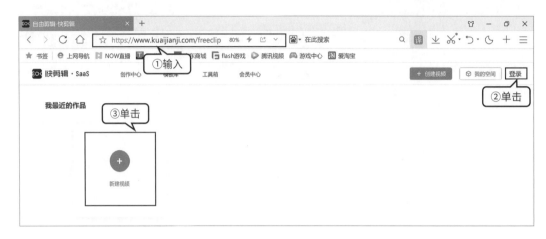

图4-5-2 新建视频

二、上传素材

在跳转的新页面中单击【上传】按钮，在弹出的对话框中，同时按键盘上的【Ctrl】+【A】键选中全部素材后，单击【打开】按钮，如图4-5-3所示。

图4-5-3 上传素材

三、编辑素材

添加素材后，单击素材图像"1.png"的【加号】按钮 ⊕ 加入轨道中，长按视频轨道上的素材，并拖动至所需时长处，5.0秒即可，如图4-5-4所示。按照素材图像名称

2-18顺序，依次添加图像并调整时长为5.0秒，如图4-5-5所示。

图 4-5-4 制作相册（一）

图 4-5-5 制作相册（二）

四、添加转场

单击视频轨道上素材之间的【加号】按钮➕，单击【添加转场】按钮，单击转场列表中的【向右下擦除】样式，如图4-5-6所示。若要继续添加转场，则单击轨道上第二个【加号】中的【添加转场】按钮，在左侧转场列表中选择【左滑】样式，如图4-5-7所示。随后使用同样的方法依次在后续素材之间添加转场。

五、添加文字说明

单击【文本】，单击合适的文字样式即可添加文本框到视频中，输入"这是我最初的样子~"，调整文本框到合适位置，长按字幕轨道上的文本并拖动至相应时长，不超过对应的图像时长即可，如图4-5-8所示。随后，使用同样的方法依次对后续素材添加文字说明，最后效果如图4-5-9所示。

图 4-5-6 添加转场（一）

图 4-5-7 添加转场（二）

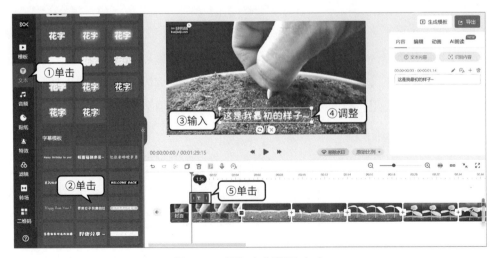

图 4-5-8 添加文字说明（一）

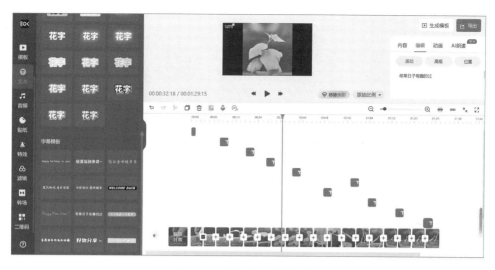

图 4-5-9 添加文字说明（二）

六、添加背景音乐

单击【音频】，在搜索框中输入"欢快"，单击【加号】按钮 ⊕ 插入合适的背景音乐，并调整音量大小，如图 4-5-10 所示。

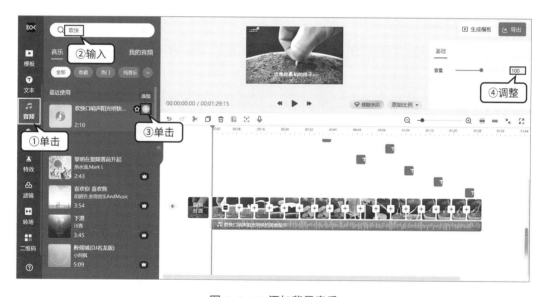

图 4-5-10 添加背景音乐

七、导出电子相册

修改电子相册的名称后，将鼠标移动至【导出】按钮上，草稿名中输入"被子植物的一生"，导出清晰度选择【1080P】，随后单击【导出】按钮，如图 4-5-11 所示。

203

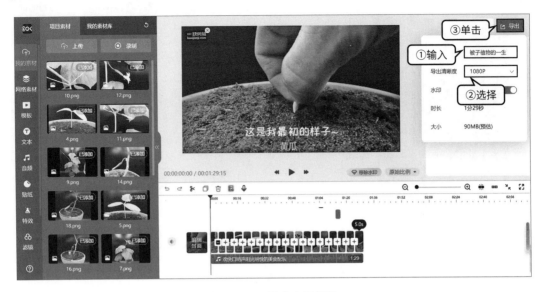

图 4-5-11 导出电子相册

本章小结

- 教学视频是指将传授给学习者的知识、技能等内容按照教学大纲的要求，运用技术手段生成视频文件，并发布出来供广大学习者学习使用的教学资源。
- 常见的教学视频资源有专家讲座视频、课堂实录视频、微课视频和实验操作视频等。
- 视频编辑常见操作，包括视频裁剪、视频合并、音频添加、字幕添加、转场效果添加、视频色彩调整等。

操作题

1. 通过网络下载"候鸟迁徙"的视频资源。
2. 请将"视频素材包"中的两段视频合并成一段连贯的视频，并为视频添加音频与字幕、调整画面色彩，最后添加视频特效。
3. 请参考第四章第三节第八小节的教学步骤，为《板块运动》教学视频添加检测题。
4. 请利用 Camtasia Studio 软件制作一段讲解《咏鹅》诗歌的教学视频。

第五章 音频资源设计与制作

本章彩图扫码可看

学习目标

- 了解音频资源的类型及其格式；
- 了解音频资源的教学应用情境，能够在教学中巧妙运用音频资源；
- 了解音频资源的获取途径，能够快速获取教学所需的音频资源；
- 掌握音频编辑工具的基本操作，能够根据教学需求对音频资源进行降噪、添加"淡入""淡出"效果、调整音量大小和播放速度、合并音频文件以及转换文件格式等基本处理。

知识图谱

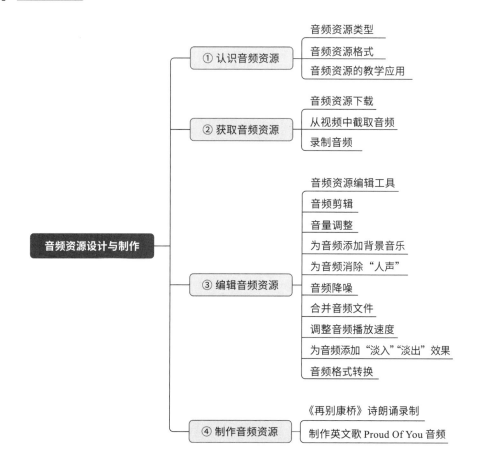

5.1 认识音频资源

5.1.1 音频资源类型

音频资源主要是以人的听觉器官来感知的信息资源。按信息内容来分，有以语言为主的语言类资源和以音乐为主的音乐类资源。[①] 音频资源主要包含人声、音效和音乐三种类型。其中，人声类音频资源，如语文古诗/课文朗读和英语单词/语句朗读，具有提高学生语言文字能力和纠正学生语音语调的特点，如图5-1-1、5-1-2所示；音效类音频资源，如掌声音效，具有辅助体验的特点，如图5-1-3所示；音乐类音频资源，如《黄河颂》背景音乐，具有烘托气氛、强化情感的特点，如图5-1-4所示。

图5-1-1 普通话示范朗读作品音频　　　　图5-1-2 英文单词发音示范音频

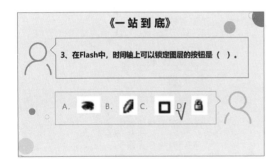

图5-1-3 添加掌声音效音频　　　　图5-1-4 添加背景音乐音频

5.1.2 音频资源格式

常见的音频文件格式有CD格式、MP3格式、WMA格式和WAV格式等，不同的格式具有不同的特征，具体如表5-1-1所示。

[①] 刘毓敏，梁斌. 教育信息资源开发与利用 [M]. 北京：国防工业出版社，2007：5—13.

表 5-1-1 音频资源格式

音频资源格式	文件扩展名	特征
CD 格式	.cda	CD 音乐光盘中的文件格式，声音接近原声。
MP3 格式	.mp3	主流音频格式，能大幅度降低音频数据量，但对音质有损耗。
WMA 格式	.wma	微软音频格式，在压缩比和音质方面好于 MP3 格式，支持证书加密。
WAV 格式	.wav	真实记录自然声波形，基本无数据压缩，数据量大。

5.1.3 音频资源的教学应用

音频资源具备较强的艺术感染力，能够有效提高信息的传递效率与质量。在课堂中合理使用音频资源能够有效提高教学效果。如在导入环节，教师可以通过播放与课程主题相符的背景音乐，来达到渲染课堂氛围、吸引学生兴趣的效果；在巩固练习环节，教师可以播放标准的语音朗读示范音频，帮助学生掌握发音要点；在讲授环节，教师借助音频资源让学生身临其境，通过声音感知外界，加深体验感。

一、渲染教学氛围

渲染课堂气氛、创设教学情境是音频资源的主要教学功能之一。在教学过程中根据教学内容合理运用音频资源，可以营造出文字无法描绘的情境，增强画面的节奏感，渲染氛围。例如在教学课件中，通过引入一首与主题相关的背景音乐，结合教师口头描述和图片展示，能够描绘出一幅幅生动的画面，引导学生展开深度联想和思考。

例如：在《珍珠泉》一课教学中，教师展示了珍珠泉的照片，播放了《泉水叮咚》的音乐。伴随着音乐，教师娓娓道来："孩子们，让我们一起走近这潭深绿的泉水，请同学们闭上眼睛，跟着老师的问题，静静地想象画面：现在我们正沿着一条干净的石板铺成的小路，穿过一片茂密的树林，听着欢快的鸟叫声，不知不觉中来到了珍珠泉边。啊！仿佛置身于仙境一般。眼前的泉水绿得怎样？周围镶嵌着的石头是什么样的？上面还长着一层什么呢？那绿得透亮的蕨草，那五颜六色的花朵把珍珠泉打扮得怎样呢？我们再走近些，看清了这一潭深不见底的绿水。它有多绿呢？它又有多清呢？清得都能让你看见泉底的什么呢？"通过教师的描述以及背景音乐所创造的氛围，学生展开了丰富的联想。

二、提供语音的标准示范

标准的语音示范音频素材在语言类科目中运用广泛，如在外语教学中，学生通过学习标准发音示范音频与朗读对话音频，掌握正确的发音技巧，学会发音与朗读。在语文教学中，播放课文朗读音频，可以让学生感受不同题材的课文所表达的情感与意境、不同的语调与语速所带来的体验，从而培养学生的朗读能力，如图 5-1-5 所示。

图 5-1-5 朗读示范

三、实现"声临其境"

"声临其境",是指人们通过声音,感觉自己身处特定的情境之中,通过声音联想,想象此时此刻的情境。在课堂教学中,受到时间与空间的限制,学生的体验性学习受到很大约束,此时教师可以通过音频资源为学生提供听觉方面的感受和体验。这种跨越时空限制的方式,可以加深学生对教学内容的感知。如教师在教学课件中插入动物真实叫声的音频,让学生直观感受到平时难以接触到的动物的声音,从而对教学内容产生更深刻的认识,如图 5-1-6 所示。

图 5-1-6 添加动物叫声的幻灯片

5.2 获取音频资源

5.2.1 音频资源下载

教师可以在互联网上搜索到丰富多样的音频素材,如中小学语文示范诵读库、课件站、Mixkit、爱给网和淘声网等网站中的音频素材。下面介绍几个优质的音频资源获取网站,如表 5-2-1 所示。

表 5-2-1 音频资源获取网站

网站	网站介绍
中小学语文示范诵读库 (http://news.cctv.com/special/zxxywsfk)	音频由中央广播电视总台的播音主持人录制,能提供语文课文标准的普通话诵读示范;音频内容涵盖教育部审定的全部中小学语文课文。
课件站 (http://www.kjzhan.com/mp3)	提供中小学语文课文朗读音频素材,音频为 MP3 格式、高清、无杂音、发音标准。
Mixkit (https://mixkit.co)	音频资源数量庞大,分类详细,大多是简短的特效声音,音效优质。
爱给网 (https://www.aigei.com)	音频分类明确,有人物、动物、特效、游戏/动漫、自然环境等各类音效,配乐分类有情绪、主题、短视频、影视、游戏等。
淘声网 (https://www.tosound.com)	包含游戏音效、影视配乐、实地录音、音乐样本、节奏配乐等多类型音频资源。

一、人声下载

下面以课件站为例,介绍获取课文人声朗诵资源的具体操作步骤。

选择人声朗读音频:在浏览器地址栏中输入课件站的官方网址"http://www.kjzhan.com/mp3",按键盘上的【Enter】键,进入课件站音频 MP3 下载页面,单击【四下】,在列表中选择【部编版四年级语文下册第 1 课古诗词三首 mp3 课文朗读音频】链接,在弹出的界面中单击【点击在线试听】音频,如图 5-2-1 所示。

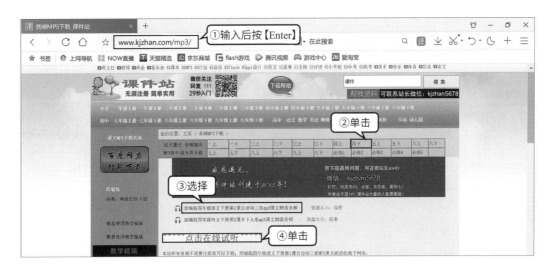

图 5-2-1 选择音频

下载音频:在弹出的新界面中单击【播放/暂停】按钮试听音频,单击【ⵗ】按钮,在弹出的列表中选择【下载】选项即可下载该音频,如图 5-2-2 所示。

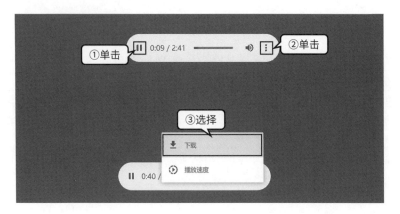

图 5-2-2 下载音频

二、音效下载

下面以爱给网为例，介绍获取音效资源的具体操作步骤。

进入爱给网：在浏览器地址栏中输入爱给网的官方网址 https://www.aigei.com，按键盘上的【Enter】键进入爱给网首页。

下载音效：以"脚步"音效为例，单击【音效】选项卡，单击【实录音效库】，选择"人物动作"中的【脚步】音效后，在下方有关"脚步"的音效列表中，单击【播放】图标▶试听该音频；确定要下载该音效后，单击其右侧的【下载】按钮，在其下拉菜单中选择【mp3 HQ 标准品质 810k】，即开始下载该格式的音频文件，如图 5-2-3 所示。

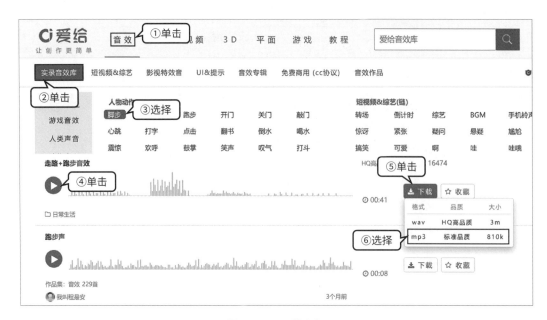

图 5-2-3 下载音频

三、音乐下载

下面以淘声网为例，介绍获取音乐资源的具体操作步骤。

进入淘声网：在浏览器地址栏中输入淘声网的官方网址 https://www.tosound.com，按键盘上的【Enter】键进入淘声网首页。

选择音乐风格：单击首页的【音乐搜索助手】选项，在弹出的对话框的"音乐风格"栏中选择【古典 旋律】风格，如图 5-2-4 所示。

图 5-2-4 选择【古典 旋律】风格

加入任务队列：在弹出的"音乐：古典 旋律"界面中，单击"钢琴之事"音乐的【下载】按钮；在弹出的对话框中单击【加入任务队列】按钮；在弹出的新对话框中单击【打开音频蛋】按钮，如图 5-2-5 所示。

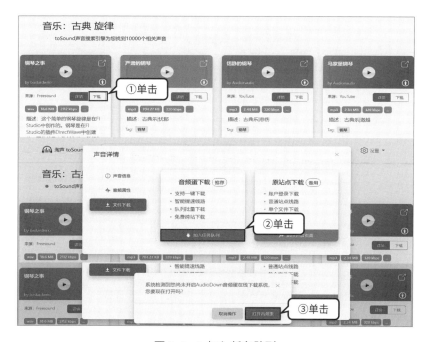

图 5-2-5 加入任务队列

下载音乐：在"音频蛋"界面的"孵化队列"中，单击"钢琴之事"音频右侧的【 ⋮ 】按钮，在其下拉菜单中选择【单独孵化】；单击【孵化完成】选项，单击"钢琴之事"音频右侧的【 ⋮ 】按钮，在其下拉菜单中选择【极速取回】，如图5-2-6所示。随后弹出【新建下载任务】对话框，输入文件名并选择文件存储位置然后单击【下载】按钮，如图5-2-7所示。

图 5-2-6 下载音频（一）

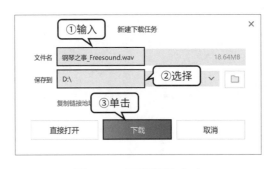

图 5-2-7 下载音频（二）

5.2.2 从视频中截取音频

除了从网络获取音频资源之外，还能从视频中截取所需的音频资源。支持从视频中截取音频的软件有 Premiere Pro、EV 录屏、剪映和 QQ 影音等。下面以 QQ 影音为例，介绍从视频中截取音频的具体操作步骤。

选择【截取】选项：用 QQ 影音软件打开目标视频文件，单击【影音工具箱】图

标 🔍 ，在菜单中选择【截取】，如图 5-2-8 所示。

图 5-2-8 截取音频

截取视频：在【视频截取】对话框中单击拖动蓝色进度条左右两侧的圆形图标以截取所需音频片段，单击【自定义参数】下拉键，单击【格式】下拉键，选择【仅音频（mp3）】，单击【保存】按钮，如图 5-2-9 所示。

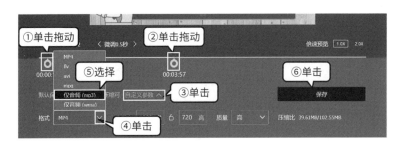

图 5-2-9 截取视频

保存音频文件：在弹出的【保存视频为】对话框中选择存储位置，输入"视频截取音频"文件名，单击【保存】按钮即可，如图 5-2-10 所示。

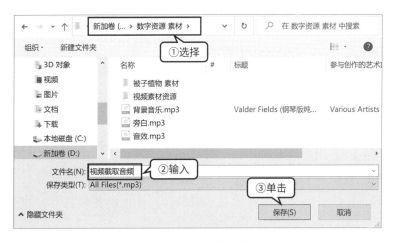

图 5-2-10 保存音频文件

5.2.3 录制音频

当无法从外界获取合适的音频资源时,教师可以自行录制所需的音频素材。常用的音频录制方式有录音笔录音、手机录音、音频编辑软件录音和录屏软件录音四种。

一、录音笔录音

录音笔是专业的声音录制设备,如图5-2-11所示。录音笔的优势在于录音效果好、录音时间长、操作简单、携带便捷和自带声控功能等。为了获得理想的录音效果,在使用录音笔录音时,建议使用支架固定录音笔,录音时嘴巴与麦克风保持15厘米左右的距离,并在麦克风上套一个5毫米厚的海绵,避免说话气流引起麦克风的杂音,最后需关好房间门窗,确保录音时没有外界声音干扰。

图5-2-11 录音笔

二、手机录音

如果没有录音笔,教师可以使用手机自带的录音功能来录制音频。手机可以满足用户随时随地录音的需求,但是由于手机的待机时间有限且不是专业的录音设备,因而不能满足长时间的录音需求且录音音质比较混杂。为取得更好的手机录音效果,建议外接质量较好的带有话筒的耳机,如图5-2-12所示,只需连接数据线或蓝牙,即可实现手机与耳机的连接。

图5-2-12 手机录音

三、音频编辑软件录音

教师除了用录音笔和手机录制音频外,还可以用一些常见的音频编辑软件,如GoldWave和Adobe Audition音频来录音。下面以GoldWave软件为例,介绍使用音频编辑软件录音的具体操作步骤。

打开软件主界面:将话筒或带话筒的耳机与计算机连接后,打开GoldWave软件,主界面如图5-2-13所示。

新建文件:单击【文件】选项卡,在其下拉菜单中单击【新】选项,在弹出的【新声音】对话框中按需设置相关参数后单击【OK】,即可生成一个空的音频文件,如图5-2-14所示。

开始录音:单击【在当前选区内开始录音】按钮 ●,开始录制声音,如图5-2-15所示;录音时,新建音频文件的编辑显示窗口会同步显示音频波形,如图5-2-16所示。

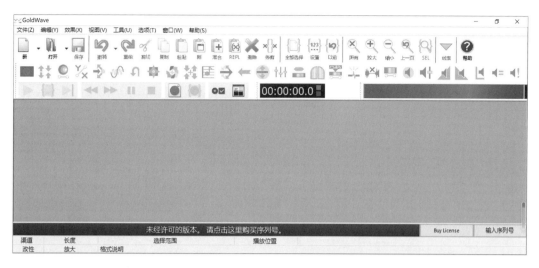

图 5-2-13 GoldWave 软件使用界面

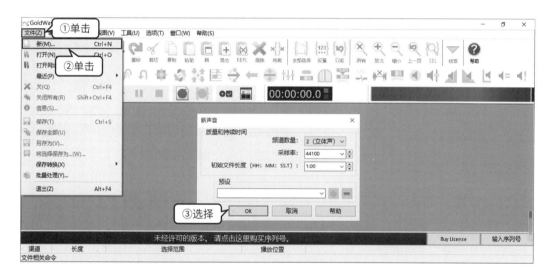

图 5-2-14 新建文件

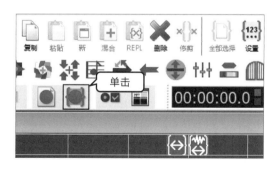

图 5-2-15 开始录音

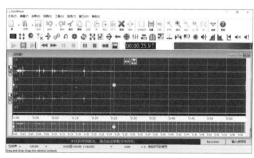

图 5-2-16 音频波形

保存文件：录音完成后，单击【停止】按钮■结束录音，单击编辑界面左上角的【保存】按钮，如图 5-2-17 所示；在打开的【保存声音为】对话框中，在"文件名"框中输入文件名"音频 1"，单击【保存类型】下拉键，选择保存类型为【MP3（*.mp3）】，单击【保存】，即可保存音频文件，如图 5-2-18 所示。

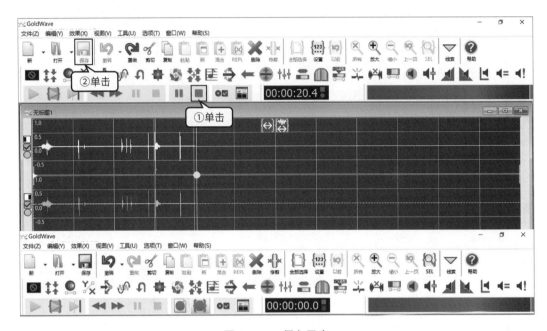

图 5-2-17 保存录音

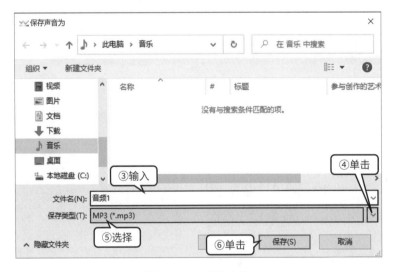

图 5-2-18 保存文件

四、录屏软件录音

除了用音频编辑软件录制音频外，一些录屏软件也支持音频录制。下面以 EV 录屏软件为例,介绍录制教师自己朗诵课文音频的操作步骤。

打开软件主界面：将话筒或带话筒的耳机与计算机连接后,打开 EV 录屏软件,主界面如图 5-2-19 所示。

图 5-2-19 EV 录屏主界面

开始录制音频：打开 EV 录屏软件,单击【选择录制区域】下拉键,选择【不录视频】,单击【选择录制音频】下拉键,选择【仅麦克风】,如图 5-2-20 所示；单击左下角的【开始】按钮 ▶ 开始录制音频,如图 5-2-21 所示；此时进入三秒倒计时,倒计时结束后即开始录音,教师根据教学需要朗读课文即可。

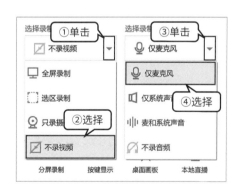

图 5-2-20 选择录屏区域与音频

图 5-2-21 开始录制

结束录制：教师朗读完成后，单击浮窗中的【红色正方形】按钮■结束录制，如图 5-2-22 所示。

图 5-2-22 结束录制

查看文件：录制好的音频文件会自动保存在 EV 录屏软件界面，单击【其他】按钮⊙，选择【播放】即可播放该音频文件，选择【文件位置】即可查看音频文件所在位置，如图 5-2-23 所示。

图 5-2-23 播放文件和查看文件存储位置

5.3 编辑音频资源

5.3.1 音频资源编辑工具

不同终端需要使用不同的音频资源编辑工具，下面从 PC 端和移动端两方面分别介绍几款常用的音频编辑工具，如表 5-3-1 所示。

表 5-3-1 音频资源编辑工具

终端	工具	工具介绍
PC 端	GoldWave	集声音编辑、播放、录制和转换等功能于一体的音频工具。它体积小巧，功能强大，支持多种音频格式，如 WAV、MP3、VOC、AVI、MOV 和 APE 等，内含丰富的音频处理特效，从一般特效如回声、混响、降噪到高级的公式计算。
	Adobe Audition	集音频录制、混合、编辑和控制于一体的音频处理软件，支持 128 条音轨、多种音频特效、多种音频格式。该软件适用于具备一定专业知识的用户使用。

218

（续表）

终端	工具	工具介绍
PC端	Sound Forge	一款功能极其强大的专业化数字音频处理软件，是多媒体开发人员首选的音频处理软件之一。该软件能够对音频进行编辑、录制、效果处理以及编码等操作。
移动端	音频剪辑APP	具有音频剪辑、音频合并、音频融合、音频提取、音频录制、格式转换、淡入/淡出、提取伴奏、音频分割、变调变速、改变音质和修改标签等功能。
	音频剪辑提取器APP	一款集音频剪辑、音频合并、音频提取、音视频合成、变调变速、格式转换、混音、立体声于一体的音频处理软件。

5.3.2 音频剪辑

音频剪辑是对原始音频文件进行切割、删减、合并和提取的操作。通常来说，复杂的音频剪辑操作一般使用PC端软件来完成。

> 语文老师下载了《雨巷》这篇散文的全文朗读音频，在第一节课老师将为学生讲解课文第1节至第3节的片段，因此需要截取第1节至第3节的朗读音频片段。请问老师应该如何操作呢？

下面以GoldWave软件为例，介绍剪辑音频素材的具体操作步骤。

打开声音文件：运行GoldWave软件，单击【打开】按钮，在弹出的【打开声音】对话框中选择"《雨巷》全文朗读.mp3"文件，单击【打开】，如图5-3-1所示。

图5-3-1 打开音频文件

选取片段：在"《雨巷》全文朗读.mp3"文件的音频轨道上，确定需要截取的音频片段的起始位置，在起始位置右击，单击【设置开始标记】，然后在需要截取的音频片段的结束位置右击，单击【设置完成标记】，如图5-3-2所示。被选择的音频片段将以蓝底状态高亮显示，未选择部分呈黑底状态显示。

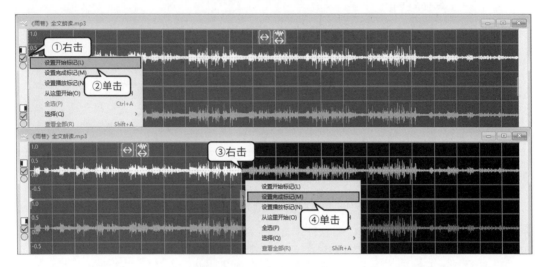

图5-3-2 设置开始/结束标记

播放被选取的片段：单击【控制】窗口中的【使用按钮2设置播放】按钮，播放被选取的音频片段，确认是否满足教学需要，若不合适可重新进行选择，如图5-3-3所示。

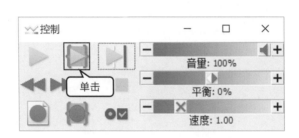

图5-3-3 单击【播放选区】按钮

生成新文件：确定需要保留的音频片段，单击【复制】按钮将选中的音频片段复制过来，单击【新】按钮，如图5-3-4所示，将选中的音频片段粘贴并生成为一个新的音频文件。

保存文件：选中新生成的音频文件，单击【保存】按钮，在弹出的【保存声音为】对话框里的文件名输入框中输入"《雨巷》1-3节朗读"，单击【保存】按钮，如图5-3-5所示。

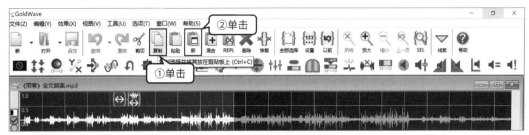

图 5-3-4 生成新的音频文件

图 5-3-5 保存音频文件

5.3.3 音量调整

> 王老师下载了一段英语单词朗读的音频。她在电脑上播放音频进行试音时发现，尽管已经将扬声器开到最大，音频的声音仍然很小，无法满足课堂教学需求。请问王老师应如何调整当前音频的音量？

下面以 GoldWave 软件为例，介绍调整音频音量的具体操作步骤。

打开声音文件：打开 GoldWave 软件，单击【文件】选项卡，在列表中单击【打开】，弹出【打开声音】对话框，选择音频文件存储位置，双击"nothing.mp3"音频文件后返回 GoldWave 软件界面，如图 5-3-6 所示；此时音频文件被导入 GoldWave 软件，并处于可编辑状态，如图 5-3-7 所示。

改变音量：单击【效果】选项卡，单击【音量】，在弹出的下拉列表中选择【改变音量】，如图 5-3-8 所示；弹出【改变音量】对话框，在【音量】调节框中向右拖动调节按钮使音量变大，再单击右下角的【预览当前位置】按钮▶试听当前设置的音量是否满足需求，若满足需求则单击【OK】按钮，如图 5-3-9 所示。

221

图 5-3-6 打开声音文件

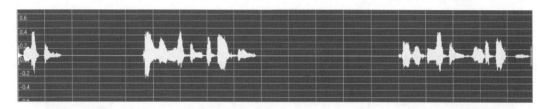

图 5-3-7 音频文件进入软件编辑界面

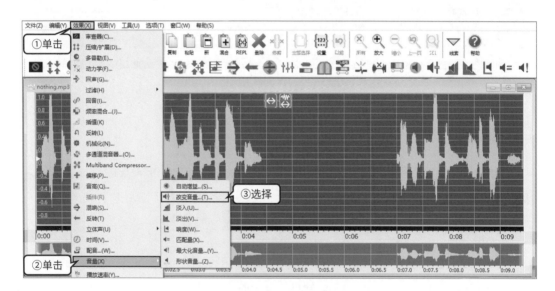

图 5-3-8 改变音量

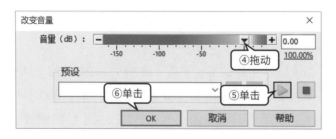

图 5-3-9 调整音量大小

第五章　音频资源设计与制作

小贴士

音量调整完成后，可以看到编辑显示窗口中音轨上的音频文件的波形幅度变大了，即音量值变大了，如图5-3-10所示。

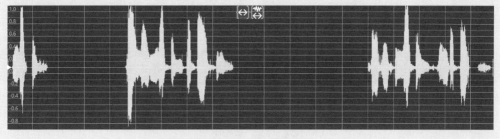

图5-3-10　音频波形图

保存文件：单击【文件】选项卡，单击【另存为】，弹出【保存声音为】对话框，选择目标存储位置，输入"nothing"文件名，选择保存文件类型为【MP3】格式，单击【保存】，如图5-3-11所示。

图5-3-11　另存为音频

5.3.4 为音频添加背景音乐

> 李老师从网上下载了一段纯人声的现代诗歌朗诵音频，因为没有背景音乐，显得有些单调，因此想要为这段朗诵音频添加背景音乐。李老师应该如何操作呢？

下面以GoldWave软件为例，介绍为音频添加背景音乐的具体操作步骤。

复制背景音乐：在GoldWave软件界面打开"找春天 朗诵.mp3"朗诵音频文件与

"静谧抒情背景音乐.mp3"音频文件，右击"静谧抒情背景音乐.mp3"音频文件，选择【复制】选项，如图5-3-12所示。

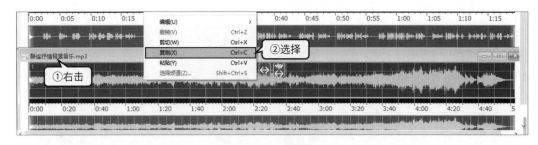

图5-3-12 复制音频

混合音频：单击"找春天 朗诵.mp3"音频文件所在的音轨后，单击【编辑】选项卡，选择【混合】，如图5-3-13所示。

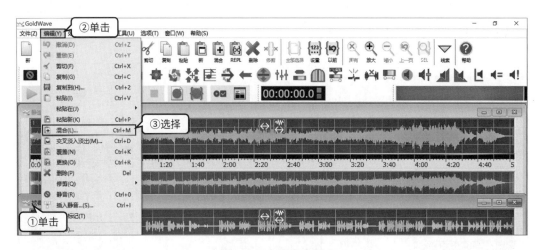

图5-3-13 混合音频

调节音量：打开【混合】对话框，拖动【音量调节】按钮▼设置背景音乐的音量大小，单击【预览当前位置】按钮▶试听混合效果，设置完毕后单击【OK】，如图5-3-14所示。

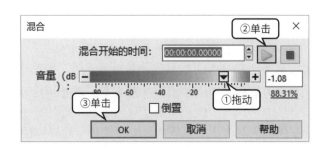

图5-3-14 设置混合效果

保存文件：单击"找春天 朗诵 .mp3"音频，单击【文件】选项卡，单击【另存为】选项，弹出【保存声音为】对话框，选择存储位置，输入"找春天 朗诵+背景音乐"文件名，选择保存类型为【MP3（*.mp3）】，单击【保存】按钮，如图 5-3-15 所示。

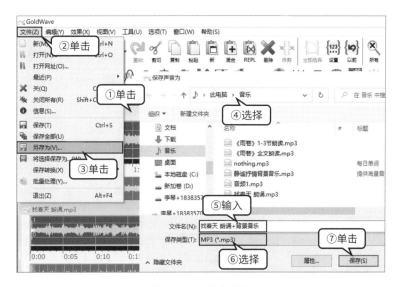

图 5-3-15 保存文件

5.3.5 为音频消除"人声"

> 音乐教师张老师想为学生提供一些歌曲的伴奏音频，但有部分歌曲在网络上找不到合适的伴奏，张老师想通过音频软件消除歌曲里的"人声"，自制伴奏。请问，她该如何实现呢？

下面以 GoldWave 软件为例，介绍消除音频中"人声"的具体操作步骤。

打开音频文件：运行 GoldWave 软件，单击【打开】按钮，选中"NEW BOY（需去除'人声'）"音频文件，单击【打开】按钮，如图 5-3-16 所示。音频文件的两个声音轨道上分别显示了白色和红色的两条声波，代表着两个声道，如图 5-3-17 所示。

图 5-3-16 打开需要消除人声的文件

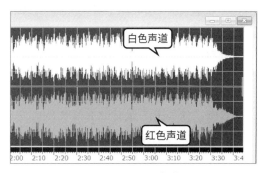

图 5-3-17 双声道

> **小贴士**
>
> 打开的音频文件，如果声音轨道上只显示单个颜色的声波，表示只有一个声道，这时是无法进行人声消除的。

设置参数：单击【效果】选项卡，选择【立体声】下的【减少元音】选项。弹出【减少元音】对话框，向左拖动【通道取消音量】栏中的音量调节按钮降低整首歌的音量，向左拖动【带阻滤波的容量和范围】栏中的音量值至最左侧使其最大化消除人声，单击【预览当前位置】按钮▶试听消除人声后的效果，然后单击【OK】按钮，如图5-3-18所示。

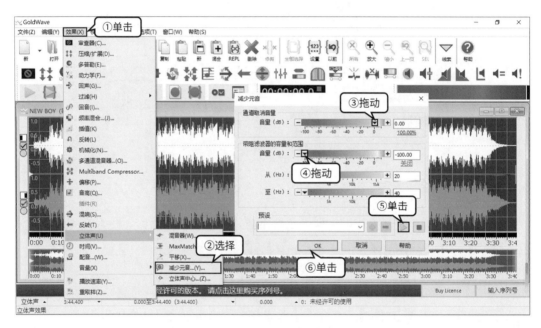

图5-3-18 消除人声

另存为消除"人声"后的音频文件：最后单击【文件】选项卡，在下拉列表中选择【另存为】按钮，弹出【保存声音为】对话框，选择文件夹存储位置，输入"NEW BOY（需去除'人声'后）"文件名，单击【保存】按钮，如图5-3-19所示。

5.3.6 音频降噪

> 陈老师在讲解水的分解实验教学内容时，为PPT中的实验动画录制了一段解说音频，但陈老师试听该音频文件时发现其中有一些滋滋的噪声，影响音频的清晰度。陈老师该如何消除这些噪声？

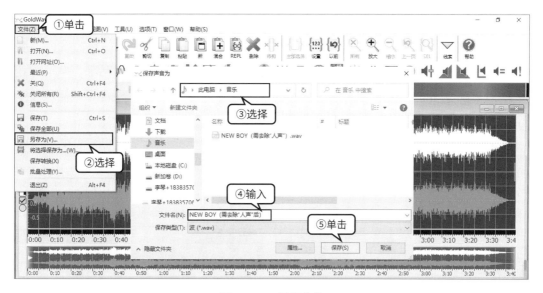

图 5-3-19 保存文件

下面以 GoldWave 软件为例，介绍为音频降噪的具体操作步骤。

选择降噪：在 GoldWave 软件中打开并选中需要降噪的音频文件，单击【效果】选项卡，单击【过滤】，在弹出的列表中选择【降噪】，如图 5-3-20 所示；弹出【降噪】对话框，单击右下角的【预览当前位置】按钮▶试听，可以发现噪声明显降低，单击【确定】按钮 OK 即可，如图 5-3-21 所示。

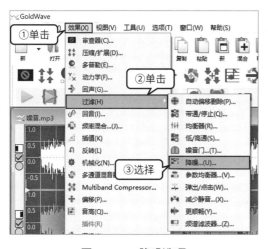

图 5-3-20 降噪选项

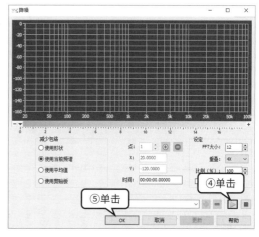

图 5-3-21【降噪】对话框

5.3.7 合并音频文件

冯老师分两次录制了课文《找春天》的朗读音频，现在需要将这前后两段音频合并形成完整的课文录音。请问，冯老师应该如何操作呢？

下面以 GoldWave 软件为例，介绍合并音频文件的具体操作步骤。

合并文件：单击【工具】选项卡，选择【文件合并】选项，如图 5-3-22 所示；弹出【文件合并】窗口，单击【添加文件】按钮，弹出【添加文件】对话框，单击"找春天 前半部分 .mp3"音频和"找春天 后半部分 .mp3"音频，单击【加】按钮，如图 5-3-23 所示。

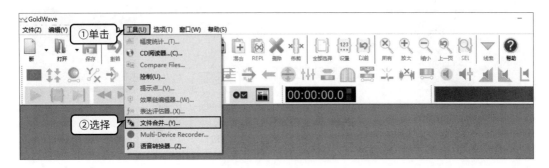

图 5-3-22 文件合并

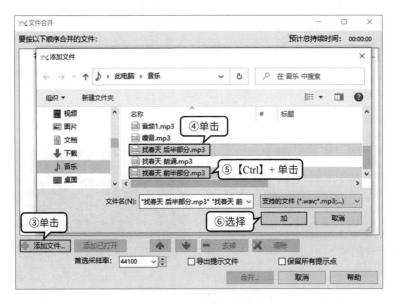

图 5-3-23 添加文件

开始合并：返回【文件合并】窗口，选中"找春天 前半部分 .mp3"音频文件并向上拖动以调整顺序，确定后单击【合并】按钮，如图 5-3-24 所示。

保存文件：弹出【保存声音为】对话框，选择存储位置，输入"找春天"文件名，选择文件类型为【MP3】，单击【保存】按钮，如图 5-3-25 所示。

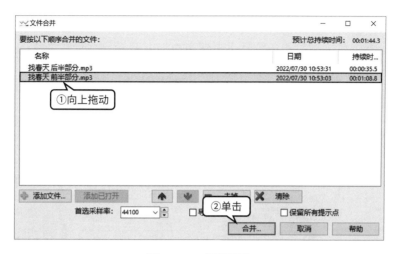

图 5-3-24 调整顺序

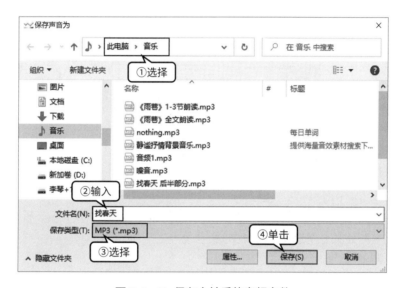

图 5-3-25 保存合并后的音频文件

5.3.8 调整音频播放速度

> 英语教师王老师在课堂上为学生播放单词音频，带领大家朗读单词，但发现音频语速过快，大家听得不太清晰。考虑到学生的接受能力，王老师想把单词朗读的速度变慢，让大家能够听清楚每个单词的发音，从而跟随音频朗读单词。王老师要如何将音频的速度调慢呢？

下面以 GoldWave 软件为例，介绍调整音频播放速度的具体操作步骤。

设置音频播放速度：在 GoldWave 软件中打开并选中英文单词朗读音频文件；单击【效果】选项卡，选择【时间】。弹出【时间】对话框后，在【变化】右侧调节框中拖动调节按钮来调整速度（向左拖动为速度变慢，向右拖动为速度变快）。调节到合适的速度后，单击右下角【预览当前位置】按钮▶试听，设置完成后单击【OK】按钮并保存，如图5-3-26所示。

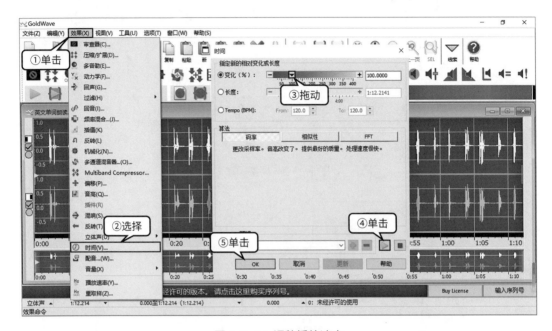

图5-3-26 调整播放速度

小贴士

音频变速会导致音调的改变，因此在对音频进行变速处理时，应该多试听不同速度的音频实际效果，选择效果最佳的音频速度。

5.3.9 为音频添加"淡入""淡出"效果

王老师在制作《纪念刘和珍君》一课的课件时，想在"课文赏析"部分插入一段音乐，帮助营造课堂教学气氛，更好地调动学生的情感，使他们感同身受。但由于是在课堂中间部分插入音乐，王老师担心音乐的突然出现引发突兀感，且音乐的戛然而止也会影响教学效果。因此，王老师想以音乐缓缓淡入开始播放，结束时声音缓缓淡出。那么王老师应该怎样操作呢？

很多乐曲为了过渡自然，会在开头和结尾处分别使用"淡入"和"淡出"效果。"淡入"效果会使声音的音量逐渐变大，"淡出"效果会使声音的音量逐渐变小。"淡入""淡出"效果的使用可以避免声音突然出现或消失引发突兀感。

下面以GoldWave软件为例，介绍为音频添加"淡入""淡出"效果的具体操作步骤。

打开文件：单击 GoldWave 软件中的【打开】按钮，在弹出的【打开声音】对话框中单击"纪念刘和珍君.wav"音频文件，再单击【打开】按钮将其导入 GoldWave 软件中，如图 5-3-27 所示；导入音频文件后的界面如图 5-3-28 所示。

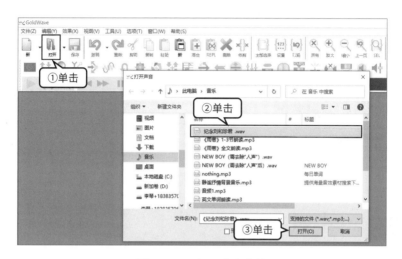

图 5-3-27 打开声音文件

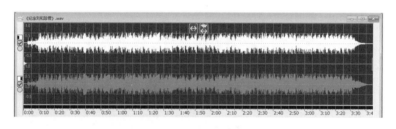

图 5-3-28 导入音频文件后的界面

选择需要设置"淡入"效果的片段：在音频轨道上右击需要设置"淡入"效果的起始位置，然后单击【设置开始标记】，右击需要设置"淡入"效果结束的位置，单击【设置完成标记】，完成需要设置"淡入"效果的音频片段的框选，如图 5-3-29 所示。

选择【淡入】选项：单击【效果】选项卡，将鼠标移动到【音量】上方，之后单击【淡入】，如图 5-3-30 所示。

调节初始音量：在弹出的【淡入】对话框中通过拖曳【初始音量】的调节按钮来选择初始音量（也可以通过单击初始音量左右两侧的【-】【+】按钮来选择初始音量），单击【预览当前位置】按钮 ▶ 试听效果，设置完成后单击【OK】按钮，如图 5-3-31 所示。相较于原来的音频波形，设置了淡入效果的音频片段的波形有所减弱，如图 5-3-32、5-3-33 所示。

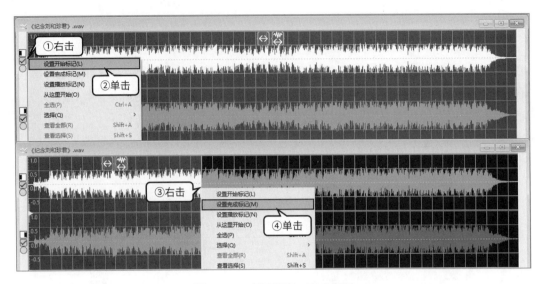

图 5-3-29 设置开始/完成标记

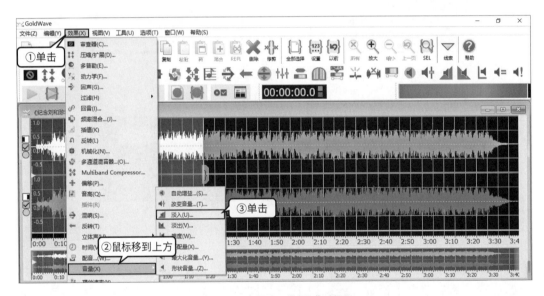

图 5-3-30 添加"淡入"效果

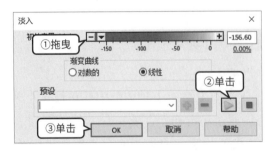

图 5-3-31 拖曳初始音量

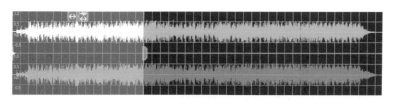

5-3-32 设置"淡入"效果前的音频波形

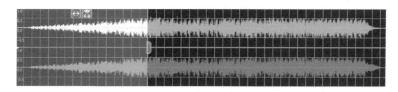

图5-3-33 设置"淡入"效果后的音频波形

设置"淡出"效果：在音频文件的轨道上框选出需要设置"淡出"效果的音频片段，如图5-3-34所示。操作原理与框选需要设置"淡入"效果的音频相同，这里将不再赘述。

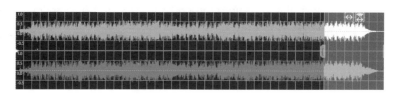

图5-3-34 框选出需要设置"淡出"效果的音频

保存文件：单击【文件】选项卡，之后单击【保存】即可，如图5-3-35所示。

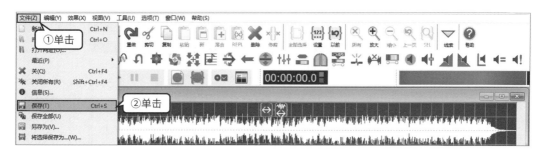

图5-3-35 保存文件

5.3.10 音频格式转换

王老师制作《纪念刘和珍君》一课课件时，插入了wav格式的音频文件，但在上课时发现教室中的多媒体设备上无法播放该音频，并且出现"不能打开指定文件"的提示框。是什么原因导致音频无法播放呢？王老师应该怎样解决这种问题呢？

不同的设备、不同的播放器所支持的音频文件格式不同，格式不符合要求可能会出现无法播放音频文件的状况。因此，教师需要提前将音频文件转换成常用的 MP3 音频格式。音频格式的转换可以借助格式转换软件来实现，常用的音频格式转换软件有 GoldWave、格式工厂、剪映和迅捷音频转换器等。

下面以 GoldWave 软件为例，介绍将 WAV 格式文件转换为 MP3 格式文件的具体步骤。

另存为文件：在 GoldWave 软件中打开并选中"《纪念刘和珍君》.wav"音频文件，单击【文件】选项卡，再单击【另存为】按钮，如图 5-3-36 所示。

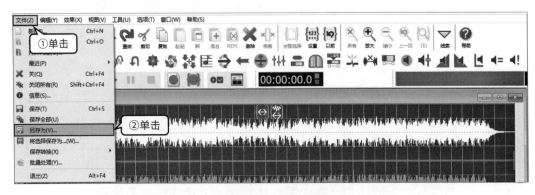

图 5-3-36 另存为文件

选择保存类型：在弹出的【保存声音为】对话框中的【保存类型】列表中单击【MP3】将其保存为 MP3 格式文件，之后单击【保存】即可，如图 5-3-37 所示；打开音频文件保存的文件夹即可看到转换后的 MP3 文件，如图 5-3-38 所示。

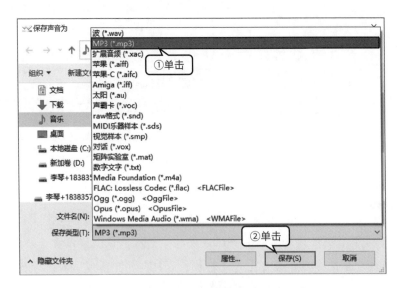

图 5-3-37 选择保存类型

图 5-3-38 音频格式转换前后的音频文件

5.4 制作音频资源

5.4.1 《再别康桥》诗朗诵录制

> 赵老师在对《再别康桥》一课进行教学设计时，打算自己录制一段朗读音频，同时还想添加与主题相符的背景音乐和音效，以提升朗读音频的感染力。赵老师制作这段音频需要哪些操作呢？

赵老师制作该段视频涉及录制朗诵音频、为录制的音频降噪、添加背景音乐与音效、设置"淡入""淡出"效果等操作。下面以 GoldWave 软件为例，介绍制作《再别康桥》诗朗诵音频的具体操作步骤。

一、录制朗诵音频

开始录制与结束录制：打开 GoldWave 软件，单击【创建一个文件并开始录制】按钮●，弹出【持续时间】窗口，单击【录音时间】右侧下拉键，选择【2:00.0】（录制时间为两分钟），单击【OK】按钮开始录音，如图 5-4-1 所示；教师连接电脑的麦克风后开始朗读课文，朗读完成后，单击【停止录制】按钮■生成音频文件，如图 5-4-2 所示。

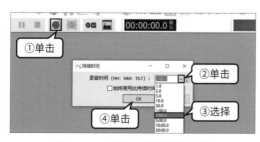

图 5-4-1 创建文件并录制音频

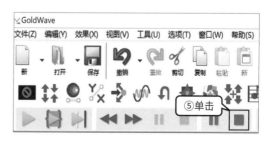

图 5-4-2 结束录制

二、降噪

选择需要降噪的片段：反复试听录制的音频文件，定位有噪声的区域。选择音轨上有噪声的音频区域，单击【复制】按钮，如图5-4-3所示；单击【效果】选项卡，在下拉列表中选择【过滤】选项，再选择【降噪】按钮，如图5-4-4所示。

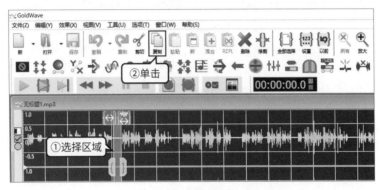

图 5-4-3 选择需要降噪的波形区域

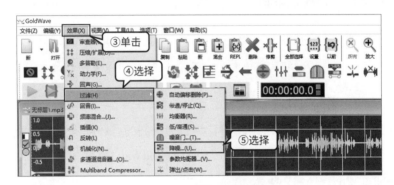

图 5-4-4 选择【降噪】

设置降噪：弹出【降噪】对话框，在【减少包络】选项中选择【使用剪贴板】选项，单击【OK】按钮，如图5-4-5所示。

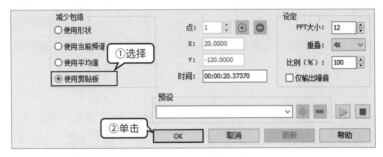

图 5-4-5 设置降噪

三、添加背景音乐

为避免所添加的背景音乐突然响起产生突兀感，同时避免音乐的戛然而止影响教学效果，可以先在背景音乐开头/结尾处添加"淡入""淡出"效果，再为朗诵的音频文件添加背景音乐。

插入背景音乐文件：单击【文件】选项卡，选择【打开】按钮，在弹出的【打开声音】对话框中选择"背景音乐.mp3"文件，单击【打开】按钮，如图5-4-6所示。

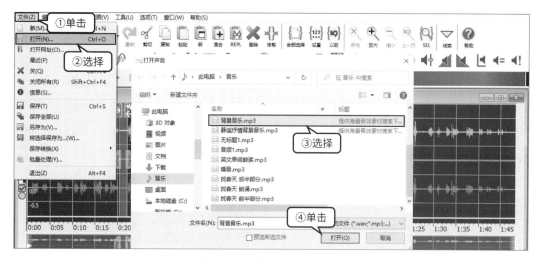

图 5-4-6 选择背景音乐文件

设置背景音乐"淡入"效果：选取0至1分50秒左右的背景音乐片段，单击【效果】选项卡，选择【音量】，选择【淡入】选项，如图5-4-7所示；弹出【淡入】对话框，在【初始音量】右侧调节框中向左拖动按钮以降低音量，单击【预览当前位置】按钮▶以预览音量效果，确定后单击【OK】按钮，如图5-4-8所示。

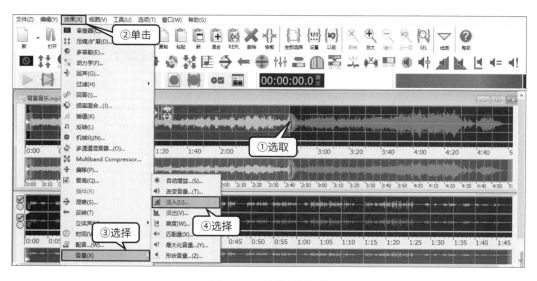

图 5-4-7 选择【淡入】

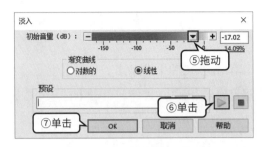

图 5-4-8 设置"淡入"效果

设置背景音乐"淡出"效果：单击【效果】选项卡，选择【音量】，选择【淡出】选项，如图 5-4-9 所示；弹出【淡出】对话框，在【最终音量】右侧调节框中向左拖动按钮以降低音量，单击【预览当前位置】按钮 ▶ 以预览音量效果，确定后单击【OK】按钮，如图 5-4-10 所示。

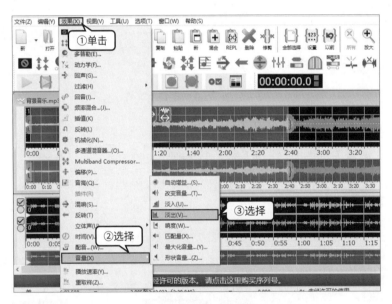

图 5-4-9 选择【淡出】

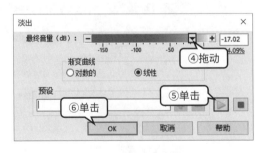

图 5-4-10 设置"淡出"效果

第五章 音频资源设计与制作

小贴士

设置了"淡入""淡出"效果的"背景音乐.mp3"音频波形如图5-4-11所示。我们可以看出，选中的音频波形段中左侧音量由小变大，右侧音量由大变小。

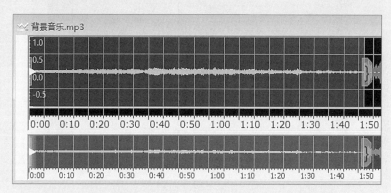

图5-4-11 设置"淡入""淡出"效果后的背景音乐波形图

选择混合：选中"背景音乐.mp3"文件音轨，单击【复制】按钮；再选中刚录制的"无标题1.mp3"朗诵音频文件的音轨，单击【编辑】选项卡，选择【混合】按钮，如图5-4-12所示。

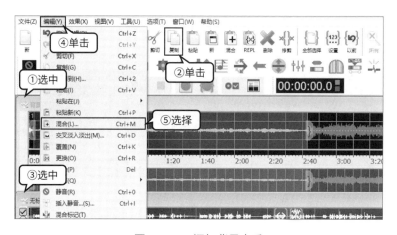

图5-4-12 添加背景音乐

确认背景音乐开始响起的时间点：弹出【混合】对话框，在【混合开始的时间】右侧微调框中选择合适的数值，并单击右侧【预览当前位置】按钮▶以试听效果；当背景音乐响起后，朗读的音频第一句话是"轻轻的，我走了"，则表示背景音乐在朗读完标题和作者名"再别康桥 徐志摩"之后响起；确定背景音乐插入时间后，在【音量】右侧拖动框中向左拖动以降低背景音乐的音量，单击【预览当前位置】按钮▶以试听当前设置效果，最后单击【OK】按钮即可，如图5-4-13所示。

239

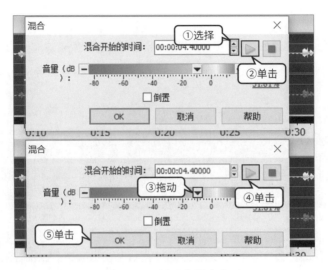

图 5-4-13 设置音量大小

四、添加音效

与添加背景音乐一样,在为录制的朗诵音频添加音效前也需要为音效设置"淡入""淡出"效果。具体操作步骤与添加背景音乐一样,这里将不再赘述。

确定音效时长:在刚录制的"无标题1.mp3"朗诵音频文件的音轨上,框选出"波光里的艳影,在我的心头荡漾"音频区域,确认时长大约为9秒,如图5-4-14所示。

图 5-4-14 框选需要添加音效的区域

为音效设置"淡入""淡出"效果:导入"水流音效声.mp3"音频文件,选取大约9秒的音频片段,然后按照前文所述步骤为其设置"淡入""淡出"效果。

为朗诵音频添加音效:选择设置好"淡入""淡出"效果的"水流音效声.mp3"片段,单击【复制】按钮,然后选择"无标题1.mp3"朗读音频文件的音轨,单击【编辑】选项卡,选择【混合】选项;弹出【混合】对话框,此时可以看到混合开始的时间为鼠标定位在朗诵音频文件选取区域的初始位置点,单击【预览当前位置】按钮▶以试听效果,并拖动音量按钮以调节音效背景音量,最后单击【OK】按钮,如图5-4-15所示。

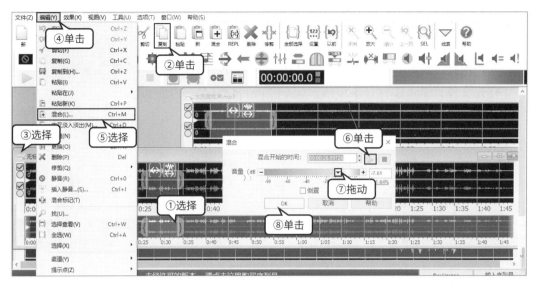

图 5-4-15 为朗诵音频添加音效

五、保存音频

保存音频文件：单击【文件】选项卡，选择【另存为】按钮，弹出【保存声音为】对话框，输入"《再别康桥》诗朗诵"文件名，单击【保存】按钮，如图 5-4-16 所示。

图 5-4-16 另存为音频

5.4.2 制作英文歌 Proud Of You 音频

姚老师想带领三年级 1 班的学生一起学唱英文歌 Proud Of You。考虑到三年级学生的英语知识水平，姚老师想对这首英文歌做相应处理以降低演唱的难度。姚老

> 师计划把歌曲的速度变慢，删除后半段，但是保留结尾，她该如何实现呢？

下面以 GoldWave 软件为例，介绍按照实际需求编辑歌曲的具体操作步骤。

打开文件：单击【打开】按钮，选择"Proud Of You 原曲 .mp3"音频文件，单击【打开】按钮，如图 5-4-17 所示。

图 5-4-17 打开声音文件

一、音频降速

单击 5 次【控制】窗口上【速度】调节栏左侧的【—】图标，将速度由"1.00"变为"0.95"，如图 5-4-18 所示。

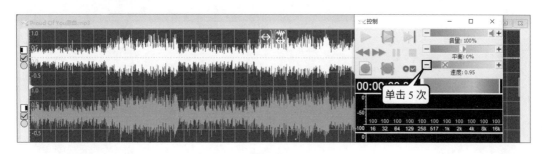

图 5-4-18 音频降速

二、音频裁剪

设置开始标记：单击【放大】功能，适当放大声波形状，以便于观察音频的起伏变化；鼠标左键按住下方滚动条，将其拖动到需要处理的大概范围；想从哪个位置开始试听，只需右击该位置声波，在弹出的菜单中选择【从这里开始】即可，以便于精准定位需要处理的位置；确定具体位置后，右击此位置，在弹出的菜单中单击【设置开始标记】，如图 5-4-19 所示。

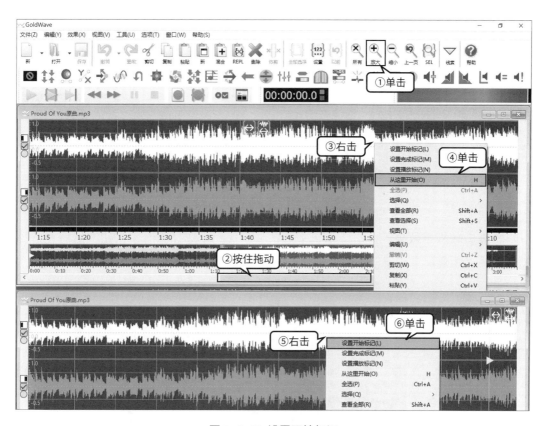

图 5-4-19 设置开始标记

设置完成标记：按照确定开始标记的方式，确定结束标记的具体位置并右击，单击【设置完成标记】以进行标记，如图 5-4-20 所示。

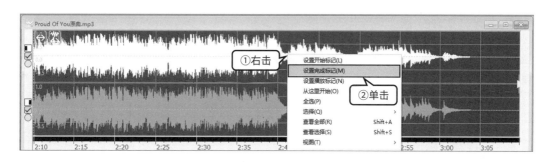

图 5-4-20 设置完成标记

小贴士

在裁剪掉音频的中间部分，拼接前后部分时，应考虑前后音频衔接的自然性，避免裁剪的开始位置与结束位置的音调差别太大。

删除选定部分：单击【缩小】选项后可看到选中的全部范围，确定无误后单击【删除】选项，如图 5-4-21 所示。

图 5-4-21 删除选定部分

检查音频拼接效果：单击【编辑】选项卡，选择【选择查看】按钮，然后右击拼接处，单击【从这里开始】以试听效果，如图 5-4-22 所示。

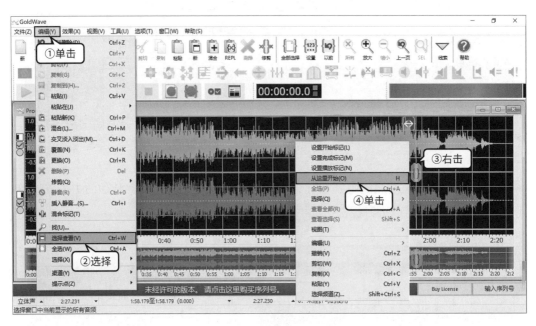

图 5-4-22 检查音频拼接效果

三、保存音频

裁剪完成后，单击【文件】选项卡，单击【另存为】选项，在弹出的【保存声音为】对话框中输入"Proud Of You 改编版"文件名，最后单击【保存】按钮即可，如图 5-4-23 所示。

图 5-4-23 保存文件

本章小结

- 音频资源是一种重要的多媒体资源。它可以辅助教学，更好地吸引学习者的注意力，它的类型包括人声、音效和音乐。
- 音频资源常见格式有 CD 格式、MP3 格式、WMA 格式和 WAV 格式。
- 音频资源在教学中的应用主要包括：渲染教学氛围、提供语音的标准示范和实现"声临其境"。
- 可以通过网络平台下载、视频截取音频和录制音频等方式获取音频资源。
- 可以通过音频剪辑、音量调整、音频添加背景音乐、音频消除"人声"、音频降噪、合并音频文件、调整音频播放速度、音频添加"淡入""淡出"效果、音频格式转换等方式编辑所获得的音频资源。

操作题

1. 请录制诗歌《乡愁》的朗诵音频，并从网络获取一段"安静轻缓"的配乐。
2. 请对录制的《乡愁》朗诵音频进行降噪处理，并适当减缓朗读速度。
3. 请将"安静轻缓"配乐作为背景音乐与录制的《乡愁》朗诵音频进行合成，并为背景音乐添加"淡入""淡出"效果。

本章彩图
扫码可看

第六章　动画资源设计与制作

- 了解动画资源的类型及其格式；
- 了解动画资源的教学应用情境，能够在教学中巧妙运用动画资源；
- 了解动画资源的获取途径，能够快速获取教学所需的动画资源；
- 掌握动画制作的常用工具，熟练使用 Adobe Animate 软件。

知识图谱

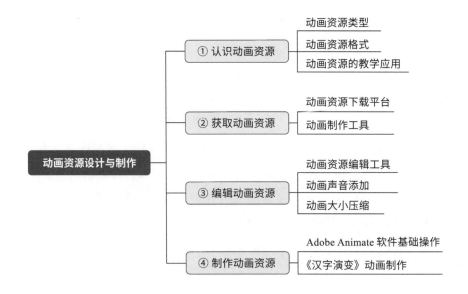

6.1 认识动画资源

6.1.1 动画资源类型

动画是一种综合艺术，是集合了绘画、电影、数字媒体、摄影、音乐、文学等众多艺术门类于一身的艺术表现形式。动画技术是采用逐帧拍摄对象并连续播放而形成运动的影像技术。动画利用视觉暂留原理，主要是通过把人物的表情、动作、变化等分解后画成许多动作瞬间的画幅，再用摄像机连续拍摄成一系列画面，给视觉造成连续变化的图画。利用这一原理，在一幅画还没有消失前播放下一幅画，就给人造成一种流畅的视觉变化效果。①例如，将马奔跑的分解动作画面按顺序加以组合并按照一秒八帧的画面效果连续切换，就形成了一个马奔跑的动画，如图6-1-1所示。动画资源是数字化教学资源的重要组成部分，具有直观性、生动性、交互性等基本特征。

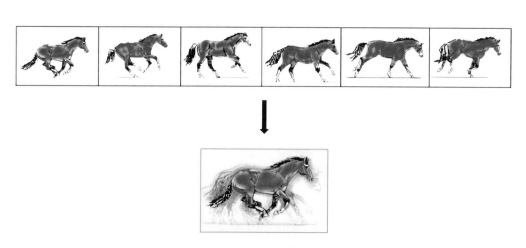

图6-1-1 动画的形成

从不同角度对动画进行分类，可以得到不同的动画类型。按视觉效果角度分类，可以将动画资源划分为平面动画和立体动画两类；按镜头运动角度分类，即制作动画过程中摄像机或虚拟摄像机是否可以任意移动，可以将动画资源划分为二维动画和三维动画两类；按制作方式角度分类，可以将动画资源划分为手绘动画、材料动画和计算机动画三类；按用户交互角度分类，可以将动画资源划分为演示型动画和交互型动画两种类型。②这里将重点介绍演示型动画和交互型动画。

一、演示型动画

演示型动画是指观众只能看到预先设置好的动画画面，而无法实现与画面内容之间的交互或者更改演示路径。目前，电视和电影中播出的动画都属于演示型动画。在演示型动画中，可以进一步细分为二维演示型动画和三维演示型动画。

例如借助数学学科中"认识时钟"二维演示型动画，学生可以更直观地了解时钟各指针的相互联系和运动规律，同时也节约了教学板书和教学演示的时间，如图6-1-2所示。又如生物学科中"细胞膜"三维演示型动画，学生利用该动画可以观察到细胞膜中的微观事物，从而对细胞膜有更全面的了解，如图6-1-3所示。

---

① 动画：一种综合艺术 [EB/OL]. [2023-12-18].https://baike.baidu.com/item/%E5%8A%A8%E7%94%BB/206564?fr=aladdin.

② 高铁刚，吴祥恩，马小强. 信息化教学资源制作基础 [M]. 北京：清华大学出版社，2011：247—251.

图6-1-2 "认识时钟"二维动画

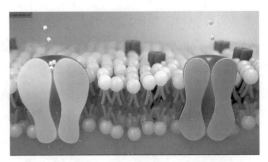
图6-1-3 "细胞膜"三维动画

二、交互型动画

交互型动画是指在动画播放时支持事件响应和交互功能的一种动画，观众可以通过输入设备来控制镜头运动的方向或者画面内容的播放。交互型动画也可细分为二维交互型动画和三维交互型动画。

例如英语学科中生词学习的二维交互动画，学生单击单词后，该动画中会出现相应的"选择正确"或"选择错误"的画面，这种带有交互反馈的动画能激发学生的学习兴趣，促使学生集中注意力，如图6-1-4所示。又如艺术学科中"陶瓷艺术"三维交互动画[①]，它不仅能带领学生学习新知，还能让学生体验制作陶器的过程，如图6-1-5所示。

图6-1-4 英语单词交互动画

图6-1-5 "陶瓷艺术"三维动画

6.1.2 动画资源格式

动画资源格式是指动画在计算机中存储的文件格式。格式的种类非常丰富，常见的格式有GIF格式、MB格式、SWF格式和FLA格式四种，如表6-1-1所示。

---

① 小鹿斑比跳跳虎. 三维交互式动画设计与制作——"水火泥相融，人陶艺相汇" [EB/OL].（2022-06-03）[2023-10-18].https://www.bilibili.com/video/BV1ct4y1W7Db/?spm_id_from=333.337.search-card.all.click&vd_source=9eb155f9142ede9f385eacbc0392da04.

表 6-1-1 动画资源格式

动画资源格式	文件扩展名	基本特点
GIF 格式	.gif	一种高压缩比的彩色图像文件格式。该格式生成的文件比较小,适合网络环境传输和使用,但最多只能用 256 种不同的颜色来显示数据。[1]
MB 格式	.mb	一种 Maya 源文件格式。以该格式保存的动画文件会以二进制形式显示,且文件大小会被压缩,占据更小储存量。
SWF 格式	.swf	一种支持交互性矢量图、位图和声音的动画文件格式,可以容纳丰富的多媒体和实现交互功能,在互联网和多媒体交互领域应用广泛。[2]
FLA 格式	.fla	一种包含原始素材的 Flash 动画格式,包含制作动画所需的全部原始信息,包括矢量图、声音、图片和文本等元素,体积较大。

6.1.3 动画资源的教学应用

动画资源在教学中的应用主要体现在以下三方面:它能够以动态的画面、鲜艳的色彩配合动听的旋律来呈现事物的发展变化过程;它能够将抽象概念形象化、具体化;它还能够模拟实验操作,实现实时交互。

一、展现事物的发展变化过程

动画资源可以突破时空限制,还原过去事物的发展过程、再现事物正在发展的过程、模拟未来要发生的过程,并缩短或延长事物的发展过程,呈现真实环境下运动过快或过慢、体积过大或过小等肉眼难以直接观察到的现象。

例如,教师在讲授七年级生物《有丝分裂》一课时,利用动画动态地展现细胞有丝分裂的过程,学生不用花费长时间的等待就可以直观地看到细胞有丝分裂的整个过程,如图 6-1-6 所示。又如,在讲解七年级地理《海陆的变迁》一课时,教师利用动画的形式向学生呈现喜马拉雅山的形成过程,学生通过几十秒的动画就可以快速了解该山形成的整个过程,如图 6-1-7 所示。

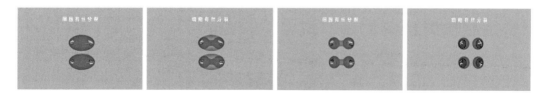

图 6-1-6 细胞有丝分裂动画

---

[1] 葛晓敏,郑健. 浅谈 GIF 动画文件格式 [J]. 电子技术,2004(8).
[2] 高铁刚,吴祥恩,马小强. 信息化教学资源制作基础 [M]. 北京:清华大学出版社,2011:247—251.

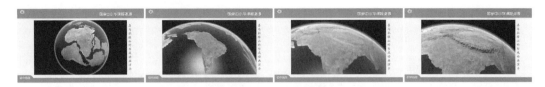

图 6-1-7 喜马拉雅山形成动画

二、抽象概念直观化表达

教学过程中有许多抽象的概念，仅通过文字阐述和教师的语言讲解，学生可能难以理解。教师可以使用动画资源呈现这类知识，将抽象知识变成"活"的动态内容，生动形象地展示在学生面前，以帮助学生理解其概念，缩短学习时间。

例如，在学习七年级生物《蒸腾作用》一课时，教师利用动画将蒸腾作用的过程形象地表达出来，使学生能够直观地看到整个蒸腾作用的过程，促进学生对这一抽象概念的理解，如图 6-1-8 所示。又如，数学教学过程中，学生通过观看"圆柱侧面展开"动画，能够直观地看到一个圆柱体从侧面逐渐展开并形成矩形的整个过程，如图 6-1-9 所示。

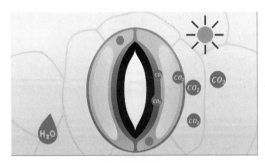
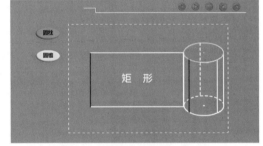

图 6-1-8 "蒸腾作用"动画　　　　图 6-1-9 "圆柱侧面展开"动画

三、模拟实验实时交互

对于需要边讲解边操作的教学内容，如实验教学、示范性教学、可见度小的演示实验以及不易一次成功的实验，教师可以借助交互型动画模拟实验以辅助教学，让学生亲自动手操作体验，帮助他们更好地理解知识内容。

例如，教师在讲授九年级物理《串联和并联》一课时，使用动画资源完成不同线路的搭建及效果展示，学生也可自行模拟实验，完成电路的搭建，如图 6-1-10 所示。又如，教师在讲授八年级物理《动能和势能》一课时，为学生提供模拟"影响弹性势能大小的因素"实验的交互型动画，使学生可以在模拟实验中反复操作，并得到实时反馈，如图 6-1-11 所示。

第六章　动画资源设计与制作

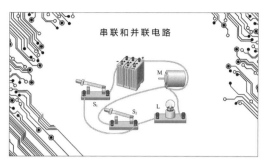

图 6-1-10 电路搭建动画

图 6-1-11 "影响弹性势能大小的因素"动画

6.2 获取动画资源

获取动画资源主要有网络下载和软件制作两种方式，其中网络下载方法既方便又快捷，而软件制作相对较难。本节主要介绍如何运用网络下载方法来获取动画资源，同时介绍一些常用的动画制作软件。

6.2.1 动画资源下载平台

本小节将主要介绍下载二维/三维动画资源的平台或网站，并举例演示下载二维/三维动画资源的具体操作步骤。

一、二维动画下载

互联网中共享的动画资源非常丰富，常用的二维动画资源下载网站有百度图片（http://image.baidu.com）、安徽基础教育资源应用平台（https://www.ahedu.cn/search-xch/#/xkzy）、站长素材（https://sc.chinaz.com/donghua）和物理好资源网（http://www.wuliok.com/donghuaruanjian）等网站。

数学教师为形象化地呈现抽象知识，让学生直观地看到圆柱体侧面展开的过程，实现曲面与平面之间的变换，打算从网络上下载关于圆柱体展开过程的 GIF 动画。下面将以百度图片这一平台为例，介绍下载 GIF 动画的具体操作步骤。

进入"百度图片 – 发现多彩世界"官方链接：打开浏览器，在网址栏中输入"百度图片"，按键盘上的【Enter】键，在搜索结果中单击"百度图片 – 发现多彩世界"官方超链接，如图 6-2-1 所示。

下载圆柱展开 GIF 动画：在百度图片平台的搜索框中输入"圆柱展开图 GIF"后，单击【百度一下】按钮，出现搜索结果，鼠标移动到动图上会自动播放预览。确认需要下载的动图后，单击动图右下角的【下载原图】按钮即可下载，如图 6-2-2 所示。

251

图 6-2-1 搜索"百度图片"

图 6-2-2 下载 GIF 动画

二、三维动画下载

常见的三维动画资源下载网站有国外素材网（https://hd1080.pro）、哔哩哔哩（https://www.bilibili.com）、光厂（https://www.vjshi.com）等网站。

医学教师在对"腰椎融合"一课进行教学设计时，为向学生展现腰椎融合手术的一般过程，打算从网上下载此类三维动画。下面以光厂平台为例，讲解下载三维动画的具体操作步骤。

进入光厂官方链接：进入百度搜索引擎，在输入框中输入"光厂"，单击【百度一下】按钮，在搜索结果中单击光厂官方的超链接，如图 6-2-3 所示。

图 6-2-3 搜索"光厂"

选择"腰椎间盘突出腰椎间盘置换手术"动画：在光厂平台的搜索框中输入"腰椎融合"后，单击【搜索】按钮，在搜索结果中选择名为"腰椎间盘突出腰椎间盘置换手术"的动画，如图6-2-4所示。

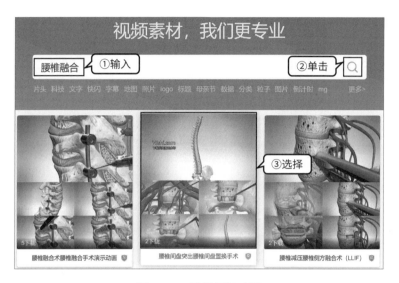

图6-2-4 选择目标动画

保存动画视频：在弹出的新界面中预览当前动画的播放效果，确认需要下载后，右击鼠标，选择【视频另存为】按钮，如图6-2-5所示。弹出【另存为】对话框，选择存储位置后，输入文件名，单击【保存】即可，如图6-2-6所示。

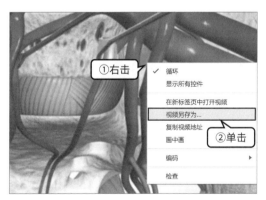

图6-2-5 下载动画视频

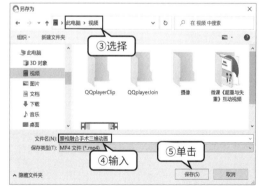

图6-2-6 保存动画视频

小贴士

该三维动画视频下载后有水印，若觉得会影响教学效果，可去掉水印。具体操作步骤详见本书第四章第三节第九小节视频去水印的相关内容。

6.2.2 动画制作工具

教师应用上述方法获取不到满足教学需求的动画资源时，可以考虑使用工具制作动画。下面将从二维动画与三维动画两方面分别介绍几款常用的动画制作软件，如表6-2-1所示。教师通常只需掌握如"万彩动画大师"这种入门级动画制作软件。

表6-2-1 动画制作工具

动画类型	工具	工具介绍
二维动画	Adobe Animate	一款简单易学的动画设计制作软件，适合需要设计和制作二维动画的教师使用。它支持传统补间、补间动画、补间形状、逐帧动画等类型的动画，同时还提供多种特效创建方法。
	秀展网	一个在线免费制作MG动画的平台，内置许多精美模板，提供多种场景与人物角色等素材，具有转场动画、强调动画等特效，可以直接套用，还提供加字幕、加配音的功能。
	万彩动画大师	一款入门级动画制作软件，提供镜头特效、动画角色、效果、SWF素材库等强大功能，内置了动画模板及场景，初学动画制作的教师能够快速掌握该软件。如利用该款软件制作出《勾股定理》动画微课，效果如图6-2-7所示。
三维动画	3ds Max	一款三维建模渲染和动画制作软件，拥有丰富的插件，在室内设计和建筑动画领域应用最广。如使用3ds Max软件制作关于铲土机运行过程的三维机械动画[1]，效果如图6-2-8所示。
	Maya	一款电影级别的三维动画高端制作软件，被广泛应用于专业的影视广告、角色动画与电影特技等方面的制作，其功能完善，工作灵活，制作效率高，渲染真实感强。如利用Maya软件制作有关鸟类飞翔的三维动画[2]，效果如图6-2-9所示。

---

[1] nanning0600. 3DMAX机械动画教程铲土机绑定到动画教程 绑定教程 机器动画 工业动画 施工动画 三维动画 3D动画[EB/OL].（2021-09-07）[2023-10-12].https://www.bilibili.com/video/BV1V3411q7rQ/?spm_id_from=333.788.recommend_more_video.3.

[2] 小妖爱剪辑.Maya教程：3.10 鸟飞行动画[EB/OL].（2020-07-12）[2023-12-18]. https://www.bilibili.com/video/av328847078.

第六章 动画资源设计与制作

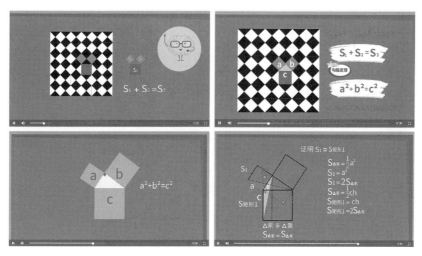

图 6-2-7 万彩动画大师软件制作的动画案例

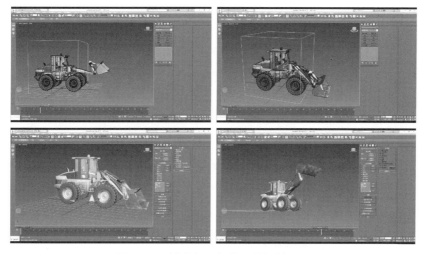

图 6-2-8 铲土机运行的三维机械动画

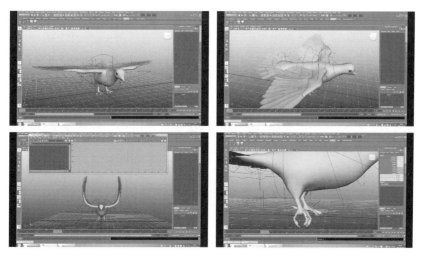

图 6-2-9 鸟类飞翔的三维动画

255

6.3 编辑动画资源

6.3.1 动画资源编辑工具

动画教学资源能够直观、形象地呈现教学信息，但并不是所有的动画教学资源都能直接使用，有些资源需要教师编辑处理后才能满足教学需求，如转换格式、添加音频与字幕、去除无关信息和剪辑美化等。因此，本小节将介绍一些常见的动画编辑工具及其基本操作。下面是一些常见的动画资源编辑工具，如表6-3-1所示。

表6-3-1 动画资源编辑工具

工具	工具介绍
Camtasia Studio	提供动画剪辑、添加注释、转场、交互和字幕等功能。
快剪辑	可对动画进行裁剪、添加字幕和马赛克等操作，提供让用户快速制作动画的模板。
QQ影音	内附的影音工具箱可对动画进行截图、连拍、截取、转码压缩和合并等操作。
格式工厂	支持动画资源多种格式的转换，同时还可去除动画中的水印、快速剪辑等，在转换过程中可修复意外损坏的动画文件。

6.3.2 动画声音添加

> 张老师将防汛安全科普知识动画转换为MP4文件格式之后，发现动画没有背景音乐。张老师想为动画添加背景音乐，让动画更生动有趣，这不但能吸引学生的兴趣和注意力，还能让学生对防汛安全知识印象更为深刻。你认为张老师应该怎样做呢？

下面以Camtasia Studio软件为例，介绍在动画资源中添加背景音乐的具体操作步骤。

新建视频项目：打开Camtasia Studio软件，单击【新建项目】按钮，如图6-3-1所示。

第六章　动画资源设计与制作

图 6-3-1　新建项目

导入动画素材：打开剪辑界面后，单击【导入媒体】按钮，在弹出的【打开】对话框中选中"暴雨极端天气防汛安全科普动画.mp4"视频和"徐梦茜 – 童年.mp3"音频，单击【打开】按钮，如图 6-3-2 所示。

图 6-3-2　导入动画素材

拖曳素材至时间轴：选中并拖曳添加到"媒体箱"中的视频素材，将其放置于时间轴轨道 1 中准备编辑，选中并拖曳添加到"媒体箱"中的音频素材，将其放置于时间轴轨道 2 中准备编辑，如图 6-3-3 所示。

调节音频时长：单击【缩小时间轴】按钮 ，再单击拖动音频右侧按钮以调节音频的时长，使其伴随整个动画过程，如图 6-3-4 所示。

导出动画视频：编辑完成并预览确认无误后，单击编辑界面右上角的【导出】按钮，接着单击【本地文件】，如图 6-3-5 所示。接下来，根据教学需求设置参数即可完成导出。

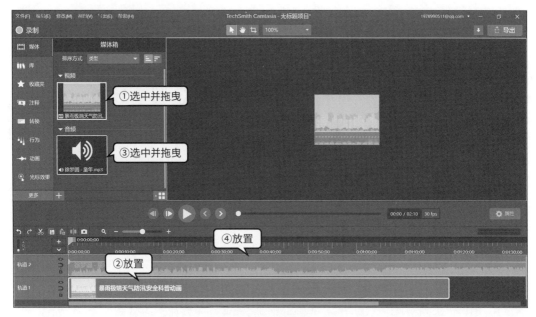

图 6-3-3 拖曳动画

图 6-3-4 调节音频时长

图 6-3-5 导出动画视频

6.3.3 动画大小压缩

> 张老师为动画添加背景音乐后,发现动画文件占用空间很大,不利于快捷传输。为便于文件传输和存储,张老师想对其进行压缩,且压缩后不影响图像质量。你认为张老师应该怎样做呢?

下面以QQ影音为例，介绍压缩动画文件大小的具体操作步骤。

打开文件：打开QQ影音软件，单击【打开文件】按钮，在弹出的【打开】对话框中单击"暴雨极端天气防汛安全科普动画.mp4"文件，再单击【打开】按钮，如图6-3-6所示。

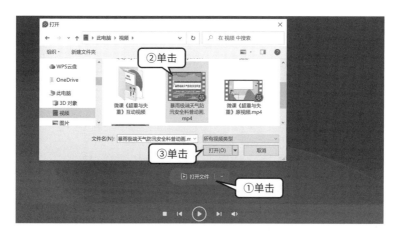

图6-3-6 打开文件

对动画文件进行转码压缩：单击【影音工具箱】按钮，在列表中单击【转码压缩】按钮；在弹出的【转码压缩】对话框中单击【视频参数】栏中的【码率】右侧下拉键，选择【384 kbps】，单击【音频参数】栏中的【码率】右侧下拉键，选择【24 kbps】，最后单击【开始】按钮，如图6-3-7所示。

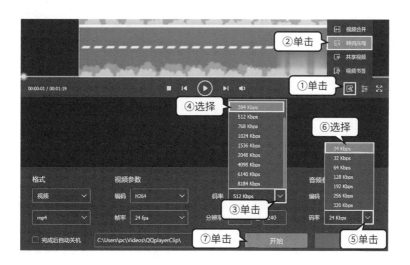

图6-3-7 转码压缩

查看导出的动画文件：打开文件导出所在位置，将压缩后的文件重命名为"暴雨极端天气防汛安全科普动画 压缩后"即可，如图6-3-8所示。

名称	日期	类型	大小	时长
暴雨极端天气防汛安全科普动画.mp4	2022/10/20 19:07	MP4 文件	6,468 KB	00:01:19
暴雨极端天气防汛安全科普动画 压缩后.mp4	2023/5/10 10:28	MP4 文件	3,823 KB	00:01:19

图 6-3-8 压缩后的文件

6.4 制作动画资源

6.4.1 Adobe Animate 软件基础操作

一、基本操作

启动软件、新建与保存文件：在桌面上双击 Adobe Animate 的快捷图标，启动 Adobe Animate 软件；单击【文件】选项，在下拉列表中单击【新建】命令，如图 6-4-1 所示；在弹出的【新建文档】对话框中单击【教育】按钮，在【预设】栏中选择【标准视频】类型，单击【创建】按钮，如图 6-4-2 所示；单击【文件】选项，在下拉列表中单击【保存】命令，在弹出的【另存为】对话框中选择目标文件夹，输入文件名后单击【保存】按钮即可，如图 6-4-3 所示。

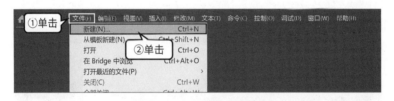

图 6-4-1 单击【新建】命令

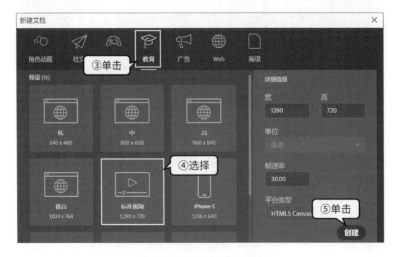

图 6-4-2 选择预设类型

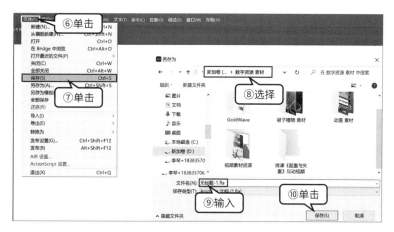

图 6-4-3 保存文件

软件工作界面：Adobe Animate 的工作界面清晰简洁，由菜单栏、舞台工作区、时间轴、快捷工具栏等面板组成，可快速创建关键帧、添加和选择帧、创建运动图形等。工作界面如图 6-4-4 所示，各工作面板的功能如表 6-4-1 所示。

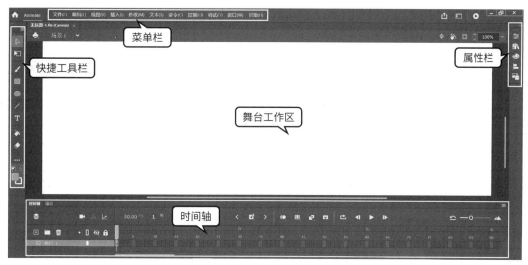

图 6-4-4 Adobe Animate 工作界面

表 6-4-1 Adobe Animate 各面板功能

工作面板	功能
菜单栏	按类汇总功能集合，包含文件菜单、编辑菜单、视图菜单等，几乎包含 Animate 软件的所有功能。
舞台工作区	Animate 操作界面中间的白色矩形被称为"舞台"，舞台是编辑和测试播放动画内容的地方，舞台的颜色可以根据需要设置调整。
时间轴	时间轴面板用以显示和管理图层与帧，通过时间轴可以设定物体出场的先后顺序，并能设置放大缩小、位移渐变和时间快慢等操作。
快捷工具栏	通过快捷工具栏，可以在舞台工作区实现绘制图形、编辑图形和放大工作区等操作。
属性栏	在属性栏中可以设置舞台大小、颜色、元件和对齐方式等。

二、时间轴的主要组件

时间轴的主要组件有图层、帧和播放头。图层位于时间轴左侧的一列中，每个图层中包含的帧显示在该图层名称右侧的一行中。帧是影像动画中最小的单位，是创建动画的基础，一帧就是一幅静止的画面，而连续的帧就可形成动画。Animate 中的帧分为空白关键帧、普通帧、过渡帧与关键帧。在时间轴上的蓝色竖线为播放头，在软件中的显示情况如图 6-4-5 所示，具体含义如表 6-4-2 所示。

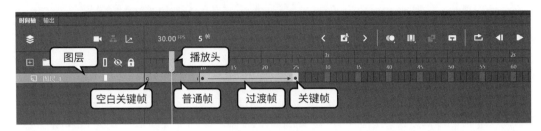

图 6-4-5 帧类型

表 6-4-2 Adobe Animate 时间轴的主要组件

时间轴的主要组件	含义
图层	图层就像是含有文字或图形等元素的胶片，一张张按顺序叠放在一起，组合起来形成页面的最终效果。在该图层上绘制和编辑对象，不会影响到其他图层上的对象。排列越前的图层，显示的优先级越高。
关键帧	指对象运动或变化中的关键动作所处的那一帧。任何动画要表现出运动或者变化，至少在运动或者变化前后要给出两个不同的关键状态，表示关键状态的帧叫关键帧。时间轴上实心圆点位置的帧就是关键帧。
空白关键帧	在一个关键帧里面什么对象也没有添加，这种关键帧被称为空白关键帧，主要用于在画面与画面之间形成间隔，在时间轴上以空心圆的形式显示。用户可以在其上绘制图形，一旦在空白关键帧中创建了内容，空白关键帧就会自动转变为关键帧。
普通帧	指延续关键帧（空白关键帧）状态的帧，起到延长关键帧的播放时间的效果，其中的内容与它的关键帧的内容完全相同。
过渡帧	在定义了起始关键帧和结束关键帧后，两者之间的帧被称为过渡帧。过渡帧是动画实现的详细过程，它能具体体现动画的变化过程，是在两个关键帧之间插入动画后由普通帧自动转化而成的。
播放头	播放头指示的是当前舞台中显示的帧。播放动画时，播放头在时间轴上从左向右移动。

三、元件和实例

元件是存放在元件库中可被重复使用的图形、按钮、动画或者声音。将元件从元件库拖到舞台上时，就产生了一个元件实例。当用户修改元件属性时，舞台上所有该元件的实例都会发生相同的改变；而通过实例面板修改实例属性，库中的元件和其他实例都不会发生改变。

元件的类型包括图形元件、按钮元件和影片剪辑元件，具体含义如表6-4-3所示。

表6-4-3 Adobe Animate 元件类型

元件类型	含义
图形元件	主要由静态图像转换而来，不能设置交互式控制和声音。
按钮元件	可用于创建能响应鼠标弹起、指示、按下、单击等动作的交互式按钮。
影片剪辑元件	可用于创建可重用的动画片段。

四、基础动画

（一）逐帧动画

逐帧动画是指在时间轴的每帧上绘制不同的内容，使其连续播放而形成的动画，其原理是在"连续的关键帧"中分解动画动作。由于逐帧动画需要在每帧上绘制内容，其动画具有非常大的灵活性，很适合于表演细腻的动画，如人物的急剧转身、头发的飘动、走路等。

下面以"马儿奔跑"动画为例，介绍制作逐帧动画的具体操作步骤。

将图片导入到库：单击【文件】选项，在列表中单击【导入】，选择【导入到库】选项，在弹出的【导入到库】对话框中选择图片存储位置，选中图片"奔跑的马1.jpg""奔跑的马2.jpg""奔跑的马3.jpg""奔跑的马4.jpg""奔跑的马5.jpg"和"奔跑的马6.jpg"，单击【打开】按钮，如图6-4-6所示。

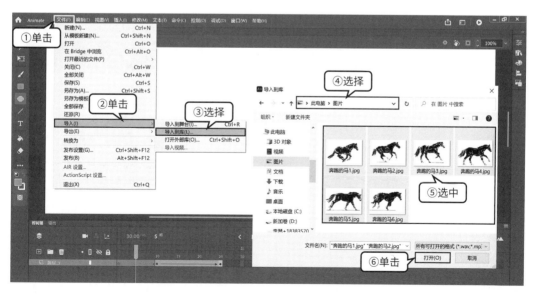

图6-4-6 将图片导入到库

在第1帧插入"奔跑的马1.jpg"图片：返回Animate软件编辑界面，单击界面右侧【库】属性栏，将"奔跑的马1.jpg"图片拖入舞台中，如图6-4-7所示；单击【对齐】属性栏，勾选【与舞台对齐】复选框，单击【水平中齐】按钮，单击【垂直中齐】按钮，如图6-4-8所示。第1帧的舞台效果图如6-4-9所示。

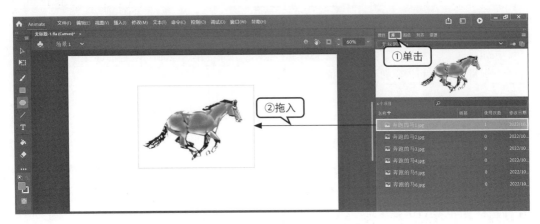

图6-4-7 将图片拖入舞台

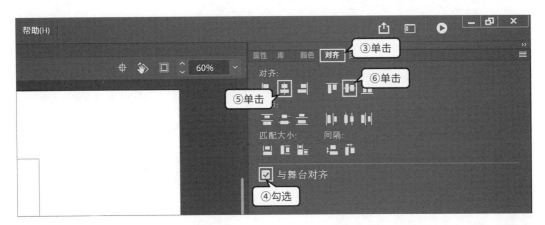

图6-4-8 设置图片对齐方式

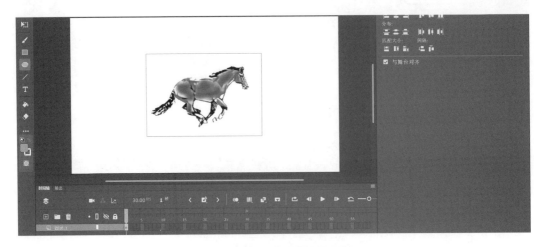

图6-4-9 第1帧的舞台效果图

在第 2 帧插入"奔跑的马 2.jpg"图片：右击第 2 帧，在列表中选择【插入空白关键帧】选项，如图 6-4-10 所示；将【库】属性栏中的"奔跑的马 2.jpg"图片拖入舞台中，并设置垂直居中与水平居中对齐方式。

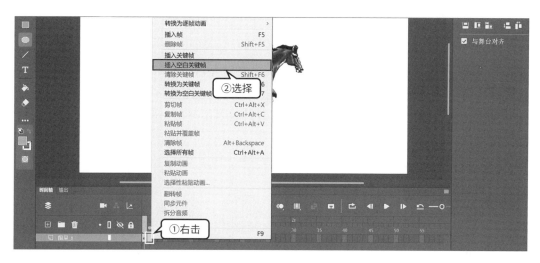

图 6-4-10 插入空白关键帧

为第 3、4、5、6 帧分别插入图片：采用上述相同步骤，分别在第 3 帧插入"奔跑的马 3.jpg"图片，第 4 帧插入"奔跑的马 4.jpg"图片，第 5 帧插入"奔跑的马 5.jpg"图片，第 6 帧插入"奔跑的马 6.jpg"图片，并设置垂直居中与水平居中对齐方式。

导出媒体：单击【文件】选项，在列表中单击【导出】，选择【导出视频/媒体】选项，在弹出的【导出媒体】对话框中单击【导出】按钮即可，如图 6-4-11 所示。

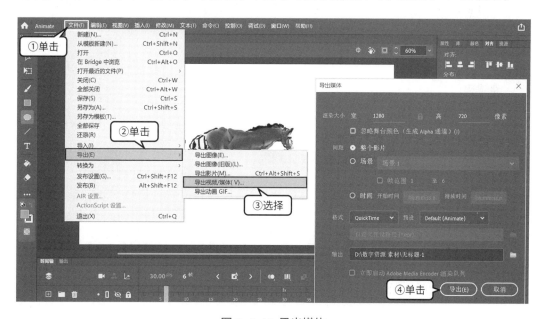

图 6-4-11 导出媒体

（二）补间动画

补间动画是指只需绘制两个关键帧的内容，两个关键帧中间部分的内容由软件自动生成，从而实现图画的运动。补间动画又分为形状补间与动作补间两类。

1. 形状补间

形状补间是指在时间轴上一个特定位置绘制一个形状，然后在另一个特定位置更改该形状或绘制另一个形状等，其动画效果是从一个形状随着时间轴流逝而变成另一个形状。形状补间动画可以实现一个图形变化为另一个图形，其中包括颜色、形状、大小和位置的变化，如正方形渐变为圆形，效果如图 6-4-12 所示。

图 6-4-12 形状补间动画效果示意图

在 Adobe Animate 中制作以上形状补间动画的具体步骤如下。

绘制正方形：单击时间轴上第 1 帧位置，单击【自动插入空白关键帧】，然后单击快捷工具栏中的【矩形工具】，接着按【Shift】键的同时，在舞台上按住鼠标左键拖动，绘制出一个正方形，如图 6-4-13 所示。

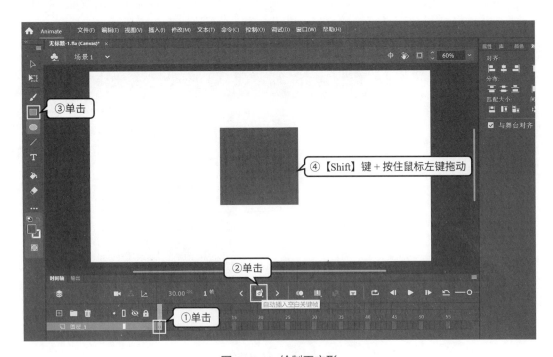

图 6-4-13 绘制正方形

设置对齐方式：选中正方形后，单击【对齐】属性栏，勾选【与舞台对齐】复选框，单击【水平中齐】按钮，单击【垂直中齐】按钮，如图6-4-14所示。

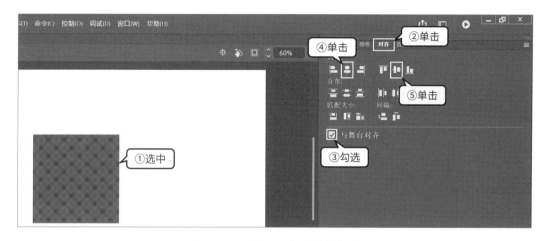

图6-4-14 设置正方形对齐方式

绘制圆形：单击时间轴上第50帧位置，单击【自动插入空白关键帧】按钮，如图6-4-15所示；然后单击【椭圆工具】按钮 ◯，接着按住【Shift】键的同时，在舞台上按住鼠标左键拖动，绘制出一个正圆形，如图6-4-16所示，并对刚才绘制的圆形进行居中对齐和垂直对齐操作。

图6-4-15 插入空白关键帧

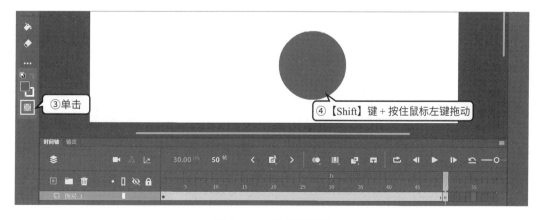

图6-4-16 绘制正圆形

插入形状补间：在时间轴上右击第 0 帧~第 50 帧之间的任意位置，选择【创建补间形状】选项，第 0 帧~第 50 帧之间出现黑色向右箭头，单击【播放】按钮即可预览形状补间动画效果，如图 6-4-17 所示。

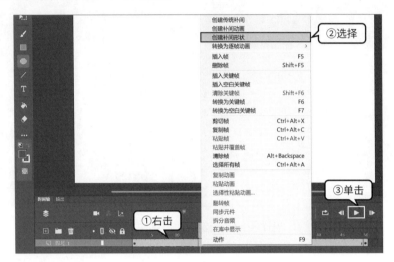

图 6-4-17 插入形状补间

2. 动作补间动画

动作补间更倾向于指物体由一个状态变成另一个状态，如物体的位置发生改变、从不透明变成透明等。

下面以"帆船移动"动画为例，介绍利用 Adobe Animate 制作动作补间动画的具体过程。

插入图片：插入"背景 .png"图片和"帆船 .png"图片两个元件，将"背景 .png"图片元件的实例放置于图层 _1，设置与画布同样大小，"帆船 .png"图片元件的实例放置于图层 _2，设置如图 6-4-18 所示的大小与位置。

图 6-4-18 插入图片元件

插入关键帧：右击时间轴上图层_1的第30帧位置，选择【插入关键帧】；再右击图层_2的第30帧位置，选择【插入关键帧】，如图6-4-19所示。

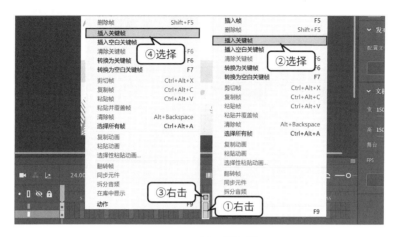

图6-4-19 插入关键帧

修改图片位置：首先确保播放头处于第30帧位置，然后鼠标左键按住"帆船.png"向正右方向拖动到如图6-4-20所示位置后，松开鼠标左键。

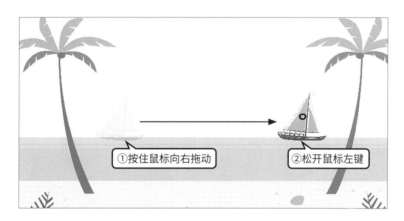

图6-4-20 修改图片位置

插入动作补间动画：在时间轴上单击图层_2的第0帧~第30帧之间的任意位置，单击【创建传统补间】按钮，弹出【将所选内容转换为元件以进行补间】对话框，单击【确定】按钮，第0帧~第30帧之间出现黑色向右箭头，单击【播放】按钮即可预览形状补间动画效果，如图6-4-21所示。

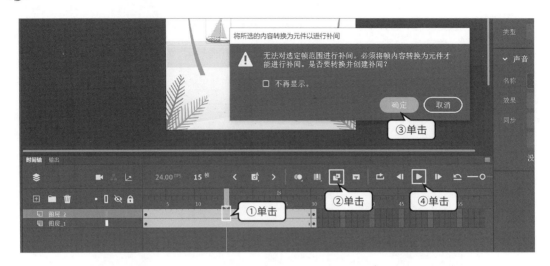

图 6-4-21 插入动作补间动画

(三) 遮罩动画

遮罩动画是指运用遮罩制作而成的动画。遮罩动画主要有两种用途：一种用途是用在整个场景或某一特定区域中，使场景外的对象或特定区域外的对象不可见，如使用文字动态显示画面背景，文字外的场景不显示，从而制作出酷炫的片头动画，如图 6-4-22 所示；另一种用途是用来遮罩某一元件的一部分，从而实现一些特殊的效果，如用"地球自转"视频遮挡住手中托着的水晶球，从而呈现出一个手中托着自转地球的动画效果，如图 6-4-23 所示。

图 6-4-22 文字遮罩动画效果

图 6-4-23 地球自转动画效果

下面以"地球和地球仪"片头动画为例,介绍制作遮罩动画的具体操作步骤。

设置舞台颜色:新建标准视频,在【属性】属性栏中的【文档】选项卡中,单击【舞台】右侧的颜色按钮,在弹出的默认色板中选择【黑色】,如图6-4-24所示。

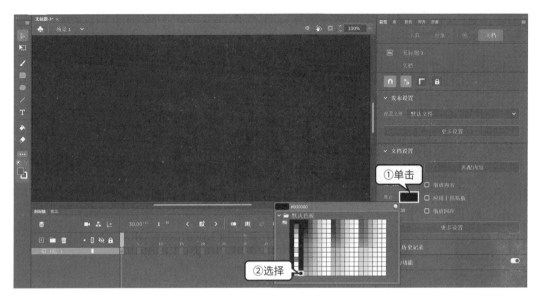

图 6-4-24 设置舞台颜色

导入图片:单击【文件】选项,单击【导入】,在弹出的列表中选择【导入到舞台】选项,弹出【导入】对话框,选择图片存储位置,选中"蓝色立体网线抽象点线地球.png"图片,单击【打开】按钮,如图6-4-25所示。

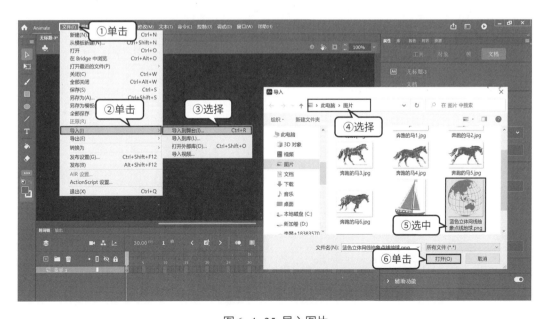

图 6-4-25 导入图片

设置图片大小与对齐方式：单击属性栏中的【对象】选项卡，在【高】的右侧输入框中输入"720"，单击【对齐】属性栏，单击【水平中齐】按钮，如图6-4-26所示。

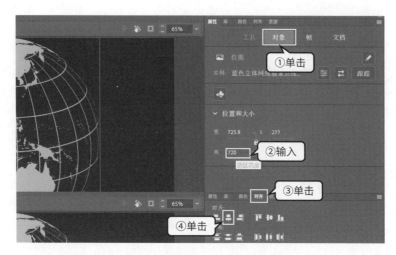

图6-4-26 设置图片大小与对齐方式

输入标题文本并设置其样式：单击【新建图层】按钮，单击【文本工具】按钮，在舞台中单击并输入"地球和地球仪"文字，单击【选择工具】，选中文本框，在【字符】下方输入框中输入"隶书"，大小输入"96pt"，字间距输入"27"，填充选择"白色"，如图6-4-27所示。

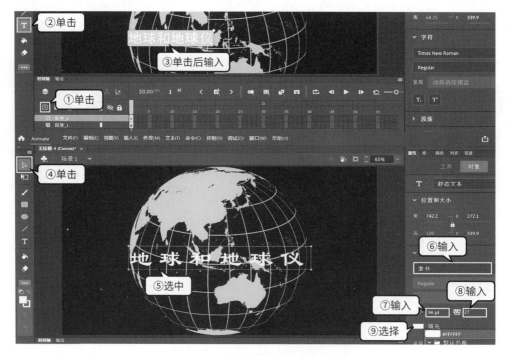

图6-4-27 输入标题并设置样式

绘制圆形：单击【新建图层】按钮，单击【椭圆工具】，按键盘上的【Shift】键的同时拖动鼠标绘制出正圆，如图 6-4-28 所示。

图 6-4-28 绘制圆形

插入帧：选中图层_1 和图层_2 第 25 帧后右击，在弹出的列表中选择【插入帧】，选中图层_3 第 25 帧后右击，选择【插入关键帧】，如图 6-4-29 所示。

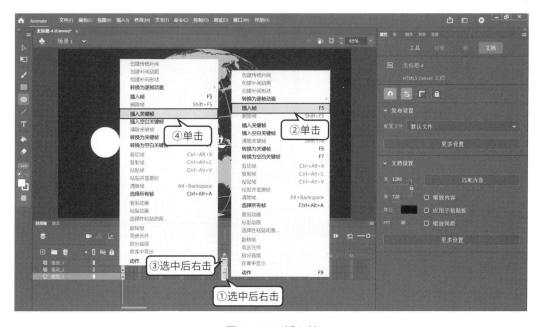

图 6-4-29 插入帧

创建圆形补间形状动画：在图层_3 第 25 帧位置拖动白色圆形至"地球和地球仪"文字右侧，右击图层_3 第 11 帧，选择【创建补间形状】，如图 6-4-30 所示。

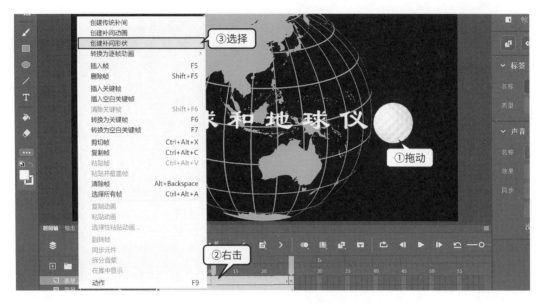

图 6-4-30 创建补间形状动画

设置遮罩效果：右击图层_3，在弹出的列表中选择【遮罩层】，如图 6-4-31 所示。

图 6-4-31 选择遮罩层

延长"地球和地球仪"文字显示状态：选中图层_1 和图层_2 第 50 帧后右击，在弹出的列表中选择【插入帧】，如图 6-4-32 所示。

导出媒体：单击【文件】选项，在列表中单击【导出】，选择【导出视频/媒体】选项，在弹出的【导出媒体】对话框中单击【导出】按钮即可，如图 6-4-33 所示。

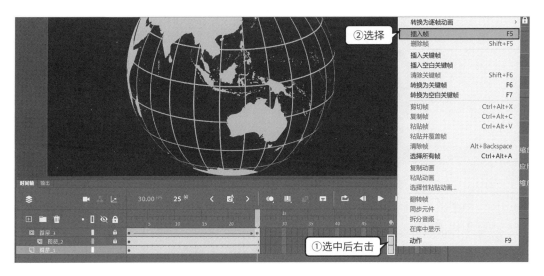

图 6-4-32 插入帧

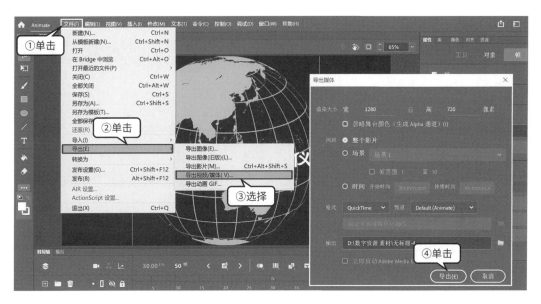

图 6-4-33 导出媒体

6.4.2 《汉字演变》动画制作

汉字以其独特的形式记载并传承着中华文化，凝聚着中华民族智慧的结晶。在"汉字演变"课堂上，张老师想以"羊"字为例来展示汉字演变的过程。相比于图片，动画形式更加生动形象。于是，张老师决定利用 Adobe Animate 软件的形状补间动画功能来制作一个简单的"羊"字演变过程动画，如图 6-4-34 所示。那么，张老师该如何实现呢？

275

演变过程

甲骨文　　　金文　　　小篆　　　隶书

图 6-4-34 "羊"字演变过程

一、新建文件

新建【标准视频】文件：打开 Adobe Animate 软件后，单击【文件】选项卡，单击【新建】命令，如图 6-4-35 所示；在弹出的【新建文档】对话框中单击【教育】，选择【标准视频】，在【帧速率】下方输入框中输入【25】，最后单击【创建】按钮，如图 6-4-36 所示。

图 6-4-35 单击【新建】命令

图 6-4-36 创建文件

二、调整窗口大小与舞台背景

调整窗口大小：单击舞台工作区右上角的下拉键，选择【符合窗口大小】，如图 6-4-37 所示。

图 6-4-37 调整窗口大小

选择舞台背景：单击【属性】选项卡，单击【文档】栏，单击【舞台】右侧色块，在打开的色盘中选择一个温和的浅色作为舞台背景，如图 6-4-38 所示。

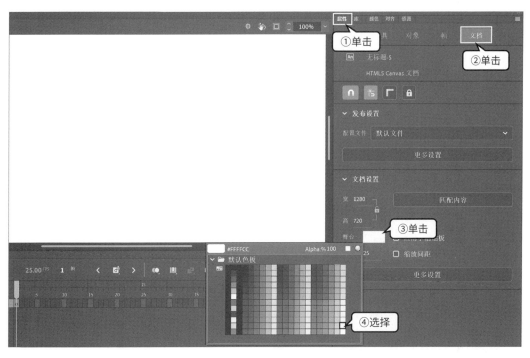

图 6-4-38 选择舞台背景

三、制作"羊"字演变过程

"羊"字的演变过程为甲骨文→金文→小篆→隶书，下面介绍制作"羊"字演变过程的具体操作步骤。

绘制"羊"字的甲骨文字形：单击快捷工具栏中的【流畅画笔工具】，在【属性】选项卡中的【工具】栏下，选择【填充】颜色为"黑色"，并适当调整画笔的大小、角度和锥度等选项，最后依据图像资料，在舞台上绘制"羊"字的甲骨文字形，设置水平居中与垂直居中对齐方式，如图6-4-39所示。

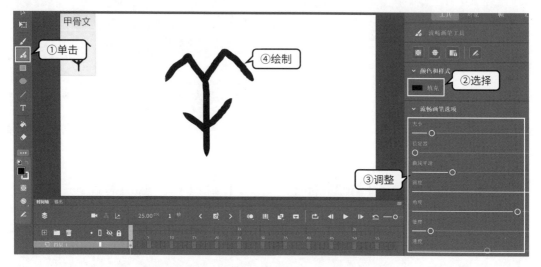

图 6-4-39 绘制"羊"字甲骨文字形

绘制"羊"字金文字形：单击时间轴上图层_1的第25帧位置，单击【自动插入空白关键帧】，然后使用流畅画笔工具，依据图像资料在舞台上绘制"羊"字的金文字形，如图6-4-40所示。同理，在图层_1第75帧绘制"羊"字的小篆字形，在图层_1第125帧绘制"羊"字的隶书字形。

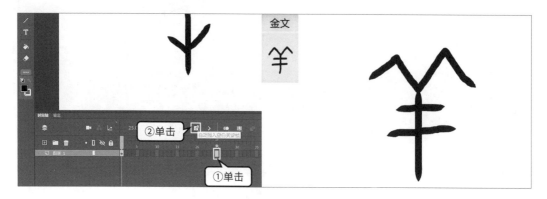

图 6-4-40 绘制"羊"字金文字形

小贴士

插入"羊"字的隶书文字稍有不同，首先需要使用文本工具输入"羊"字，并设置字体为隶书，然后将文本"羊"转变为形状"羊"（在 Adobe Animate 中只有形状对象才能任意变形)。

修改文本字体：单击时间轴上图层_1第125帧位置，单击【插入空白关键帧】，然后单击【文本工具】，在舞台上单击并输入文字"羊"；接着在【属性】选项卡中的【对象】栏中输入字符字体为"隶书"，如图6-4-41所示。

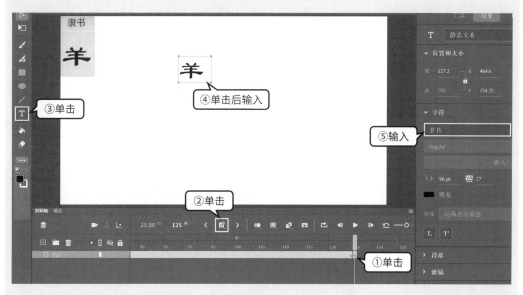

图6-4-41 输入文本

将文本转为形状：设置好"羊"字大小及对齐方式后，右击"羊"字，在出现的菜单中选择【分离】即可，如图6-4-42所示。

图6-4-42 将文本转为形状

插入形状补间：在时间轴上单击图层_1第1帧~第25帧之间的任意位置后右击，单击【创建补间形状】；单击第1帧位置将时间轴上的播放头定位到第1帧，单击【播放】按钮，如图6-4-43所示，可以看到舞台上播放的形状补间动画如图6-4-44所示。同理，在图层_1第50帧~第75帧、第100帧~第125帧之间分别插入形状补间。

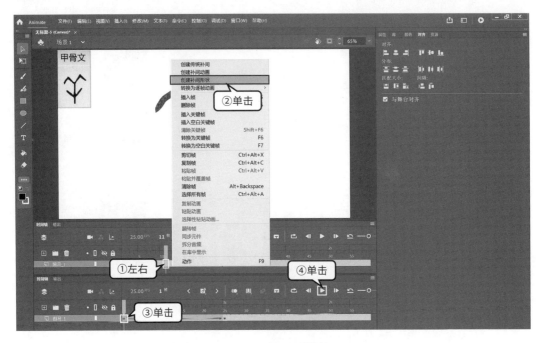

图6-4-43 插入形状补间

图6-4-44 "羊"从甲骨文到金文的演变过程

从图6-4-44可以看出字形的变化过程较为混乱，这时可以通过"添加形状提示"使变化过程更加流畅。形状提示会标识起始形状和结束形状中间相对应的点，最多可以使用26个形状提示（从字母a到z）。

添加形状提示：单击时间轴上图层_1第1帧位置，然后单击【修改】菜单，单击【形状】下的【添加形状提示】选项，如图6-4-45所示；此时舞台上出现形状提示点a，如图6-4-46所示；接着依次添加形状提示点b、c、d，分别移动到如图6-4-47所示位置。

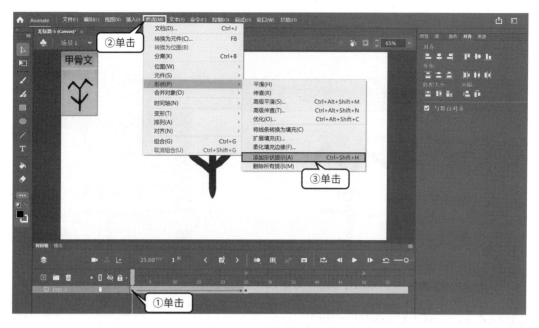

图6-4-45 添加形状提示

图6-4-46 形状提示点a

图6-4-47 添加b、c、d形状提示点

小贴士

添加形状提示的快捷键是【Ctrl】+【Shift】+【H】。

调整形状提示点位置：单击时间轴上图层_1第25帧位置，此时舞台上的形状提示点a、b、c、d重叠在一起，将形状提示点分别移动到如图6-4-48所示的位置；将时间轴上的播放头拖动到第1帧位置并进行播放，可以看到舞台上播放的形状补间动画如图6-4-49所示，相较于添加形状提示点之前流畅了很多。同理，在图层_1第50帧插入如图6-4-50所示的形状提示点，在第75帧将形状提示点移动到如图6-4-51所示的位置；在第 100 帧插入如图 6-4-52 所示的形状提示点，在 125 帧将形状提示点移动到如图 6-4-53 所示的位置。

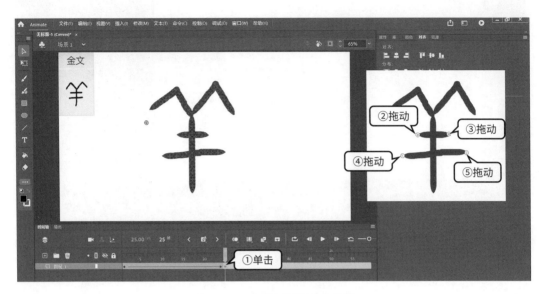

图 6-4-48 调整形状提示点位置

图 6-4-49 "羊"从甲骨文到金文的演变过程（添加形状提示点后）

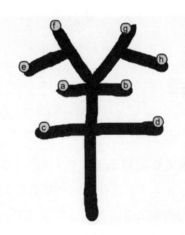

图 6-4-50 在第 50 帧插入形状提示点　　图 6-4-51 在第 75 帧修改形状提示点位置

图6-4-52 在第100帧插入形状提示点　　图6-4-53 在第125帧修改形状提示点位置

"羊"字由甲骨文演变为金文后，应该停留一定时长，让观看者看清变化后的效果，而不是立即变为下一个字形。

设置金文"羊"字的延长时间：适当拖动圆圈调整时间轴至合适大小，然后在时间轴上右击图层_1第50帧的位置，选择【插入关键帧】，如图6-4-54所示；此时在第50帧的舞台上保留金文"羊"字，时间轴上第25帧与第50帧之间自动添加了形状补间。同理，在时间轴上图层_1第75帧~第100帧、第125帧~第150帧之间分别插入关键帧。

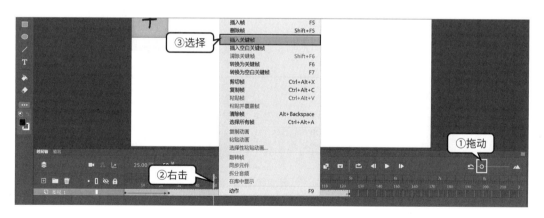

图6-4-54 设置延长时间

最后需要延长整个动画的起始状态，下面简要介绍其操作步骤。

延长起始状态：在时间轴上图层_1的第1帧之后再连续插入24帧，即延长甲骨文24帧显示时间；单击时间轴上图层_1第1帧处的关键帧，然后按住该关键帧向右拖动至第25帧位置后松开鼠标，即将原本的第1帧上的关键帧移动至第25帧的位置，如图6-4-55所示；在第25帧处右击甲骨文"羊"，在弹出的菜单中选择【复制】；然后单击第1帧处，右击舞台任意处，在弹出的菜单中选择【粘贴到中心位置】，如图6-4-56所示。

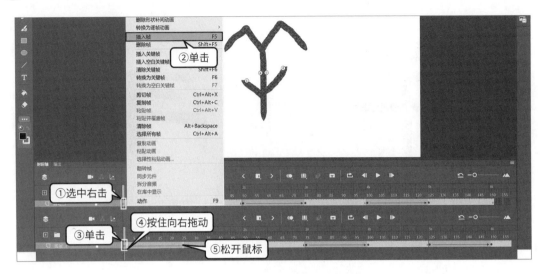

图 6-4-55 插入帧并移动关键帧

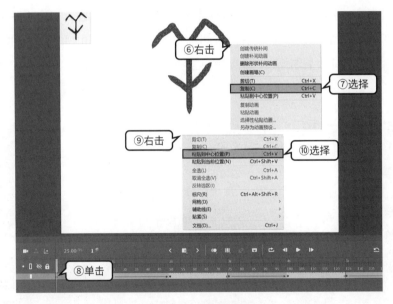

图 6-4-56 复制关键帧

四、保存与导出

保存工程文件：单击【文件】选项下的【保存】命令，在弹出的【另存为】对话框中选择目标文件夹，输入文件名后单击【保存】按钮，如图 6-4-57 所示。

导出 GIF 文件：单击【文件】选项，选择导出下拉菜单中的【导出动画 GIF】命令，如图 6-4-58 所示；随即弹出【导出图像】对话框，如果想导出透明背景，在对话框中勾选【透明度】，单击【保存】按钮后，在弹出的【另存为】对话框中输入文件名，单击【保存】按钮，如图 6-4-59 所示。

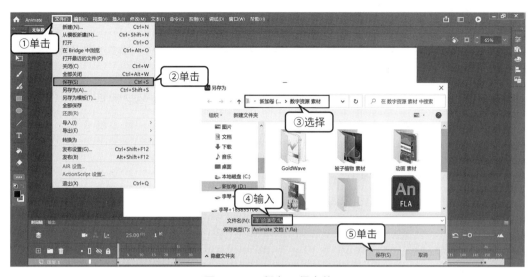

图 6-4-57 保存工程文件

图 6-4-58 选择【导出动画 GIF】

图 6-4-59 导出 GIF 文件

本章小结

- 动画是一种重要的数字化教学资源,从用户交互角度,可以将动画资源分为演示型动画和交互型动画。
- 动画常见的格式有 GIF 格式、MB 格式、SWF 格式和 FLA 格式四种。
- 动画资源在教学中的应用有:展现事物的发展变化过程、抽象概念直观化表达和模拟实验实时交互等。
- 可以通过网络下载和软件制作的方式获取动画资源。
- 常用的动画编辑工具:Adobe Animate、快剪辑、QQ影音和格式工厂等。

操作题

1. 通过网络下载的方法获取关于"地球公转"的二维或三维动画资源。
2. 请使用 Adobe Animate 软件制作一段"平抛运动"的动画。

本章彩图
扫码可看

第七章　课件资源设计与制作

学习目标

- 了解课件资源的类型；
- 了解课件资源的教学应用情境，能够在教学中巧妙运用课件资源；
- 了解课件资源的平台及常用的课件制作工具；
- 掌握演示型课件和交互式课件的制作方法，并能够按照教学需求制作课件。

 知识图谱

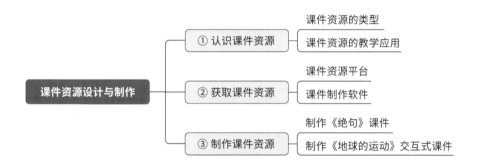

7.1 认识课件资源

7.1.1 课件资源的类型

课件是根据教学大纲的要求，经过教学目标确定、教学内容和任务分析、教学活动结构设计及界面设计等环节，制作而成的与课程内容直接联系的集文字、图像、声音、视频、动画等素材于一体的多媒体资源。根据教学对象、教学内容、使用环境与教学目标的不同，教学中经常使用的课件资源有演示型课件、自学型课件、游戏型课件和仿真型课件等。

一、演示型课件

演示型课件利用文本、图像、视频、音频和动画等元素，将所涉及的事物、现象和过程再现于课堂教学之中，或将教师的教学过程按照教学要求逐步呈现给学生。[①] 如利用文本、图表的形式来呈现教学内容的题目、要点、概括和总结；用图表、图像、视频和动画等元素演示统计数据、自然过程、社会现象和操作过程。[②]

例如：物理教师韩老师从学习目标、新知探究、本课小结和随堂练习四个部分设计与制作了《熔化和凝固》演示型课件。在新知探究环节，韩老师利用动图展示铁在高温下变成液态的过程、氮气变成固态的过程，如图7-1-1所示。利用动图展示物体形态的变化过程，有助于学生理解、掌握抽象知识。

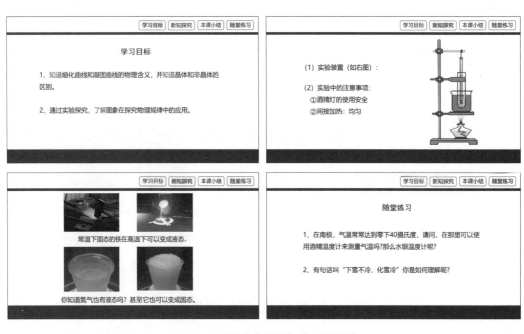

图 7-1-1 《熔化和凝固》演示型课件

二、自学型课件

自学型课件是以学生为主体，以多媒体为手段，以自主学习为核心的课件。设计与制作自学型课件时，应注意以下几点：一是要融合图、文、声、像等多种媒体元素，整合表达信息，使教学信息图文并茂、生动逼真；二是要体现交互性，使学生能根据自己的需要选择学习内容、根据学习需要跳转至其他学习内容；三是应为学生提

[①] 陈梅琴. 多媒体课件制作实训教程[M]. 武汉：武汉大学出版社，2016：2.
[②] 张军征. 多媒体课件设计与制作基础[M]. 北京：高等教育出版社，2004：110—111.

供较多的参考资源和扩展内容，为学生就某一学科或某一知识点提出自己的见解提供条件。

例如：八年级历史《太平天国运动》的课件截图，如图7-1-2所示。首先，该课件综合利用图片、文字、视频等媒体元素呈现知识，有助于吸引学生的学习注意力；其次，该课件提供了菜单导航和交互按钮，交互性较强，学生可以根据自己的需要随意跳转到任意教学部分，还可以单击交互按钮查看参考答案；最后，课件还提供了拓展学习内容，其视频资源可以启发学生的思考。

图7-1-2 《太平天国运动》自学型课件

三、游戏型课件

游戏型课件是指将教学大纲所规定的知识以一种寓教于乐的形式呈现出来的课件类型。该类型的课件应具有明确的教学性，且具有游戏的基本特征，如应具有竞争性和挑战性，有明确的游戏规则、游戏目标，等等。游戏型课件可用于教学过程的多个阶段，该类型课件能使学生通过做游戏的方式掌握知识、提高能力，能有效激发学生的学习兴趣，促使学生投入更多的时间和精力在学习活动中。

例如：关于元音字母学习的游戏型课件，如图7-1-3所示。该课件通过"摘苹果"进篮子的游戏，让学生将元音字母与其相应的单词相匹配，促进学生理解元音字母的具体应用。

图 7-1-3 "元音字母"游戏型课件

四、仿真型课件

仿真型课件是指利用计算机交互动画来展示抽象事物的原理，如模拟真实的自然和社会现象，模拟各种实验中的变化过程。在设计与制作仿真型课件时应注意以下三点：要根据课程内容和教学需求来设计仿真型课件；课件制作应能反映出客观的规律；课件应形象直观，便于学生观察。仿真型课件的使用，可以解决某些不具备实验的硬件环境、实验操作具有危险性的问题，在物理、化学及数学等学科的实验展示方面具有较大优势。

例如：在讲授八年级物理《光的直线传播》时，李老师通过仿真型课件，展示小孔成像的现象，如图 7-1-4 所示，以帮助学生理解光的直线传播知识。该课件立体化地、形象直观地展示了小孔成像的现象及具体参数，为学生理解小孔成像的原理提供了资源支持。

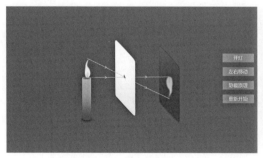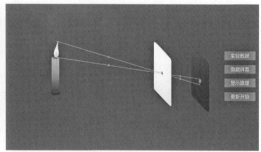

图 7-1-4 《光的直线传播》仿真型课件

7.1.2 课件资源的教学应用

课件辅助教学已被广泛用于各级各类学校中。在教学中，课件主要应用于自主学习、课堂教学和拓展训练三个方面。

一、应用于自主学习

应用于自主学习的课件强调以学习者为中心，一般具有相对完整的知识结构，并为学生提供了相应的形成性练习。学生利用课件进行自主学习，一般发生在课前或课后：课前学生自主学习以知识预习为出发点，课后自主学习则是以巩固知识为目的。学生在利用课件进行自主学习时，可以根据自身知识掌握情况，自主选择学习内容，自主控制学习进度，以实现个性化学习。

例如：六年级数学《负数》教学课件的截图，如图7-1-5所示。该课件综合运用了文字、图片、动画和音频等媒体形式以及触发器交互方式，完整呈现了学生的学习流程；且该课件通过导航栏及其跳转按钮增强了学生与课件的交互性，学生可以根据自己的学习掌握情况，自主控制学习进度，提高其自主学习效果。

图 7-1-5 应用于自主学习

二、应用于课堂教学

在课堂中，教学课件主要用于辅助教师讲授知识，促进学生掌握重难点知识、精准掌握学习内容；教师利用包含多种媒体资源的课件解释抽象概念，不仅有助于学生直观地理解抽象知识，还能有效吸引学生的注意力；教师利用课件呈现课堂习题，既有助于学生及时巩固知识，也有助于提高课堂教学效率。

例如：八年级物理《光的折射》教学课件，如图7-1-6所示。在课堂导入环节，教师利用课件播放视频，吸引学生注意力；在新知讲授环节，教师借助课件展示重点内容，通过模拟实验引导学生探究问题，使复杂的知识简单化，促进学生对重难点知识的掌握；在课堂检测环节，教师借助课件展示习题，检测学生的课堂学习效果。

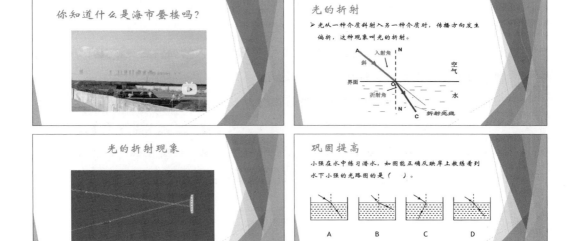

图 7-1-6 应用于课堂教学

三、应用于拓展训练

课堂学习结束后，学生利用课件进行拓展训练，对课堂学习内容的掌握情况进行检测，对知识点进行系统梳理。这有利于他们实现自我评价、查漏补缺、拓展提升，帮助他们梳理知识间的关系，形成系统的知识框架。

例如：七年级数学《三角形全章复习》教学课件，如图 7-1-7 所示。其主要内容是习题检测、习题解析和知识总结。学生在课后完成习题后，通过人机交互自主查看答案和解析过程，及时查漏补缺并明晰习题内含的知识；在知识总结部分，学生在课件的辅助下，对知识进行梳理，明确知识点之间的关系，以形成系统的知识体系。

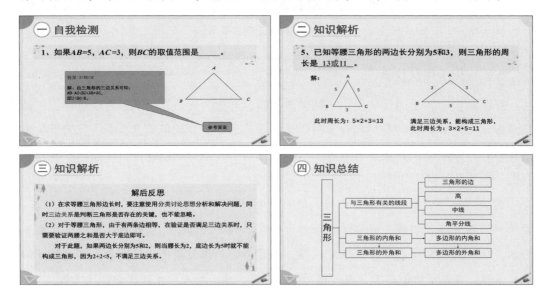

图 7-1-7 应用于拓展训练的课件

7.2 获取课件资源

7.2.1 课件资源平台

一、中国教育出版网

中国教育出版网（http://www2.zzstep.com）是一家以数字教育全媒体出版与数字内容全屏服务为主营业务的数字资源运营平台[①]，该网站首页如图7-2-1所示。该平台的数字教学资源丰富，主要面向小学、初中和高中的教师群体，提供十五门学科的电子教材、同步学案、多媒体课件、习题库和试卷库等多种数字化教学资源。其中课件资源库中包含人教版、统编版和北师大版等十多种版本的课件，可以满足不同地区小学、初中、高中教师对课件资源的需求。

图7-2-1 中国教育出版网首页

下面以中国教育出版网为例，讲解下载"初中语文统编版七年级上册第一单元《春》课件"的具体操作。

选择教材版本：在浏览器地址栏单击输入中国教育出版网网址"http://www2.zzstep.com"，完成账号登录，然后在网站的"资源导航"栏中单击初中语文的教材版本【统编版】，如图7-2-2所示。

[①] 菁巧教育. 广州壹方教育加入中国智慧工程研究会智能创新教育工作委员会 [EB/OL].（2021-12-22）[2024-02-18]. https://baijiahao.baidu.com/s?id=1719810822731308426&wfr=spider&for=pc.

图 7-2-2 选择教材版本

下载课件：在弹出的页面中单击【课件】，再单击"统编版七上《春》课件（2课时）"右侧的【立即下载】；在弹出的页面中，单击页面下方的【开始】按钮预览课件，再单击右上角的【立即下载】按钮下载该课件，如图 7-2-3 所示。

图 7-2-3 下载课件

二、21 世纪教育网

21 世纪教育网（https://www.21cnjy.com）是面向全国中小学一线教师和学生的数字化教学资源服务平台，该网站首页如图 7-2-4 所示。该平台提供小学、初中及高中各年级、各学科、各版本教材的课件、教案、试卷、学案及备考等课程配套资源。该平台的课件分为面向教师的备课课件和面向学生的备考课件两大类，教师的备课课件又分为同步课件、精讲课件、复习课件和测试课件；学生的备课课件分为会考、开学考、月考、期中、期末、寒假、暑假、竞赛、素材等各阶段考试课件。该网站课件资源总量达 180 多万套，分类完备，检索方便。

图 7-2-4 21 世纪教育网首页

三、第 1PPT

第 1PPT（http://www.1ppt.com）是国内最早一批从事 PPT 模板下载服务的专业网站，该网站首页如图 7-2-5 所示。该网站的课件资源种类丰富，栏目分类明确，其课件模板分为通用类、行业类、优秀类和节日类，具体包括教育培训、毕业答辩和个人简历等多种主题。除此之外，该网站还提供语文、数学、英语、科学、化学和地理等十多门学科的 PPT 课件模板，能满足小学、初中、高中各年级的课件教学需求，且站内所有资源均可免费下载。

图 7-2-5 第 1PPT 网站首页

7.2.2 课件制作软件

一、PowerPoint

PowerPoint是一款演示文稿软件，可以制作出内容丰富、表现力强的电子幻灯片，PowerPoint界面如图7-2-6所示。PowerPoint集成文字、图片、声音、动画、视频等多种媒体素材，并赋予它们动态交互的特性，使静态的事物更加生动形象，使抽象的概念知识更加直观具体。利用PowerPoint的交互功能，教师可以设计相应的课堂测试题或课堂活动，以提高学生的课堂参与度和学习积极性。此外，PowerPoint的课件演示功能不仅能让教师自行排练计时，还能在计算机屏幕、投影仪上同步播放。

图7-2-6 PowerPoint界面

iSpring Suite 9（https://www.ispringchina.cn/ispring-suite）是一款交互式PPT课件创建工具，内嵌于PowerPoint后，即可将普通的教学课件转换成高效的交互式课件，其功能界面如图7-2-7所示。

在交互功能方面，iSpring Suite 9主要具有建立交互式评估、创建模拟情境对话和创建在线交互三大交互功能。交互式评估，是指利用iSpring工具创建具有媒体、视频、拖放、分支和灵活的评分和测试，教师以此创建交互式课堂测验题来巩固课堂所学知识；创建模拟情境对话，即利用iSpring内置的TalkMaster工具中的背景和人物角色组件库，开发具有交互功能的实际对话情境，如将模拟情境对话应用于英语教学中，不仅能帮助学生保持学习的注意力，营造积极互动的课堂氛围，还有助于提高学生的英语口语、听力和沟通能力；创建在线交互，即通过 iSpring e-Learning 交互，使学习材料更加直观。

图 7-2-7 iSpring Suite 9 功能界面

二、希沃白板

希沃白板是一款针对课堂教学场景而设计的互动课件平台，能为教师提供有关基础教育的云课件、课堂活动、学科工具等支持。希沃白板中的课件库资源涵盖基础教育阶段各年级、各学科、各版本教材的内容，包括同步课程、知识精讲、复习巩固和测试题等不同类型的课件；课堂活动如趣味分类、超级分类、选词填空、知识配对、分组竞争等，以游戏化形式呈现知识点，是游戏化教学在课堂教学中的体现；希沃白板根据各学科特点与需求，提供了汉字、拼音、古诗词、几何、函数、英汉字典、化学方程式、星球、乐器等专属学科工具，满足了各学科教师的备课、授课需求。希沃白板软件界面如图 7-2-8 所示。

图 7-2-8 希沃白板界面

三、101 教育 PPT

101 教育 PPT 是一款服务教师用户的备课、授课软件，内含百万级的教学资源以及贴合教材版本的课件素材，可实现一键备课。[①]该软件提供的教学资源涵盖了电子教材、教案、课件等素材，并提供了人教版、北师大版和苏教版等国内主流教材版本；

---

① 101 教育 PPT：课件制作工具 [EB/OL]. [2024-02-18]. https://baike.baidu.com/item/101%E6%95%99%E8%82%B2PPT/19688012?fr=aladdin.

覆盖了包括K12阶段、中职、高职及本科在内的语文、数学、英语、物理、化学、地理、生物、历史、政治等几十门学科。该软件中的课件资源均可免费下载使用，能够实现PC端和移动端的同步。101教育PPT软件首页如图7-2-9所示。

图7-2-9 101教育PPT界面

四、HTML5课件制作工具

（一）易企秀

易企秀是一款免费的HTML5页面制作工具，支持在线创作HTML5课件，支持移动端和PC端同步创作。用户可利用该平台提供的HTML5模板进行个性化设计，也可在新的空白HTML5课件上进行自主创作。易企秀可插入的HTML5课件交互式组件主要有视觉、功能、表单、微信和活动五大模块，各个模块的具体交互功能如图7-2-10所示。

图7-2-10 易企秀HTML5添加交互模块

（二）兔展

兔展是一款免费的HTML5页面生成平台，在HTML5的交互功能方面，兔展的"组件"模块可以实现点赞、留言、图片上传和选择展示清单等功能，能够作为课堂小组活动中作品展示的辅助工具。此外，"表单"模块中的单选选择、多选选择、五星评分和提交按钮等功能可以帮助教师实现随堂测试和作业提交，如图7-2-11所示。

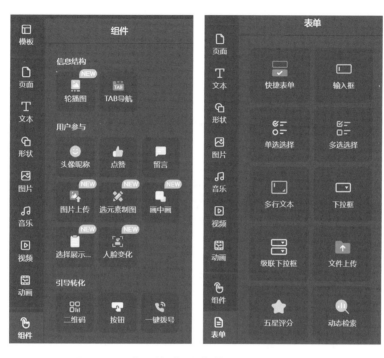

图7-2-11 兔展的"组件"模块和"表单"模块

（三）Epub360

Epub360是一款通过浏览器在线使用的HTML5交互设计平台，无须编程即可设计、制作并发布HTML5内容，具备动画控制、交互设定、社交应用和数据应用等功能。[①]在交互功能方面，Epub360在"互动组件"和"高级组件"中均具备交互功能选项。其中，"互动组件"中的签到、投票、任务列表功能可以帮助教师记录考勤、实现小组投票、发布学习任务，如图7-2-12所示；"高级组件"中的"交互组件"组可以辅助教师制作测试题、组织课堂交互活动等，如图7-2-13所示，教师可根据教学内容和教学需求灵活选择。

---

① epub360：面向交互设计师的H5交互内容设计软件[EB/OL]. [2024-02-18].https://baike.baidu.com/item/epub360/23177801?fr=aladdin.

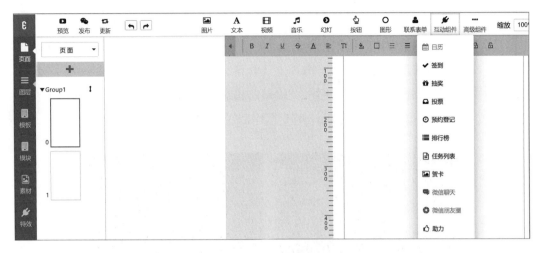

图 7-2-12 Epub360 中的"互动组件"

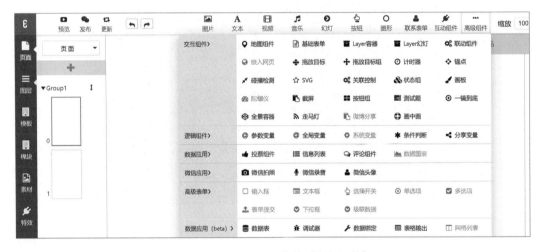

图 7-2-13 Epub360 中的"高级组件"

7.3 制作课件资源

7.3.1 制作《绝句》课件

> 杜甫《绝句》("迟日江山丽")言简义丰，具有凝练与跳跃的特点。为了更好地带领学生感受诗中的语言美、韵律美与意境美，感悟诗人热爱春天、热爱大自然的思想感情，语文教师打算设计与制作《绝句》这节课程内容的教学课件，运用丰富的多媒体素材资源帮助学生更好地理解这首古诗。

图 7-3-1 《绝句》课件案例效果图

一、选题分析

《绝句》是统编版三年级下册语文第一单元《古诗三首》中的第一首诗，古诗描绘了明净绚丽的春景、喧闹夸张的动物嬉闹场景。仅通过诗歌朗诵，三年级学生难以体会到诗歌描述的生动景象，而图片、音视频与动画等多媒体元素可以创造良好的教学情境，帮助学生更好地观察、品味古诗中的春景。因此，教师可以制作 PPT 教学课件来辅助教学。

二、教学设计

（一）呈现内容

课件中呈现的内容包括：与本诗相关的视频，古诗全文，"融""燕""鸳""鸯"几个生字及"融""燕"的正确写法,诗句的含义及诗歌寄托的情感。

(二)呈现形式

课件采用文本+图片+视频+动画的形式来呈现教学内容。

(三)课件结构设计

本案例课件布局采取直线式结构,包括封面页、目录页、内容页和结束页。本案例教学环节为:

1. 教师初步介绍诗人创作本诗的背景,学生观看《绝句》相关视频,感受诗歌的韵律美;
2. 学生自由朗读诗歌,教师领读诗歌并帮助学生扫清字词障碍;
3. 教师带领学生掌握诗歌中的生字;
4. 学生深入研读诗歌,描述本诗内容,根据诗歌所描绘的画面,体会诗人所要表达的情感;
5. 学生完成测验,检验学习成果;
6. 教师带领学生梳理、总结本节课所学内容。

基于上述教学环节,该PPT课件的结构为:情境导入、初读古诗、生字识别、解读诗意、课堂检测和课堂总结六大部分。

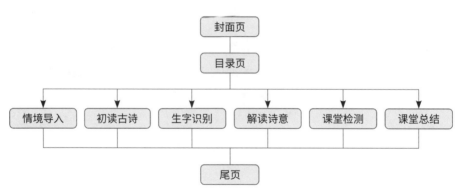

图7-3-2 《绝句》课件结构图

三、脚本设计

表7-3-1 《绝句》课件脚本设计表

课题名称		古诗《绝句》		
页面序号	教学环节	页面内容	媒体形式	说明
1	/	封面页:标题、作者	文本	字体:隶书
2	/	目录页:教学环节	文本	形状超链接;字体:隶书
3	情境导入	从生活情境导入春天的主题	文本、图片	字体:黑体;春天图片
4		作者简介	文本、图片	字体:黑体;作者图片

（续表）

页面序号	教学环节	页面内容	媒体形式	说明
5	初读古诗	《绝句》的朗诵视频	视频	MP4 格式
6		古诗的朗读节奏划分	文本、图形	字体：楷体
7	生字识别	"融""燕""鸳""鸯"的文字、拼音与田字格形状	文本、图形	文字字体：楷体；输入拼音。
8		"融"的易错点和书写 GIF 动图	文本、图形、图片、书写 GIF 动图	字体：楷体与黑体
9		"燕"的易错点和书写 GIF 动图		
10	解读诗意	前两句古诗的解读	文本、图形、图片	制作标注和图片的呈现动画
11		后两句古诗的解读		
12	课堂检测	选择题：辨别字的读音	文本、图形	制作"√"出现的动画；字体：黑体与楷体
13		填空题：补全古诗	文本	制作答案出现动画；字体：黑体与楷体
14	课堂总结	课堂总结内容	文本	使用 SmartArt 制作
15	/	结束页：谢谢	文本	字体：隶书

四、素材准备与课件制作

（一）素材准备

本案例所使用的多媒体素材类型有文本、图片（静态图片、GIF 动图）和视频等，具体内容如表 7-3-2 所示。

表 7-3-2 《绝句》课件素材准备表

素材类型	素材内容	获取途径	前期处理
文本	古诗、古诗解析、作者简介、课堂检测题目。	教材文本扫描、网络下载、键盘输入。	精炼文字内容、设计习题和答案等内容编辑。
静态图片	春天、杜甫、晚霞、鸳鸯睡在沙子上、燕子筑巢、"√"矢量图。	网络下载、屏幕截取。	去除无关信息、调整尺寸。
动态图片	"融"与"燕"书写的 GIF 动图。	网络下载。	调整尺寸。
视频	《绝句》的朗读视频。	网络下载。	裁剪所需片段、去水印、格式转换。

> **小贴士**
>
> **"融""燕"GIF 动图的获取方法**
>
> **搜索"融"字**：在百度搜索框中输入"融"字，单击【百度一下】按钮，在更新的界面中单击【融-百度汉语】链接，如图 7-3-3 所示。

图 7-3-3 搜索"融"字

保存动图：在"融"字动态图片上右击，选择【图片另存为】选项，在弹出的【另存为】对话框中选择存储位置，输入图片文件名为"融"，单击【保存】按钮，如图 7-3-4 所示。

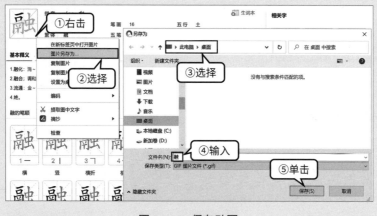

图 7-3-4 保存动图

（二）课件制作

1. 课件幻灯片母版设计

（1）主题设计

设置主题颜色并进入幻灯片母版视图：单击【设计】选项卡，单击【变体】组中的【其他】按钮，在下拉列表中单击【颜色】，选择【红橙色】，如图 7-3-5 所示；单击【视图】选项卡，单击【母版视图】组中的【幻灯片母版】，如图 7-3-6 所示，进入幻灯片母版视图。

设置幻灯片背景格式：此时自动跳转到【幻灯片母版】选项卡，单击第一张幻灯片，在幻灯片空白处右击，选择【设置背景格式】，右侧弹出【设置背景格式】窗口，单击【颜色】下拉键，选择【茶色，背景 2】，如图 7-3-7 所示。

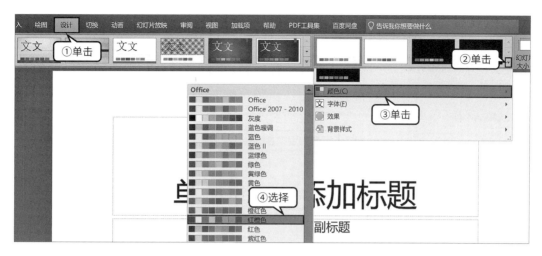

图 7-3-5 选择主题颜色

图 7-3-6 进入幻灯片母版视图

图 7-3-7 设置幻灯片背景格式

（2）标题版式设计

删除占位符：单击【标题幻灯片】版式，选中所有占位符后按【Delete】键，如图 7-3-8 所示。

添加"矩形"形状并设置形状格式：单击【插入】选项卡，单击【形状】下拉键，选择【矩形】，在页面中绘制如图 7-3-9 所示的大小与位置的形状。单击【矩形】形状，在【格式】选项卡下，单击【形状填充】，选择【金色，个性色 2，淡色 60%】，

305

单击【形状轮廓】，单击【无轮廓】，如图7-3-10所示。

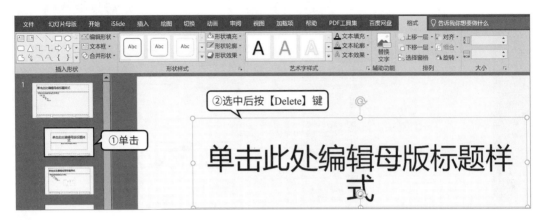

图7-3-8 删除占位符

图7-3-9 添加"矩形"形状

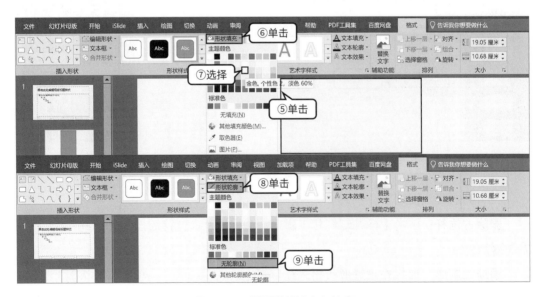

图7-3-10 设置形状填充与轮廓

第七章　课件资源设计与制作

插入图片：单击【插入】选项卡，单击【图片】，在弹出的【插入图片】对话框中选择图片存储路径，按住【Ctrl】依次单击"背景图.png""封面标题背景.png""云烟.png"图片，单击【插入】按钮，如图7-3-11所示；将"封面标题背景.png""背景图.png""云烟.png"分别调整至如图7-3-12所示的大小和位置。

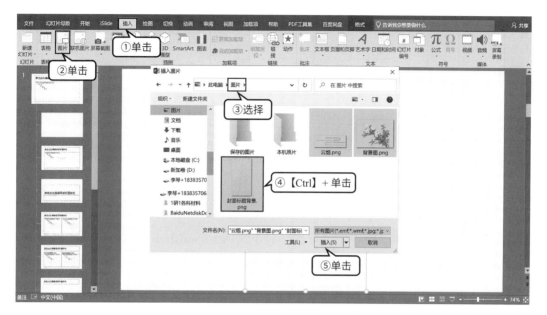

图7-3-11　插入图片

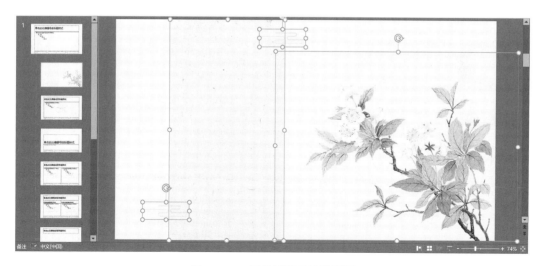

图7-3-12　图片设置后的效果图

设置形状轮廓：插入一个如图7-3-13所示的矩形形状，设置"无填充"；单击【形状轮廓】，选择【白色】，单击【粗细】，选择【3磅】。

307

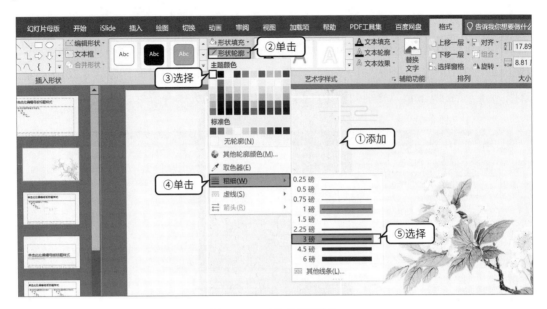

图7-3-13 设置形状轮廓

绘制文本框占位符：单击【幻灯片母版】选项卡，单击【插入占位符】下拉键，选择【文字（竖排）】，此时鼠标呈十字型，鼠标定位初始位置并绘制一个竖排文本框，如图7-3-14所示，再按照相同步骤绘制一个如图7-3-15所示的竖排文本框。

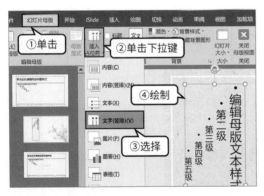

图7-3-14 添加竖排文字占位符图

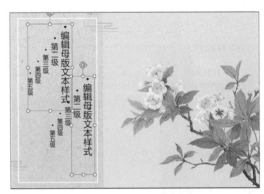

图7-3-15 占位符效果图

输入文字：删除第二个文本框中的原有文字，输入"副标题"后选中该文本框，单击【开始】选项卡，选择字体为【隶书】，选择字号为【40】，单击以取消项目符号，单击【居中】按钮，如图7-3-16所示。同理，删除第一个文本框中的原有文字，输入"标题"，字体为"隶书"，字号为"80"，取消项目符号，居中显示，效果如图7-3-17所示。

（3）"空白"版式设计

添加"矩形"形状并设置形状格式：单击幻灯片母版视图下的"空白"版式，单击【插入】选项卡，单击【形状】下拉键，选择【矩形】，在幻灯片上方绘制一个如图

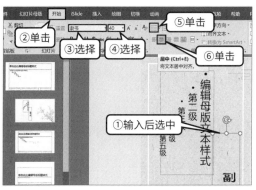

图 7-3-16 输入副标题

图 7-3-17 标题版式效果图

7-3-18 所示的矩形；单击【格式】选项卡，单击【形状填充】下拉键，选择【茶色，背景 2，深色 10%】；单击【形状轮廓】下拉键，选择【无轮廓】。

插入"背景图 .png"图片：采用上述方法在该幻灯片正下方位置同样插入一个矩形；复制标题版式中的"背景图 .png"图片，粘贴至该幻灯片中，并调整至如图 7-3-19 所示的大小与位置。

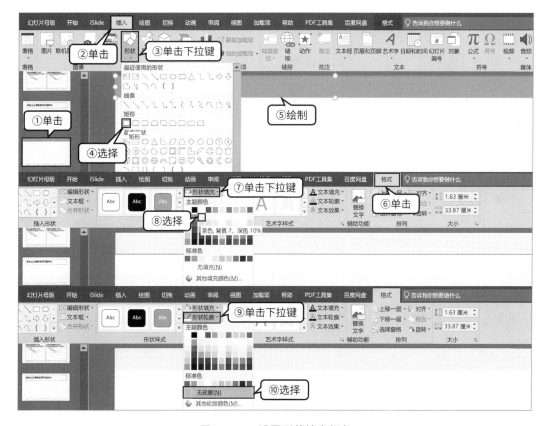

图 7-3-18 设置形状填充颜色

图 7-3-19 "空白"版式效果图

（4）"情境导入"版式设计

新建幻灯片并插入"导航.png"图片：按键盘上的【Ctrl】+【C】键复制"空白"版式，再按【Ctrl】+【V】键粘贴新的版式，选中粘贴后的版式，从素材包中插入"导航.png"图片，移至如图 7-3-20 所示位置。

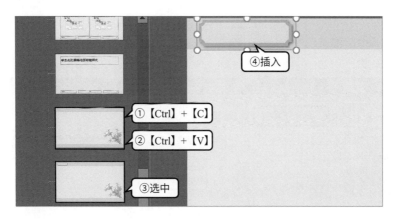

图 7-3-20 新建"情境导入"版式幻灯片并插入图片

输入导航文字：单击【插入】选项卡，单击【文本框】下拉键，单击【绘制横排文本框】，在如图 7-3-21 所示的位置单击并输入"情境导入"文字。设置"情境导入"文字字体为"隶书"，字号为"28"。

图 7-3-21 添加导航信息

重命名"情境导入"版式：单击【幻灯片母版】选项卡，单击【重命名】按钮，在弹出的【重命名版式】对话框中输入"情境导入"文字，单击【重命名】按钮，如图 7-3-22 所示。

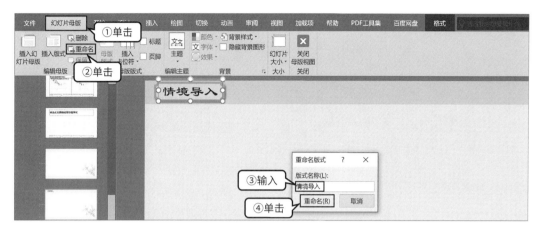

图 7-3-22 重命名"情境导入"版式

（5）"初读古诗"版式设计

新建幻灯片并重命名"初读古诗"版式：单击"情境导入"版式并按【Ctrl】+【C】键复制后，按【Ctrl】+【V】键粘贴版式幻灯片，单击粘贴后的幻灯片，把幻灯片中的"情境导入"文字修改为"初读古诗"文字，然后单击【重命名】，在弹出的对话框中输入"初读古诗"，单击【重命名】，如图 7-3-23 所示。

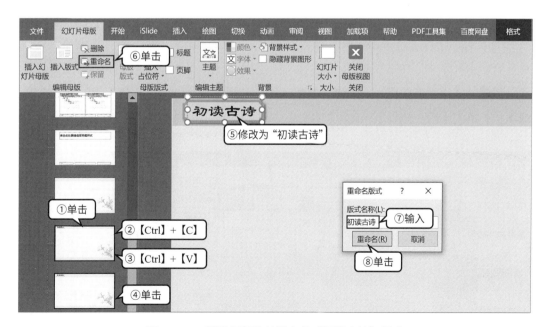

图 7-3-23 新建幻灯片并重命名"初读古诗"版式

"生字识别""解读诗意""课堂检测"与"课堂总结"内容页版式按照上述步骤操作即可，效果如图 7-3-24、图 7-3-25、图 7-3-26、图 7-3-27 所示。

图 7-3-24 "生字识别"版式

图 7-3-25 "解读诗意"版式

图 7-3-26 "课堂检测"版式

图 7-3-27 "课堂总结"版式

（6）结束页版式设计

新建幻灯片并插入"结束页背景图.png"图片：复制粘贴"空白"版式，选中粘贴后的版式，删除"背景图.png"图片，插入"尾页背景图.png"图片，调整到幻灯片垂直居中和水平居中的位置。

设置"结束页背景图.png"图片格式：选中"尾页背景图.png"图片，单击【格式】选项卡，单击【图片效果】，单击【阴影】，选择【偏移：中】，如图 7-3-28 所示。

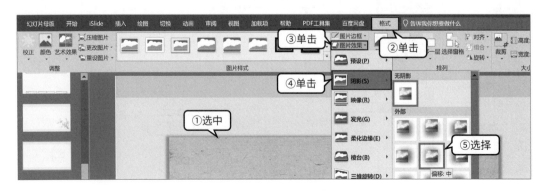

图 7-3-28 添加图片阴影

插入"鸟儿.png"图片：插入"鸟儿.png"图片，调整如图 7-3-29 所示的大小与位置，放至"结束页背景图.png"左上角，并重命名该版式为"结束页"。

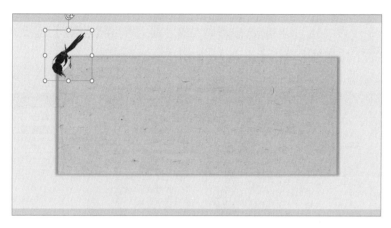

图 7-3-29 "结束页"版式效果图

关闭母版视图：单击【幻灯片母版】选项卡下【关闭】组中的【关闭母版视图】按钮，如图 7-3-30 所示。

图 7-3-30 关闭母版视图

2. 封面页制作

新建幻灯片并输入标题文字：单击【开始】选项卡，单击【新建幻灯片】下拉键，选择【标题幻灯片】，如图 7-3-31 所示。输入标题为"绝句"，输入副标题为"杜甫"，效果如图 7-3-32 所示。

图 7-3-31 新建标题幻灯片版式

图 7-3-32 封面页效果图

3. 目录页制作

新建幻灯片并制作"情境导入"目录：新建"空白"版式幻灯片，插入"导航.png"图片调整至如图7-3-33所示大小与位置，输入"情境导入"文本，字体为"隶书"，字号为"36"；同时选中形状与文本框，单击【格式】选项卡，单击【组合】，在弹出的下拉菜单中单击【组合】，如图7-3-34所示。

图7-3-33 "情境导入"文本效果图　　　　图7-3-34 组合形状

添加目录与标题：复制粘贴四次"情境导入"组合后的形状，依次修改为如图7-3-35所示的文本内容和位置。插入文本框，输入"《绝句》杜甫"，字体为"隶书"，"《绝句》"字号为"66"，"杜甫"字号为"48"，右对齐，效果如图7-3-36所示。

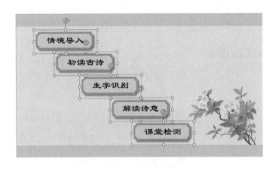 

图7-3-35 目录效果图　　　　　　　图7-3-36 目录页效果图

4. 内容页制作

（1）"情境导入"部分制作

新建"情境导入"版式幻灯片及文本框：新建"情境导入"版式幻灯片，插入"横排文本框"，并输入文字"今年的春天与往年不同……"。

设置字体格式：选中文本框，单击【开始】选项卡，选择字体为【黑体】，选择字号为【28】，即可调整字体及字号，如图7-3-37所示。

第七章 课件资源设计与制作

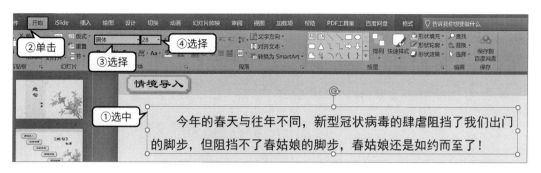

图 7-3-37 设置字体字号

设置段落格式：单击【段落】组的对话框启动器，弹出【段落】对话框，单击【特殊格式】右侧下拉键，选择【首行缩进】，调整【度量值】微调框为【2厘米】。单击【行距】按钮，在下拉列表中选择【1.5倍行距】，最后单击【确定】，如图7-3-38所示。调整后的文本框如图7-3-39所示。

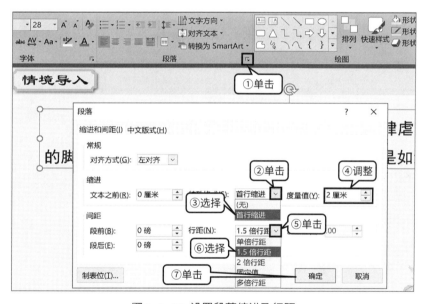

图 7-3-38 设置段落缩进及行距

插入图片并设置图片格式：插入"春1.jpg"和"春2.jpg"两张图片；单击"春1.jpg"图片，按【Ctrl】键的同时单击"春2.jpg"图片，单击【格式】选项卡，单击【图片边框】，选择【茶色，背景2，深色25%】，单击【粗细】，选择【3磅】；再单击【图片格式】选项卡，单

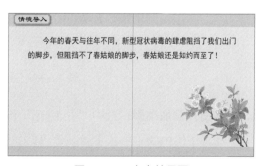

图 7-3-39 文本效果图

315

击【对齐】按钮,选择【垂直居中】,如图 7-3-40 所示。最终效果如图 7-3-41 所示。

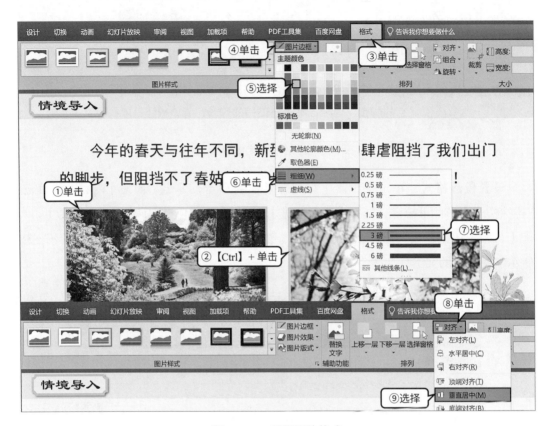

图 7-3-40 设置图片格式

图 7-3-41 "情境导入"效果图

为图片添加动画:选中"春 1.jpg"和"春 2.jpg"图片,单击【动画】选项卡,单击【动画】组中的【形状】动画效果,如图 7-3-42 所示。

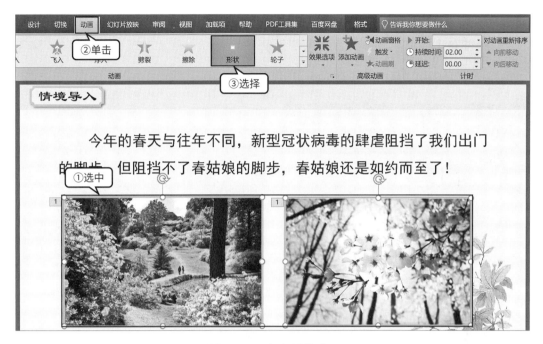

图 7-3-42 添加图片动画

小贴士

添加了动画效果的对象左上角会有编号,该编号是指动画出现的顺序。

新建"情境导入"幻灯片并添加"矩形:圆角"形状:新建"情境导入"版式幻灯片,单击【插入】选项卡,单击【形状】下拉键,选择【矩形:圆角】,如图 7-3-43 所示;在幻灯片上合适位置绘制一个大的圆角矩形;再按照上述相同步骤,在圆角矩形左上角绘制一个"矩形:对角圆角"形状,两者的大小和位置如图 7-3-44 所示。

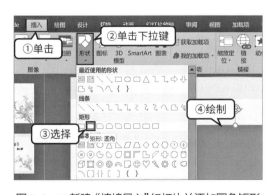

图 7-3-43 新建"情境导入"幻灯片并添加圆角矩形

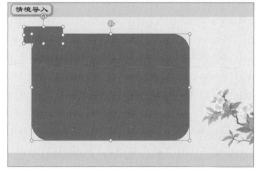

图 7-3-44 添加形状后的效果图

设置"矩形:圆角"的格式:选中【矩形:圆角】形状,单击【格式】选项卡,设置形状填充为"白色,背景 1,深色 5%",单击【形状轮廓】,选择【茶色,背景 2,

深色 25%】，单击【粗细】，选择【3 磅】，如图 7-3-45 所示；按照上述步骤设置【矩形：对角圆角】的形状填充为"白色，背景 1"，形状轮廓为"茶色，背景 2，深色 25%"，粗细为"4.5 磅"，效果如图 7-3-46 所示。

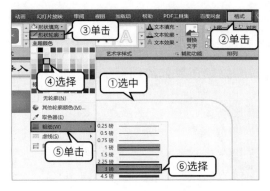

图 7-3-45 设置形状轮廓

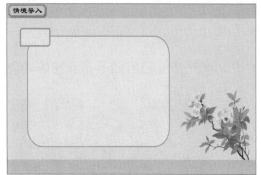

图 7-3-46 设置形状样式后的效果图

组合形状：同时选中两个矩形，右击，在弹出的快捷菜单中单击【组合】，在其下拉列表中选择【组合】，如图 7-3-47 所示。

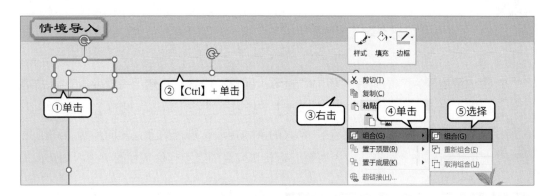

图 7-3-47 组合形状

插入图片与输入文字：插入"杜甫.png"图片，调整至合适大小与位置，并设置形状轮廓为"茶色，背景 2，深色 25%"，粗细为"3 磅"，效果如图 7-3-48 所示。在"矩形：对角圆角"形状中输入"杜甫"，字体为"黑体"，字号为"32"，加粗；在"矩形：圆角"形状中输入"字子美……"，字体为"黑体"，字号为"24"，首行缩进"2 厘米"，"1.5 倍"行距，效果如图 7-3-49 所示。

为文字添加动画：选中"字子美……"文本框，单击【动画】选项卡，选择【擦除】，单击【效果选项】，在下拉列表中选择【自顶部】，在【开始】选项框中选择【上一动画之后】，如图 7-3-50 所示。

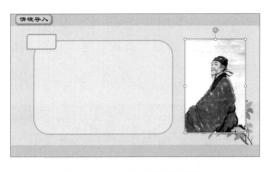

图 7-3-48 插入图片效果图　　　　　图 7-3-49 插入文字效果图

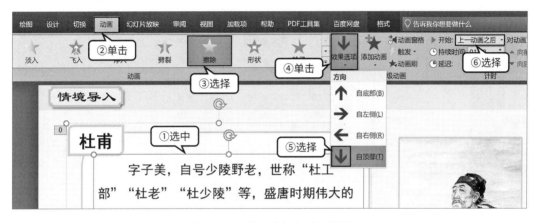

图 7-3-50 为文字添加动画效果

（2）"初读古诗"部分制作

新建"初读古诗"版式幻灯片：新建"初读古诗"版式幻灯片，单击【开始】选项卡，单击【新建幻灯片】下拉键，选择【初读古诗】版式，如图 7-3-51 所示。

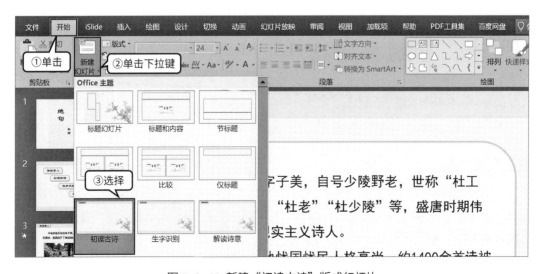

图 7-3-51 新建"初读古诗"版式幻灯片

插入视频：单击【插入】选项卡，单击【视频】，选择【PC 上的视频】，在弹出的【插入视频文件】对话框中选择"《绝句》朗读动画视频.mp4"视频素材，单击【插入】，如图 7-3-52 所示。设置合适的视频大小和位置，如图 7-3-53 所示。

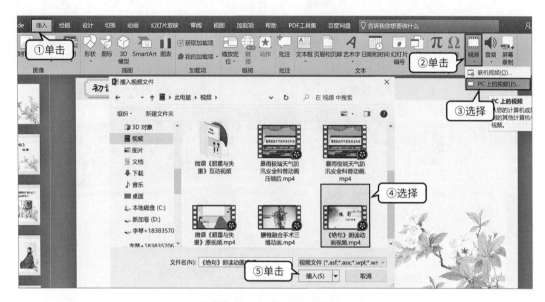

图 7-3-52 插入视频文件

图 7-3-53 插入视频效果图

小贴士

　　调节视频音量：选中视频文件后，视频下方会出现播放/暂停按钮、进度条、快进、后退和音量调节按钮等控制按钮。可单击【音量】按钮，上下拖动圆形按钮调节视频音量，如图 7-3-54 所示。

图 7-3-54 设置视频音量

（3）"生字识别"部分制作

新建"生字识别"版式幻灯片并添加表格：新建"生字识别"版式幻灯片，单击【插入】选项卡，单击【表格】，选择两行两列的表格，如图 7-3-55 所示。

图 7-3-55 新建幻灯片并插入表格

设置表格布局与样式：单击【布局】选项卡，在【表格尺寸】组中，输入高度为【5 厘米】，宽度为【5 厘米】；单击【设计】选项卡，单击【表格样式】组中的【无样式，网格型】，如图 7-3-56 所示。

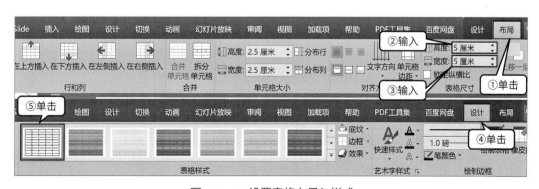

图 7-3-56 设置表格布局与样式

绘制表格边框：单击【设计】选项卡，选择【边框样式】为【----】，单击【绘制表格】按钮，随后逐个单击表格中的内部边框线，即可修改内部边框为虚线，设置完成后再次单击【绘制表格】按钮，退出绘制边框状态，如图7-3-57所示。

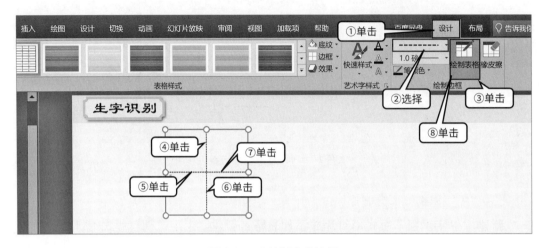

图7-3-57 绘制表格边框

为表格设置对齐方式：复制、粘贴三次该田字格，全部选中所有田字格，单击【格式】选项卡，单击【对齐】按钮，在下拉列表中单击【对齐幻灯片】，然后单击【垂直居中】，单击【横向分布】，如图7-3-58所示，设置后的效果如图7-3-59所示。

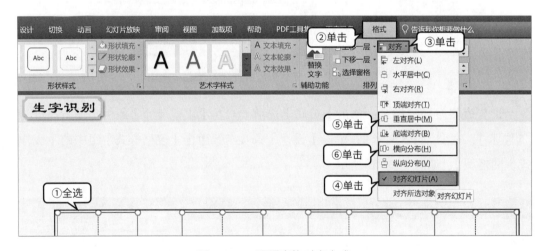

图7-3-58 设置表格对齐方式

在田字格中输入汉字：插入横排文本框，输入"融"，设置字体为"楷体"，字号为"100"，加粗，放至第一个田字格内。按照上述操作步骤制作出汉字"燕""鸳""鸯"，效果如图7-3-60所示。

图 7-3-59 插入田字格后的效果图

图 7-3-60 加入全部文字后的效果图

输入文字拼音及其音调：插入一个横排文本框，输入"rng"，字体设置为"黑体"，字号为"32"。光标定位在"r"后面，单击【插入】选项卡，单击【符号】按钮，在弹出的【符号】对话框中选择【子集】为【拉丁语-1 增补】，找到并单击"ó"，再单击【插入】按钮，最后单击【关闭】按钮，如图 7-3-61 所示。效果如图 7-3-62 所示。使用与上述步骤相同的方法制作"燕"（注：子集选择【拉丁语-1 增补】）、"鸳"（注：子集选择【拉丁语扩充-A】）、"鸯"（注：子集选择【拉丁语扩充-A】）的汉字拼音音调，效果如图 7-3-63 所示。

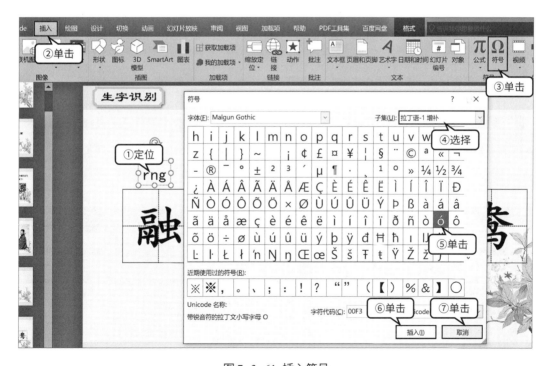
图 7-3-61 插入符号

新建"生字识别"版式幻灯片并复制"融"字：新建"生字识别"版式幻灯片，复制前一页幻灯片中的"融"字、田字格与"róng"文本框，并粘贴到新建幻灯片中，调整"融"字大小与位置，效果如图7-3-64所示。

插入"融"字动图：插入"融"字动图，插入动图与插入图片的操作一致，将动图调整至如图7-3-65所示大小与位置。

图7-3-62 插入"融"字拼音后的效果图

图7-3-63 插入所有拼音后的效果图

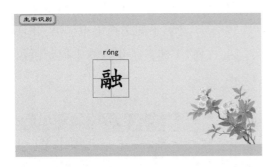

图7-3-64 复制文字、拼音和田字格后的效果图

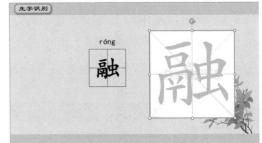

图7-3-65 插入动图后的效果图

添加"爆炸形：8pt"形状：单击【插入】选项卡，单击【形状】，选择【爆炸形：8 pt】，在幻灯片上拖动鼠标绘制合适大小的形状。设置形状填充为"无填充"，形状轮廓颜色为"红色"，粗细为"3磅"，操作步骤及效果如图7-3-66所示。

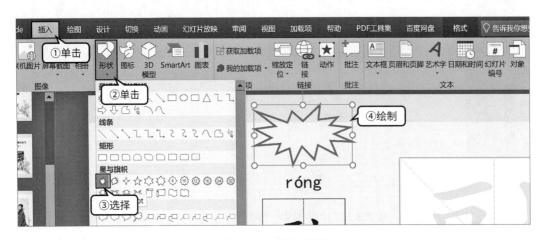

图7-3-66 添加形状

为"爆炸形:8pt"设置形状效果:单击【格式】选项卡,单击【形状效果】,单击【阴影】,选择【向下偏移】,如图7-3-67所示。效果如图7-3-68所示。

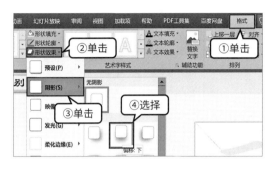

图7-3-67 设置形状阴影

图7-3-68 添加爆炸形形状

在"爆炸形:8pt"形状中输入文字:在【爆炸形:8pt】形状中输入"易错字",设置字体为"黑体",字体颜色为"黑色",字号为"28",效果如图7-3-69所示。

添加"标注:线形"形状:添加一个【标注:线形】形状,在幻灯片上绘制如图7-3-70所示大小与位置,将连线连接至"融"字的左下角位置,并设置形状填充为"无填充",形状轮廓为"红色",粗细为"3磅"。

图7-3-69 "易错字"效果图

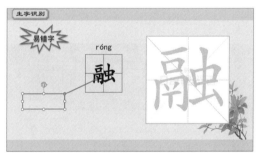

图7-3-70 "标注:线形"效果图

在"标注:线性"形状中输入文字:在【标注:线形】形状中输入"这里只有一横",设置字体为"黑体",字体颜色为"黑色",字号为"24",效果如图7-3-71所示。

为"爆炸形:8pt"形状添加动画效果:选中【爆炸形:8 pt】形状,单击【动画】选项卡,选择【放大/缩小】,在【开始】选项框中选择【上一动画之后】,持续时间选择【01.00】,如图7-3-72所示。

为"标注:线形"形状添加动画效果:选中【标注:线形】形状,单击【动画】选项卡,选择【擦除】,单击【效果选项】,选择【自右侧】,在【开始】选项中选择【单击时】,持续时间选择【01.00】,如图7-3-73所示。

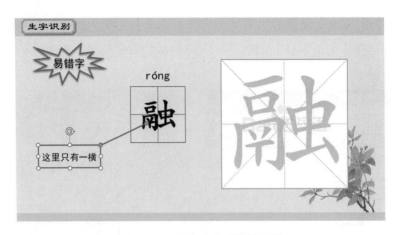

图 7-3-71 插入文字后的效果图

图 7-3-72 为爆炸形状添加动画效果

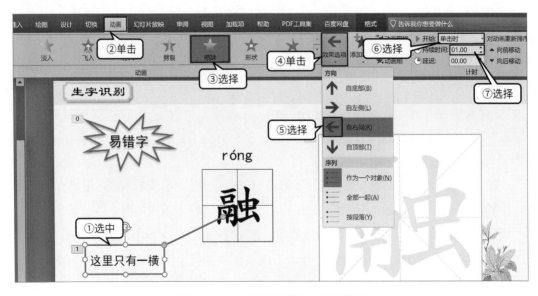

图 7-3-73 为线形形状添加动画效果

为"融"字动图添加动画效果：选中"融"字动图，单击【动画】选项卡，选择【出现】，如图 7-3-74 所示。

图 7-3-74 为融字动图添加动画效果

（4）"解读诗意"部分制作

新建"解读诗意"版式幻灯片并插入文本框：新建"解读诗意"版式幻灯片，接着插入文本框，输入"迟日江山丽，春风花草香。"，字体为"黑体"，颜色为"黑色"，字号为"40"，放至如图 7-3-75 所示位置。

添加"矩形：圆角"形状：插入【矩形：圆角】形状，框选"迟日"两字，设置形状填充为"无填充"，形状轮廓为"茶色，背景 2，深色 25%"，粗细为"3 磅"，效果如图 7-3-76 所示。

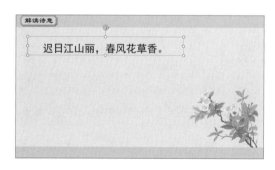

图 7-3-75 插入诗句效果图

图 7-3-76 添加矩形形状效果图

添加"对话气泡：圆角矩形"形状并为其设置形状效果：插入一个【对话气泡：圆角矩形】形状，并调整至如图 7-3-77 所示大小与位置，设置形状填充为"白色，背景 1，深色 5%"，形状轮廓为"茶色，背景 2，深色 25%"，粗细为"3 磅"，黄色圆点指向"迟日"下方。

在"对话气泡：圆角矩形"形状中输入文字：选中【对话气泡：圆角矩形】形状，输入"春季太阳落山，渐渐晚了。"，设置字体为"黑体"，颜色为"黑色"，字号为"28"，效果如图 7-3-78 所示。

 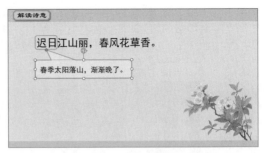

图 7-3-77 添加对话形状效果图　　　　图 7-3-78 在对话形状中插入文字效果图

添加"矩形：圆角"形状：插入一个【矩形：圆角】形状，设置形状填充为"白色，背景 1，深色 5%"，形状轮廓为"茶色，背景 2，深色 25%"，粗细为"3 磅"，效果如图 7-3-79 所示。

在"矩形：圆角"形状中输入诗句释义：插入文本框，输入"江山沐浴着春光多么秀丽，阵阵春风送来花草的芳香。"。设置字体为"黑体"，颜色为"黑色"，字号为"28"，居中显示，效果如图 7-3-80 所示。

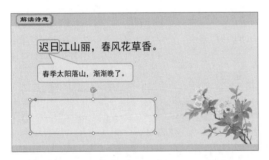 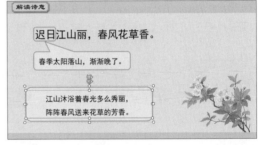

图 7-3-79 添加圆角矩形形状效果图　　　　图 7-3-80 在圆角矩形形状中插入文字效果图

插入图片：插入"春季晚霞.png"图片与"樱花.png"图片，设置如图 7-3-81 所示的大小与位置。两张图片的图片边框颜色为"茶色，背景 2，深色 25%"，粗细为"3 磅"。

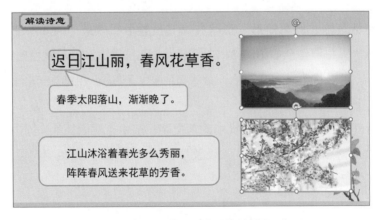

图 7-3-81 插入图片后的效果图

为形状和图片添加动画效果：依次为框选了"迟日"两字的矩形形状、"对话气泡：圆角矩形"形状、"春季晚霞.png"图片、"樱花.png"图片和诗句释义的"矩形：圆角"形状设置"出现"动画效果。

> **小贴士**
>
> **调整动画出现顺序**：在【动画窗格】任务窗口，单击选中某一动画对象并上下拖动，可对选中的动画对象的出现顺序进行调整排序。

（5）"课堂检测"部分制作

新建"课堂检测"版式幻灯片并插入文本框：新建"课堂检测"版式幻灯片，接着插入文本框，输入文字"1.为下列汉字……"，设置字体为"黑体"，字号为"32"，字体颜色为"黑色"，效果如图7-3-82所示。

添加"矩形：圆角"形状：添加一个【矩形：圆角】形状，调整如图7-3-83所示大小与位置，设置形状填充为"白色，背景1，深色5%"，形状轮廓为"茶色，背景2，深色25%"，粗细为"3磅"。

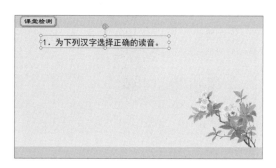

图7-3-82 添加标题效果图

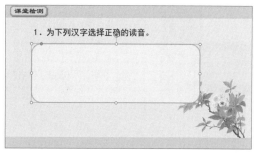

图7-3-83 添加圆角矩形形状效果图

在"矩形：圆角"形状中输入汉字与拼音：在矩形形状上方插入一个文本框，输入相应汉字及拼音，字号为"36"，汉字字体为"楷体"，拼音字体为"微软雅黑"，效果如图7-3-84所示。

插入矢量图：插入一个"√"矢量图后，复制粘贴至每个剩余汉字的正确拼音下方，效果如图7-3-85所示。

为矢量图添加动画效果：选中"róng"字下的矢量图，单击【动画】选项卡，选择【飞入】动画，如图7-3-86所示；剩余三个矢量图按照顺序分别制作"飞入"动画即可。

新建"课堂检测"版式幻灯片并插入文本框：新建"课堂检测"版式幻灯片，接着插入一个文本框，输入"2.背诵古诗"文字，字体为"黑体"，字号为"32"，颜色为"黑色"，并置于如图7-3-87所示位置。

添加"矩形：圆角"形状：复制上一页矩形形状，调整至如图7-3-88所示大小与位置。

图7-3-84 插入文字与拼音效果图

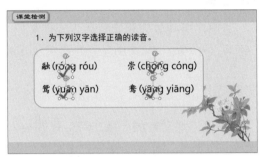

图7-3-85 插入矢量图效果图

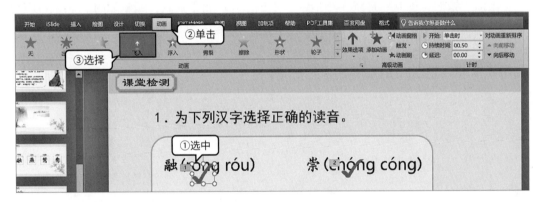

图7-3-86 添加动画

图7-3-87 插入标题效果图

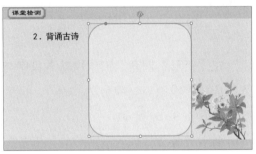

图7-3-88 添加矩形形状效果图

输入古诗文本：添加文本框，输入"绝句……【唐】杜甫……"内容，空白处用空格键代替；设置字体为"楷体"，字体颜色为"黑色"，"【唐】杜甫"一行字号为"28"，其余行字号为"40"；选中空格，单击【开始】选项卡，单击【下划线】按钮，如图 7-3-89 所示；其余空白处按照上述步骤操作即可，效果如图 7-3-90 所示。

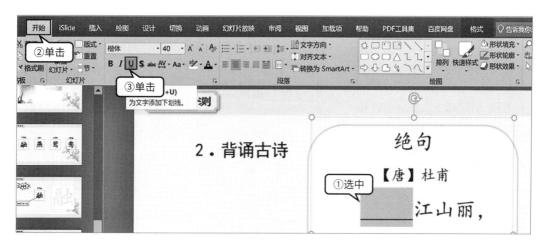

图 7-3-89 添加下划线

输入答案并为答案添加动画效果：分别插入文本框到横线空白区域，并在相应文本框中输入答案，设置字体为"楷体"，字号为"36"，字体颜色为"红色"，效果如图 7-3-91 所示；选中所有答案文本框，设置"轮子"动画效果。

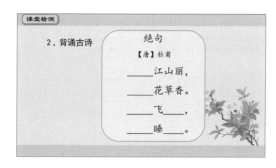

图 7-3-90 检测题效果图

图 7-3-91 添加答案文字效果图

（6）"课堂总结"部分制作

新建"课堂总结"版式幻灯片并插入 SmartArt 图形：新建"课堂总结"版式幻灯片，接着单击【插入】选项卡，单击【SmartArt】，在弹出的【选择 SmartArt 图形】对话框中，单击【列表】选项，选择【垂直项目符号列表】，单击【确定】，如图 7-3-92 所示。

设置形状填充与文本填充：单击第一个一级标题，按【Ctrl】的同时单击第二个一级标题，单击【格式】选项卡，单击【形状填充】下拉键，选择【茶色，背景2，深色25%】，选择文本填充为【黑色】，如图 7-3-93 所示。

输入文字与设置格式：在一级标题与二级标题处分别输入如图 7-3-94 所示文字，

331

设置一级标题字体为"黑体",字号为"32",字体颜色为"黑色";二级标题字体为"黑体",字号为"28",字体颜色为"黑色",项目符号为"带填充效果的大方形项目符号",行距为"1.5",效果如图7-3-94所示。

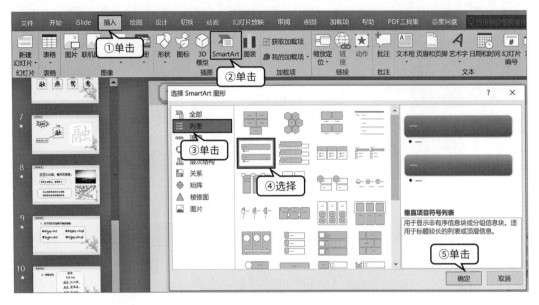

图 7-3-92 插入 SmartArt 图形

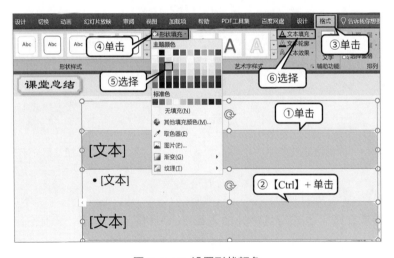

图 7-3-93 设置形状颜色

5. 结束页制作

新建"结束页"幻灯片并添加文字、设置格式: 新建"结束页"版式幻灯片,插入文本框输入"谢谢",设置字体为"隶书",字体颜色为"黑色",字号为"115",居中显示,效果如图7-3-95所示。

图 7-3-94 课堂总结效果图　　　　图 7-3-95 结束页效果图

6. PPT 播放设计

（1）幻灯片切换效果设置

全选所有幻灯片，单击【切换】选项卡，选择【揭开】效果，如图 7-3-96 所示。

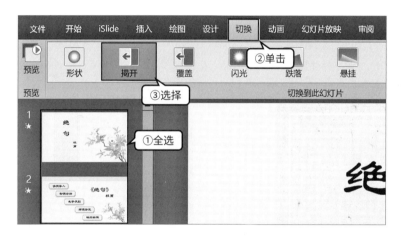

图 7-3-96 添加幻灯片切换效果

（2）PPT 导航设计——实现页面跳转

制作目录页超链接： 选中目录页幻灯片中的"情境导入"形状，单击【插入】选项卡，单击【链接】，在弹出的【插入超链接】对话框中单击【本文档中的位置】，选择【幻灯片 3】，单击【确定】，如图 7-3-97 所示。按照上述操作步骤为剩余四个部分添加超链接，其中"初读古诗"链接到"幻灯片 5"，"生字识别"链接到"幻灯片 7"，"解读诗意"链接到"幻灯片 10"，"课堂检测"链接到"幻灯片 12"。

添加"箭头：右"形状、设置样式与超链接： 插入如图 7-3-98 所示大小与位置的"箭头：右"形状。设置形状填充为"茶色，背景 2"，形状轮廓为"茶色，背景 2，深色 25%"，粗细为"3 磅"；并设置超链接至"幻灯片 14"。

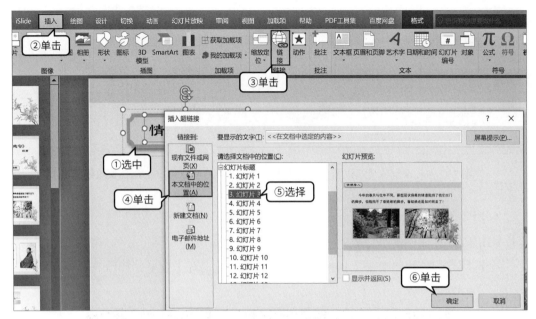

图 7-3-97 插入超链接

图 7-3-98 插入箭头形状、设置样式与超链接

为第 4、6、9、11、13 页幻灯片设置箭头超链接：复制目录页幻灯片右下角的箭头形状，粘贴至第 4 页幻灯片；选中第 4 页幻灯片的箭头形状，单击【形状格式】选项卡，单击【旋转】，在下拉列表中选择【水平翻转】，如图 7-3-99 所示。设置箭头形状超链接至"幻灯片 2"；复制第 4 页幻灯片右下角箭头形状，分别粘贴至第 6 页、第 9 页、第 11 页与第 13 页幻灯片。

7.3.2 制作《地球的运动》交互式课件

李老师是七年级地理教师，他在讲授课本第一章第二节《地球的运动》前，计划制作一个交互式课件以便学生提前预习本节课的基础知识。李老师利用在线平台"易企秀"制作了《地球的运动》交互式课件，在课件中放置了生动形象的卡通图

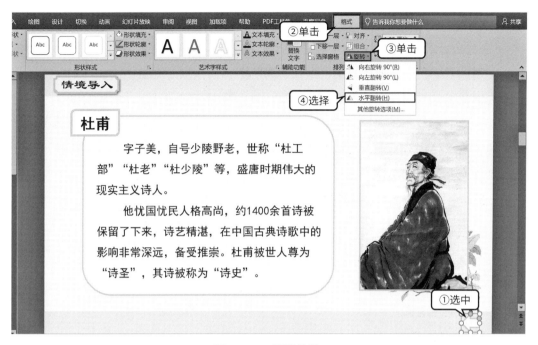

图 7-3-99 形状旋转

片以及讲解视频等,效果如图 7-3-100,帮助学生直观地理解地球自转的概念、地球自转的方向与周期、地球自转与太阳的关系等知识,进而提高他们的自主学习能力。

效果图展示:

图 7-3-100 交互式课件效果图

一、选题分析

《地球的运动》是人教版七年级《地理》上册第一章第二节的内容。地球的运动是较为宏观的概念，涉及地球自转、地球自转的方向与周期等知识。由此可知，该节知识较为抽象，学生仅学习文本形式的知识，难以具体感知地球运动的相关概念。而交互式课件则能有效解决这一问题：首先，交互式课件能通过图片、视频、动画等多媒体资源，为学生创造生动、具体的学习情境；其次，交互式课件交互性强，学生可通过与课件交互，自定学习进度，根据自己的学习情况选择学习内容等；最后，交互课件内嵌的练习题有助于学生及时检测学习效果、巩固本节所学知识。

二、教学设计

（一）呈现内容

课件中呈现的内容包括地球自转的概念、地球自转的方向和周期，以及因地球自转而产生的地理现象。

（二）呈现形式

课件采用文本＋图片＋视频的形式呈现教学内容。

（三）交互式课件结构设计

本案例的课件采取的是直线式结构，包括封面页、内容页和结束页。

本案例的教学环节如下：

1. 提问导入：为什么会有白天和黑夜？是什么原因造成的呢？
2. 学生通过观看地球自转的讲解视频和趣味图片来学习新知识；
3. 学生学习新知识后需要完成单选测试题，巩固所学的知识；
4. 揭晓习题答案，学生进行知识小结。

基于上述分析，如图7-3-101所示，课件的设计结构为：新课导入、新知讲授、知识巩固和课堂小结。

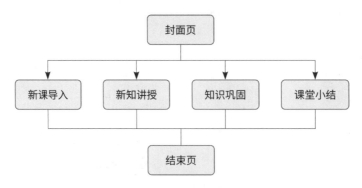

图7-3-101 课件结构设计

三、脚本设计

本课件的脚本设计如表 7-3-3 所示。

表 7-3-3 《地球的运动》课件脚本设计表

课题名称		《地球的运动》		
页面序号	教学环节	页面内容	媒体形式	说明
1	/	封面页：地球的运动	文本	添加艺术字
2	新课导入	图片：白天晚上 文本：白天不懂夜的黑 为什么有白天和黑夜？ 是什么原因造成的呢？	文本、图片	添加艺术字 裁剪图片
3	新知讲授	视频：《地球的自转》 图片：地球与太阳 文本：标题－地球的自转 概念解释－地球的自转、自转方向、自转周期、昼夜现象	图片、文本、视频	添加艺术字 嵌入视频 添加边框 添加圆角工具
4	知识巩固	图片：地球仪 卡通地球 文本：标题－试一试 题目－用地球仪演示地球自转时，正确的做法是（ ） 地球自转的周期为（ ）	动图、图片、文本	添加艺术字 下载 GIF 动图
5	课堂小结	图片：卡通地球 文本：你做对了吗？ 用地球仪演示地球自转时，正确的做法是：面对地球仪时，自左向右拨动地球仪 地球自转的周期为：24 小时	图片、文本	添加艺术字
6	/	结束页：地球的运动	文本	添加艺术字

四、素材准备与交互式课件制作

（一）素材准备

本案例所用素材类型有文本、图片（静态图、GIF 图，如图 7-3-102 所示）、视频素材，具体内容如表 7-3-4 所示。

表 7-3-4 《地球的运动》课件素材准备表

素材类型	素材内容	获取途径	前期处理
文本	地球自转知识点、测试题目	教材、网络下载、自主设计	精炼文字内容、设计习题和答案
静态图片	白天与夜晚、地球与太阳、卡通地球	网络下载	筛选、裁剪图片
动态图片	地球仪		
视频	《地球的自转》		获取视频嵌入代码

白天与夜晚.jpeg　　地球仪.gif　　地球与太阳.jpeg　　卡通地球.png

图 7-3-102　课件素材

（二）交互式课件制作

1. 搜索模板

在易企秀官网的搜索栏中输入"地球"，单击【搜索】按钮，单击【H5】类型和【免费】按钮，搜索模板，如图 7-3-103 所示；单击合适的模板，在跳转的页面中单击【无授权】，再单击【免费制作】按钮开始制作，如图 7-3-104 所示。

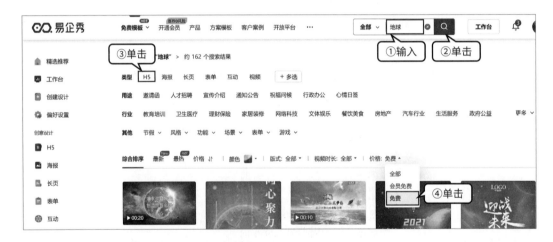

图 7-3-103　选择模板

2. 封面页制作

删除封面页多余元素：删除原模板第 1 页（如图 7-3-105 所示）中不需要的元素，最后效果如图 7-3-106 所示。

输入封面页标题：单击【艺术字】按钮，选择【蓝色立体】样式，在页面中输入标题"地球的运动"，并在弹出的对话框中修改【字号】为"90"，如图 7-3-108 所示。封面页效果如图 7-3-107 所示。

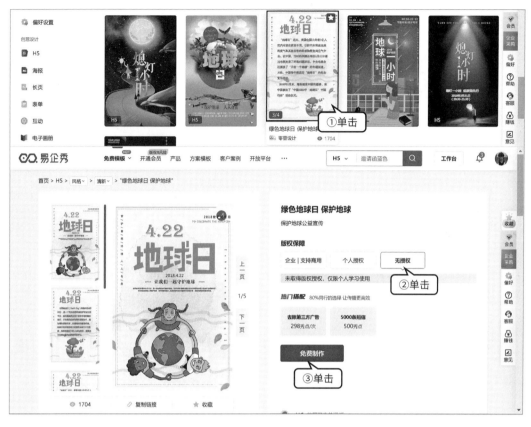

图 7-3-104 确定模板

图 7-3-105 删除元素前

图 7-3-106 删除元素后

图 7-3-107 封面页效果图

图 7-3-108 插入艺术字

3. 内容页制作

（1）导入页设计

删除导入页多余元素：单击页面管理中第 2 页，如图 7-3-109 所示，删除不需要的元素，最后效果如图 7-3-110 所示。

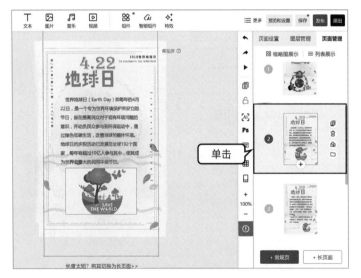
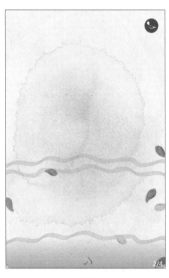

图 7-3-109 选择第 2 页　　　　　　图 7-3-110 删除多余元素

上传本地图片：单击【图片】按钮，在弹出的对话框中单击【本地上传】按钮，随后在弹出的对话框中选择"白天与夜晚"图片，单击【打开】按钮，如图 7-3-111 所示，即可成功上传图片。

调整图片大小与位置：上传成功的图片会保存在【图片库】中【我的图片】里，单击图片即可插入页面中；单击图片移至页面合适位置后，长按图片四周的某一个控点，拖动节点调整图片至合适大小，如图 7-3-112 所示。

修改图片样式：单击图片，在弹出的【组件设置】对话框中单击【边框颜色】为"白色"，在【边框尺寸】中输入"6"，【圆角】输入"4"，如图 7-3-113 所示。

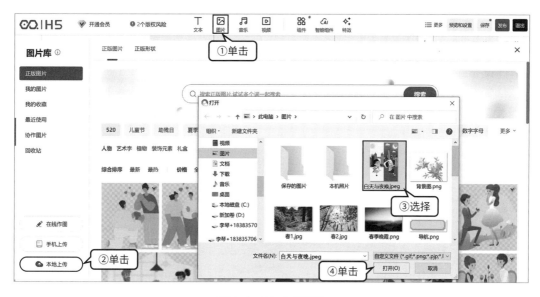

图 7-3-111 上传图片

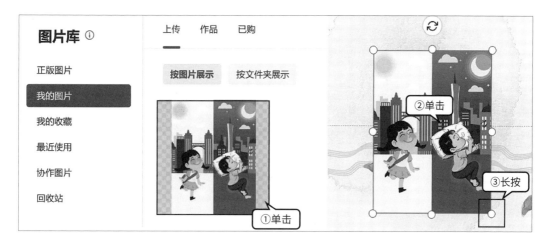

图 7-3-112 调整图片

图 7-3-113 修改图片样式

插入艺术字、设置动画效果：单击插入【蓝色立体】样式艺术字并输入文字"白天不懂夜的黑"，调整至合适位置，修改【字号】为"50"，如图7-3-114所示；在【组件设置】对话框中单击【动画】选项卡，将【动画1】效果修改为"向右移入"，如图7-3-115所示。

图7-3-114 输入文本

图7-3-115 修改动画效果

插入文本、设置动画效果：单击【文本】按钮，在插入的文本框中输入"为什么有白天和黑夜？"并调整至如图7-3-116所示位置，修改样式为"方正黑体简体"，修改文本颜色为"黑色"；单击【动画】选项卡，修改【动画1】效果为"向上移入"，如图7-3-116所示。再次插入文本框并输入文字"是什么原因造成的呢？"。同上，修改文本样式和动画效果，然后修改【动画延迟】为"0.5"，如图7-3-117所示。导入页效果如图7-3-118所示。

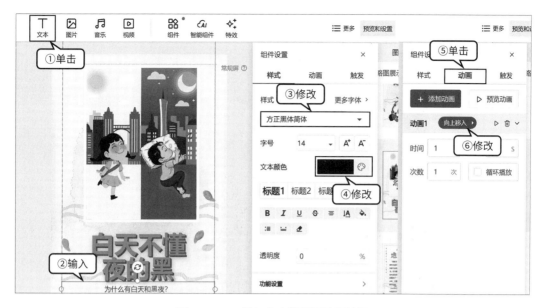

图 7-3-116 插入文本并设置动画效果

图 7-3-117 设置动画延迟效果

图 7-3-118 导入页效果图

（2）新知讲授页设计

删除多余元素：单击页面管理中第 3 页，删除不需要的元素，插入艺术字"地球的自转"，字号为"50"。

插入视频：单击【视频】下拉列表中的【外部链接】按钮，在弹出的菜单中【通用代码】处粘贴视频"嵌入代码"，调整视频至页面的合适位置后，修改视频框至合适大小，如图 7-3-119 所示。

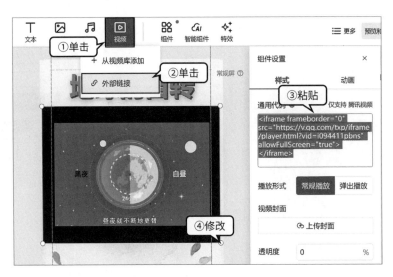

图 7-3-119 插入视频

> **小贴士**
>
> **腾讯视频嵌入代码的获取**：进入腾讯视频播放页，找到视频左下角分享，单击【分享】按钮，单击"嵌入代码"即可复制代码，如图 7-3-120 所示。

图 7-3-120 嵌入代码

插入文本、设置动画效果：单击【文本】按钮插入文本框并输入"太阳每天东升西落……"，修改【文本颜色】为"绿色"，单击【B】设置文本加粗效果；单击【动画】选项卡，修改【动画1】效果为"向右移入"，如图 7-3-121 所示。

添加新页：单击页面管理第 3 页复制按钮 📄，如图 7-3-122 所示，生成第 4 页。

修改图片与文本：单击第 4 页，删除原有视频，插入"太阳和地球.jpeg"图片，调整图片至合适的尺寸和位置；修改原文本框中的内容为"地球是一个不发光且不透明的球体……"，并调整文本框后的线条与树叶装饰物，效果如图 7-3-123 所示。

（3）知识巩固页设计

插入文本、图片与按钮：单击第 4 页复制按钮，生成新的第 5 页，删除第 5 页中的元素；插入艺术字"试一试"，修改【字号】为"24"，并移至合适位置；插入"地球

仪 .gif"图片，调整图片至合适的尺寸和位置，如图 7-3-124 所示；单击【组件】下拉表中的【单选】按钮，插入单选组件，如图 7-3-125 所示。

图 7-3-121 插入文本、设置动画效果

图 7-3-122 复制页面

图 7-3-123 新知讲授效果图

图 7-3-124 插入文字与图片

345

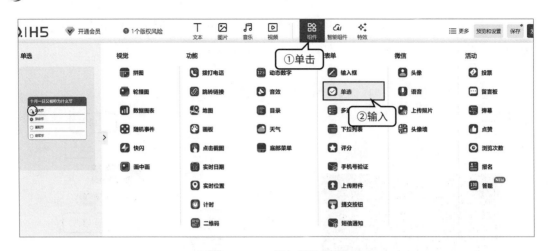

图 7-3-125 插入单选组件

输入第一道测试题标题与选项：在页面中调整单选组件至合适的位置和大小，在【样式】选项卡中输入组件【选择标题】和【选项设置】的内容，如图 7-3-126 所示，内容分别为：

选择标题：用地球仪演示地球自转时，正确的做法是——

选项1：面对地球仪时，自左向右拨动地球仪

选项2：从北极上方向下俯视，顺时针旋转地球仪

选项3：从南极下方向上仰视，逆时针旋转地球仪

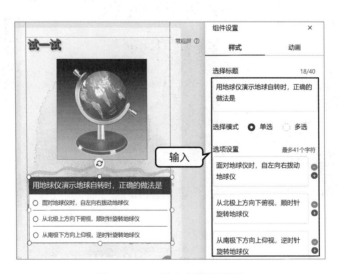

图 7-3-126 输入标题与选项

设置动画与主题颜色：为单选组件设置动画效果为【向上移入】。在【样式】选项卡中单击【主题颜色】按钮，在弹出的对话框中输入单选组件的颜色【rgba（30，146，116，1）】，如图 7-3-127 所示。

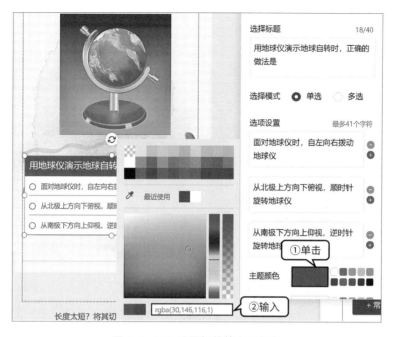

图 7-3-127 设置组件的主题颜色

插入新页、图片与动画效果：单击第 5 页复制按钮，生成新的第 6 页，删除第 6 页中的"地球仪.gif"图片；插入"卡通地球.png"图片，调整图片至合适的尺寸和位置。单击【动画】选项卡，修改【动画 1】效果为"旋转"，输入时间为"4"，次数为"5"，如图 7-3-128 所示。

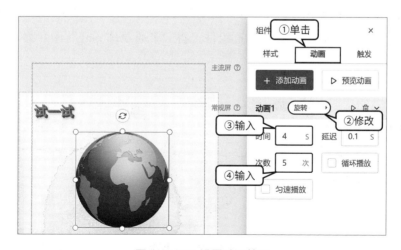

图 7-3-128 设置动画效果

输入第二道测试题标题与选项：在页面中调整单选组件至合适的位置和大小，在样式选项卡中输入组件中的【选择标题】和【选项设置】内容，如图 7-3-129 所示，内容分别为：

选择标题：地球自转的周期为

选项1：356

选项2：24

选项3：12

图 7-3-129 输入测试题的标题与选项

知识巩固页的效果图，即测试题页面如图 7-3-130 所示。

（4）答案揭晓页设计

修改标题并删除组件：单击第 6 页复制按钮，生成新的第 7 页，修改原标题"试一试"为"你做对了吗？"；删除单选组件，将"卡通地球.png"图片移至如图 7-3-131 所示位置。

图 7-3-130 两道测试题效果图

图 7-3-131 插入标题与图片

输入答案并为答案设置动画效果：在页面中插入文本框并输入内容"1.用地球仪演示地球自转时，正确的做法是：面对地球仪时，自左向右拨动地球仪 2.地球自转的周期为：24小时"；在【样式】选项卡中修改字号为"18px"，修改文本颜色为"黑色"和"绿色"，单击【B】设置文本加粗效果，单击【动画】选项卡，修改【动画1】效果为"向右移入"，如图7-3-132所示。答题揭晓页效果如图7-3-133所示。

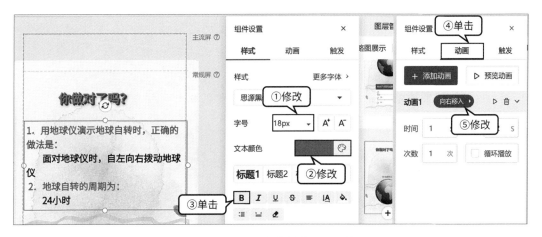

图7-3-132 设置字体样式与动画效果

图7-3-133 答案揭晓页效果图

4.结束页制作

单击第8页【删除当前页面】按钮删除第8页，如图7-3-134所示。单击第1页复制按钮，生成新的第2页，鼠标长按将其拖动至第7页之后，如图7-3-135所示。

图 7-3-134 删除页面

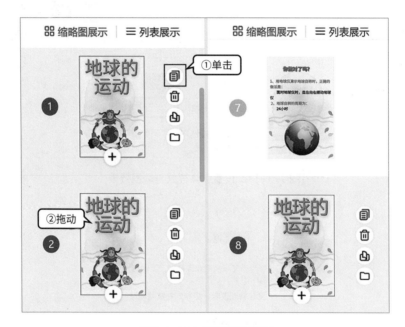

图 7-3-135 结束页效果图

本章小结

- 课件是根据教学大纲的要求，经过教学目标确定、教学内容和任务分析、教学活动结构设计及界面设计等环节，制作而成的与课程内容直接联系的集文字、声音、图像、视频等素材于一体的多媒体资源。
- 课件资源的类型主要有演示型课件、自学型课件、游戏型课件、仿真型课件。
- 课件资源在教学中主要应用于自主学习、课堂教学和拓展训练。
- 课件资源的获取方式主要有平台获取和软件制作两种方式。
- 课件资源制作的常用工具有：PowerPoint、希沃白板、101 教育 PPT、iSpring

Suite 9、epub360、易企秀和兔展等。其中，iSpring Suite 9用于制作交互式课件，epub360、易企秀和兔展用于制作HTML5课件。
- 制作课件资源的步骤主要包括：选题分析、教学设计、脚本设计、素材准备与课件制作。

操作题

1. 从网络上搜索并下载有关"传统节日"主题的课件。
2. 以"学生心理健康教育"为主题，制作一份教学课件。
3. 请参考第七章第三节第二小节的教学步骤，选择一个知识点，制作交互式课件资源。

本章彩图
扫码可看

第八章 微课资源设计与制作

 学习目标

- 了解微课资源的概念、特征及类型；
- 了解微课资源的教学应用情境，能够在教学中巧妙运用微课资源；
- 了解常见的微课资源平台，能够快速获取教学所需的微课资源；
- 掌握微课开发的流程和工具，并能根据教学需求制作微课资源。

知识图谱

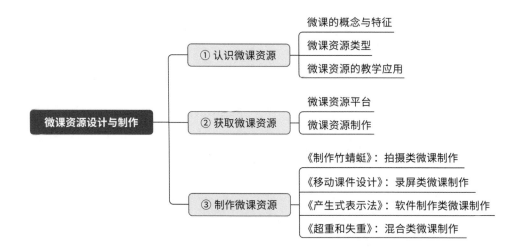

8.1 认识微课资源

8.1.1 微课的概念与特征

2008年美国高级教学设计师戴维·彭罗斯（David Pen-rose）最早提出微课（Micro-lecture）一词，认为微课是运用信息技术，按照认知规律，呈现碎片化学习内容、过程及扩展素材的结构化数字资源。2011年，广东省佛山市教育局的胡铁生老师率先在国内提出微课的概念，认为微课是按照新课程标准及教学实践要求，以教学视频为主要载体，反映教师在课堂教学过程中针对某个知识点或教学环节而开展教与学活动的各种教学资源的有机组合。① 当前，对于微课的界定尚未统一，我国研究者分别从不同的角度对微课的概念提出了自己的见解，如表 8-1-1 所示。

表 8-1-1 国内部分研究者对微课的定义

研究者	定义描述
张一春	"微课"是指为使学习者自主学习获得最佳效果，经过精心的信息化教学设计，以流媒体形式展示的围绕某个知识点或教学环节开展的简短、完整的教学活动。②
黎加厚	"微课程"是指时间在 10 分钟以内，有明确的教学目标，内容短小，集中说明一个问题的小课程。③
焦建利	微课是以阐释某一知识点为目标，以短小精悍的在线视频为表现形式，以学习或教学应用为目的的在线教学视频。④
郑小军	微课是为支持翻转学习、混合学习、移动学习、碎片化学习等多种学习方式，以短小精悍的微型教学视频为主要载体，针对某个学科知识点或教学环节而精心设计开发的一种情景化、趣味性、可视化的数字化学习资源包。⑤

尽管研究者对微课定义存在表述上的差异，但不难发现，这些定义都强调了内容聚焦、目标单一、以微视频为载体、结构良好等内涵。因此，本书认为，微课是依托流媒体平台，针对某一知识点或教学环节而开发的一种短小精悍、内容聚焦的数字化教学资源。微视频是微课的核心资源。同时，微课资源还包含与微视频内容紧密结合的微教案、微课件、微习题、微反思等教学辅助资源。它们以一定的组织关系和呈现方式，共同"营造"了一个主题明确、结构可扩充的资源应用教学情境，如图 8-1-1 所示。

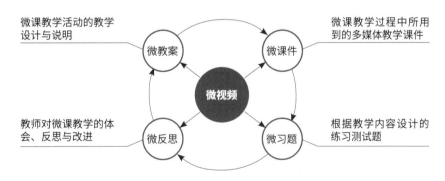

图 8-1-1 微课资源的组成结构

微课资源具有短、小、精、悍的特征，具体描述如表 8-1-2 所示。

---

① 胡铁生."微课"：区域教育信息资源发展的新趋势 [J]. 电化教育研究，2011（10）.
② 张一春. 微课是什么？我给出的定义 [EB/OL].（2013-04-23）[2023-12-18]. http://blog.sina.com.cn/s/blog_8dfa9ca20101ouw0.html.
③ 黎加厚. 微课的含义与发展 [J]. 中小学信息技术教育，2013（4）.
④ 焦建利. 微课及其应用与影响 [J]. 中小学信息技术教育，2013（4）.
⑤ 郑小军. 我对微课的界定 [EB/OL].（2013-04-30）[2023-12-18]. http://blog.sina.com.cn/s/blog_4711a0210102e6ge.html.

表 8-1-2 微课的特征

特征	特征描述
短	微课视频时长一般不超过 15 分钟，能满足学习者在泛在学习与碎片化学习中的要求。
小	微课选题小、通常以单个知识点为教学主题，注重知识要点的分解。同时，微课资源所占存储空间小，便于师生流畅地在线浏览学习或下载至移动终端。
精	微课资源教学内容精炼、教学设计精细、教学活动精彩，能满足学习者个性化学习的需求，学习者可以不受时间和空间的限制，根据自己的需要制订学习计划、查漏补缺。
悍	微课资源传播效果好，教学效果显著，能帮助学习者有效解决教学问题。

8.1.2 微课资源类型

微视频是微课的核心资源，按照微视频制作形式与技术的不同，微课可分为拍摄类微课、录屏类微课、软件制作类微课和混合类微课。

一、拍摄类微课

拍摄类微课指教师利用手机、数码相机、摄像机等摄像设备拍摄而成的微课。根据拍摄工具和环境的不同，拍摄类微课可分为演播室拍摄型、课堂实录型和简易拍摄型，如表 8-1-3 所示。

表 8-1-3 拍摄类微课

分类	适用范围
演播室拍摄型	在演播室内拍摄教师教学内容及过程，支持教师图像和课件图像、流媒体素材等的自动合成、相互切换，如图 8-1-2 所示。适合呈现各类学科知识，通常用以制作更加专业的高质量微课视频，如图 8-1-3 所示。
课堂实录型	利用摄像机拍摄课堂中的教师、学习者及教学活动并进行后期编辑，适用于教师观摩学习或反思研究，如图 8-1-4 所示。
简易拍摄型	利用摄像机或手机等便携式设备同步拍摄纸笔演算、书写、手工操作等过程和讲解，并进行后期编辑与美化。适用于呈现数学、物理等理科类课程公式、定理推导或习题讲解，以及手工精细课程等，如图 8-1-5 所示。

图 8-1-2 演播室

图 8-1-3 演播室拍摄型微课

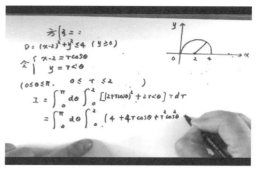

图 8-1-4 课堂实录型微课　　　　　　　　图 8-1-5 简易拍摄型微课

二、录屏类微课

录屏类微课是指通过录屏软件（如 Camtasia Studio）录制教师计算机屏幕上的动态演示内容和同步讲解声音而制成的微课。在录制过程中，教师可根据微课教学内容的特点选择是否出镜。根据使用设备的不同，录屏类微课可分为 PPT 录屏型、软件录屏型以及手写板录屏型，见表 8-1-4。

表 8-1-4 录屏类微课

分类	适用范围
PPT 录屏型	利用录屏软件同步录制 PPT 页面内容与声音讲解。适用于呈现知识型教学内容，如图 8-1-6 所示。
软件录屏型	利用录屏软件同步录制教师对其他应用软件的操作过程和语音讲解。适用于应用软件的操作教学（如 Photoshop 软件的操作）或利用某种教学软件开展学科教学（如数学课程中利用函数绘图软件讲授函数的图像与性质），如图 8-1-7 所示。
手写板录屏型	利用录屏软件对手写板（如图 8-1-8 所示）上的书写内容及语音讲解过程进行同步录制。适用于呈现数学、物理等学科公式、定理的推导或习题讲解，如图 8-1-9 所示。

图 8-1-6 录制 PPT 演示过程　　　　　　　图 8-1-7 软件录屏型微课

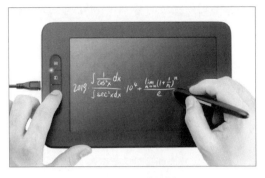 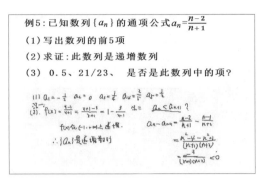

图 8-1-8 手写板　　　　　　　图 8-1-9 手写板录屏型微课视频

三、软件制作类微课

软件制作类微课的视频一般由计算机软件合成图像、动画、声音和视频等媒体素材制作而成。常用的微课制作软件有 Adobe Effect、Premiere、万彩动画大师等。这类微课形式丰富有趣，具有较强的趣味性与交互性，容易吸引学习者的注意力从而提高学习兴趣，可用于宏观或微观运动或变化过程的模拟，以及抽象理论知识的趣味化动画呈现，如图 8-1-10 和图 8-1-11 所示。

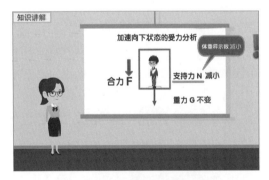 

图 8-1-10 软件制作类微课视频　　　　图 8-1-11 微课视频的交互功能

四、混合类微课

混合类微课是指教师根据微课教学需要，混合使用上述三类微课的录制方式制作、编辑和合成的微课，适合于各学段、各学科学习者的知识与技能学习。

例如：教师制作混合类微课《白衣天使成长记》时，根据脚本设计要求，既需要在演播室录制讲解护理专业知识的画面，如图 8-1-12 所示；又需要利用动画制作软件生动形象地呈现关键知识内容，如图 8-1-13 所示。

图 8-1-12 演播室录制画面

图 8-1-13 软件制作画面

8.1.3 微课资源的教学应用

"短、小、精、悍"的微课，为创新教学模式、解决教学问题、提高教学质量创设了更多机会，满足了当代学习者追求微型化、个性化、高效率的学习需求，迅速成为教育界的新潮流。课堂教学中，微课在课前、课中、课后三个阶段均可发挥重要作用，如表 8-1-5 所示。

课前阶段，教师可以根据教学需要录制微课，指导学生自主学习。如语文教师在讲授《黄鹤楼送孟浩然之广陵》古诗前，为了让学生在课前了解诗人及古诗的时代背景，给学生推送了相关微课。

课中阶段，微课的教学应用主要分为三类。一是创设教学情境：教学过程中，教师可以利用微课创设生活情境、问题情境、悬念情境等教学情境，激发学生的学习兴趣，促使学生主动思考。如：教师在讲授《庄子与惠子游于濠梁》时，展示了故事释义的微课，该微课在末尾提问"庄子看望惠子时，惠子是什么心态？"，引导学生思考庄子和惠子二人的性格。二是示范演示：教师可将需要重复示范或演示的过程性内容录制成微课供学生观摩学习，如数学中尺规作图的使用示例。三是典型难题讲解：教师根据教学经验，可将学生可能关心的典型问题制作成微课，帮助学生突破难点。如：教师在讲授高中物理"超重和失重"这一内容时，将教学难点问题"发生超重与失重现象，与物体运动的速度方向无关，只和加速度方向有关"制成了微课推送给学生，引导学生自主探究"超重与失重现象的成因"。

课后阶段，微课主要用于促使学生进行查漏补缺、知识拓展。如数学教师讲授鸡兔同笼相关内容时，把相关的重难点知识制作成微课，学生在课后借助微课进行自主复习和知识内化。

表 8-1-5 微课的作用

教学阶段	微课的作用
课前	课前导学、知识点学习。
课中	创设教学情境、示范操作、典型难题讲解。
课后	查漏补缺、知识拓展。

基于目前的教学实践,微课资源的教学应用主要体现在翻转课堂教学、课内差异化教学和课后辅导答疑教学三类教学场景中。[①]

一、翻转课堂教学

翻转课堂中,根据教学的需要,微课可安排在课前预习、课中学习和课后复习任一教学环节。课前,学生通过观看微课,自主学习新知,提出问题;课中,学生利用微课助学,自主探究或讨论交流,进而解决问题、内化知识;课后,学生反思所学内容,并利用微课复习,总结提炼,深化创新所学。

例如:陈老师是一名护理学专业讲师,在备课"胰岛素的自行注射"时,分析发现学生通过自主学习即可掌握"胰岛素的注射用具"等基础理论知识;而"胰岛素自行注射的注意事项与技巧"等知识则需要教师引导,并组织相应的教学活动,只有这样学生才能完成知识的内化。于是,陈老师决定应用翻转课堂的教学模式。课前,陈老师为学生推送了微课《胰岛素的自行注射原理》,引导学生明确胰岛素注射工具的结构和胰岛素注射部位,如图8-1-14所示。课中,陈老师首先创设了糖尿病患者求助的情境,以此启发学生思考:如何指导患者自行注射胰岛素;随后,陈老师向学生推送了微课《胰岛素的自行注射实践》,如图8-1-15所示,让学生以小组为单位,利用皮肤替代品练习进针角度、捏皮方法等胰岛素自行注射技巧。课后,陈老师将课中拍摄的优秀小组案例和学生协作过程中出现的问题录制成微课,促使学生自我反思、巩固强化。

图8-1-14 学生课前自习微课

图8-1-15 微课《胰岛素的自行注射实践》

[①] 苏小兵,管珏琪,钱冬明,等.微课概念辨析及其教学应用研究[J].中国电化教育,2014(7).

二、课内差异化教学

在课堂教学过程中，教师完成某个知识点的讲授后，往往会安排一些课堂任务，以检测学生学习的成效。但由于学生个体间存在差异，并不是所有学生都能顺利完成任务。此时，教师可将提前制作好的各知识点的微课，个性化地推送给有需要的学生，帮助学习有困难的学生及时回顾相关知识与概念，以顺利完成课堂任务。

例如：在九年级物理"伏安法测电阻"实验课堂上，张老师在巡视各学习小组开展"使用电压表和电流表测量小灯泡电阻"实验时发现，小王和小李等同学对电流表的使用方法不太熟练。于是，张老师为这几位同学推送了微课《电流表的使用》[①]，如图8-1-16所示。

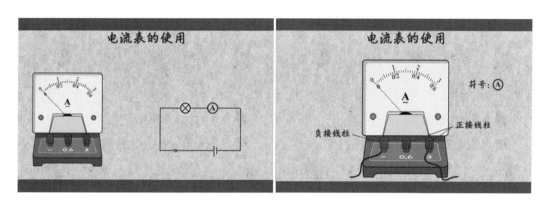

图8-1-16 微课《电流表的使用》

三、课外辅导答疑

学生在课后的练习中经常会遇到某些题目不会做的情况。针对这些题目，教师可以根据以往的教学经验，提前录制好练习指导或例题讲解的微课，为有需要的学生提供针对性练习指导，方便其自主学习。

例如：曾老师在"实际问题与二元一次方程组"课堂的尾声，布置了如图8-1-17所示的课后习题。小何同学在做课后作业时对"鸡兔同笼"问题百思不得其解，便向曾老师求助。曾老师根据以往的教学经验，将"鸡兔同笼"的四种解题方法和思路录制成微课，如图8-1-18所示，推送给小何同学，供他自主探索。

[①] 乐乐课堂.备课，从未如此简单：知识点视频、精品题库、实验视频、动态课件，备课所需一站搞定[EB/OL].[2023-12-18]. https://www.leleketang.com/let3/.

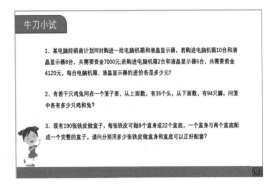
图 8-1-17 课后习题

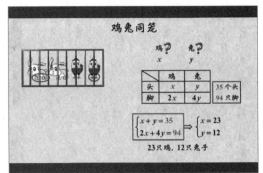
图 8-1-18 《鸡兔同笼》微课

8.2 获取微课资源

8.2.1 微课资源平台

一、中国大学 MOOC

中国大学 MOOC（https://www.icourse163.org）是由网易与高等教育出版社合作推出的中文慕课平台，网站首页如图 8-2-1 所示。该平台的微课资源种类丰富，涵盖大学、升学/择业、终身学习三大板块的课程。学习者可以按高校名称、课程分类，或直接在搜索框中输入关键词来查找所需的微课资源。用户选择课程后，观看微课视频并完成相关课程讨论和测验题，考核合格后便可申请该课程的认证证书。

图 8-2-1 中国大学 MOOC 首页

二、学堂在线

学堂在线（https://www.xuetangx.com）是由清华大学研发的中文 MOOC 平台，网站首页如图 8-2-2 所示。该平台面向全球学习者提供来自清华大学、北京大学、麻省理工学院、斯坦福大学等国内外一流大学的优质课程，微课资源种类丰富，能满足不同学习者的学习需求。该平台共分为在线学习系统和课程管理系统。学生注册并登录在线学习系统后可自由选课、自主学习并参与学习社区讨论，系统会根据其自主学习进度给出练习题目及评分；教师则可通过课程管理系统上传上课视频、添加教学资料及练习题，通过大数据分析平台及时查看教学反馈情况。

图 8-2-2 学堂在线首页

三、中国微课网

中国微课网（http://dasai.cnweike.cn）是全国中小学微课大赛的官方网站，也是国内最具代表性的中小学微课资源平台[1]，如图 8-2-3 所示。在第四届微课大赛作品征集活动中，该平台共收录了 24153 节来自全国 17025 名中小学教师的微课作品，内容涵盖中小学全学段与全学科，教学形式丰富，课程类型多样。

图 8-2-3 中国微课网首页

---

[1] 王玉龙，陈奕如. 我国中小学微课开发与应用现状的内容分析研究——以中国微课网的微课资源为例 [J]. 中国远程教育，2015（4）.

四、超星慕课平台

超星慕课平台（http://ptr.chaoxing.com）汇聚了国内外的优质课程，平台首页如图 8-2-4 所示。该平台的微课资源种类丰富，涵括哲学、经济学、法学、教育学、历史学和理学等不同领域。此外，平台还提供了包含在线讨论空间、答疑系统和学习进度管理等学习支持服务。教师可通过平台管理课程，构建数字化学习环境，并进行课程互动及资源管理。①

图 8-2-4 超星慕课平台

8.2.2 微课资源制作

微课资源制作一般包括两种方式，一是根据教学需求加工、修改已有的微课资源，这种方法能够最大限度地发挥已有资源的价值，提高微课制作效率；二是自主设计制作微课。尽管各类微课的制作技术与制作工具各有不同，但设计制作流程大体相似。完整的微课资源制作流程如图 8-2-5 所示。

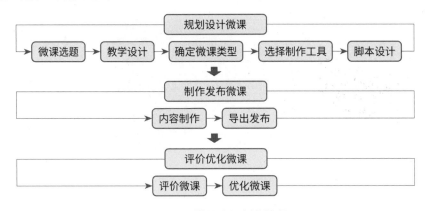

图 8-2-5 微课资源制作流程

---

① 王丽娟. 基于超星慕课平台的混合式教学改革实践——以《小学教育实践案例研究》课程为例 [J]. 课程教育研究，2017（23）.

一、规划设计微课

(一) 微课选题

微课通常要求在15分钟以内清晰讲解某一知识点或技能。因此，微课在选题时应根据教学应用的需要，聚焦于教学内容的重点、难点、疑点、热点或者某个典型问题，且知识结构不可过于复杂，以确保短时间内能将其讲清、讲透。如果选题过大，容易导致微课因内容繁多而出现知识呈现不清、讲解节奏过快、信息负荷过重等问题，不利于学习者学习。此外，微课的选题内容要适合使用多媒体技术来表达。

例如：随着智能手机、平板电脑等移动设备的普及，"低头族""颈椎病低龄化"逐渐成为热门话题。同时，颈椎病的保健又是"外科护理学"课程的重点学习内容。因此，孙老师以"低头族的颈椎保健"为题制作了一个微课。该微课通过视频、动画等形式形象、生动地讲解了"低头"引发的不良后果、颈椎病的发病机制、临床表现以及健康教育等相关知识，如图8-2-6所示。

图8-2-6 《低头族的颈椎保健》微课

(二) 教学设计

教学设计是微课资源设计与制作的灵魂，完整的微课教学设计应包括学习者特征分析、教学目标分析、教学内容分析、微教案设计、微课件设计、微习题设计，如表8-2-1所示。

表8-2-1 微课教学设计

教学设计环节	阐述内容
学习者特征分析	分析学习者起点能力，包括认知能力分析、认知结构分析及学习者特定的知识和能力基础分析；分析学习者学习风格和学习动机。
教学目标分析	针对不同的知识点确定教学目标，确保每一个目标均"可操作""可检测"。
教学内容分析	确定教学内容的广度和深度，将完整的教学内容细化成模块化的知识点；根据各知识点之间的逻辑关系，设计知识点的呈现方式和顺序。
微教案设计	选择教学策略、设计教学过程，形成微教案。微教案的设计应抓住学生的兴趣点，使微课教学"有趣""有用"。

（续表）

教学设计环节	阐述内容
微课件设计	根据微课教学内容以及制作类型，决定是否需要制作微课件。例如：对于PPT录屏型微课而言，微课件是承载教学内容、体现教学过程的主要载体，因此教师必须制作微课件。
微习题设计	习题的设置有助于反馈学习者的学习效果。微习题应与微课教学内容紧密结合，数量不宜过多。

（三）确定微课类型

根据微课选题与教学设计的需要，对比每种微课类型的适用对象及课程内容，选择最适配的微课类型。微课开发时，选择恰当的微课类型能降低技术壁垒，提高微课制作效率。

例如：吴老师是一名八年级信息技术教师，他发现，学生因信息技术起始水平参差不齐，在实践上机操作学习中出现了较为明显的分化。在"Animate动画制作"课堂上，吴老师首先通过PPT呈现了动画案例制作要求，然后利用Animate软件演示操作过程并讲解技术要点。他对整个讲解过程均进行了录屏，最后将剪辑后的录屏视频制作成《Animate动画制作》微课，如图8-2-7所示，推送给学生复习。

图8-2-7 《Animate动画制作》微课

（四）选择制作工具

制作微课时，教师需要提前准备制作工具、制作素材和录制环境。不同微课类型所需要的软硬件设备和环境不尽相同。本小节将介绍几款常用的开发工具，具体如表8-2-2所示，更多微课资源的开发工具请参考《微学习资源设计与制作》一书。

表8-2-2 微课制作工具

工具	工具介绍
Camtasia Studio	Camtasia Studio是一款专门录制屏幕动作的工具，支持记录屏幕动作，包括影像、音效、鼠标移动轨迹和解说声音等；同时提供即时播放和编辑压缩视频的功能。

（续表）

工具	工具介绍
SmoothDraw	SmoothDraw 是一款自然绘画软件，提供多种样式的画笔和纸张；支持压感绘图、图像调整和添加特效，还支持连接数位板、手写板、数字笔等多种设备。
会声会影	会声会影是一款数字视频剪辑工具，具有轻松建立字幕的功能，能把视频中的语音快速转换成文字；同时提供了数百种特效、滤镜和模板等。
Adobe Premiere	Adobe Premiere 是一款专业视频编辑软件，支持编辑和剪切各种视频素材，同时提供了强大的视频特效。
万彩动画大师	万彩动画大师是一款快速制作 MG 动画的视频软件。该软件页面简洁，并内置有丰富的动画模板和素材。

（五）脚本设计

脚本就像是电影的剧本，逻辑清晰的微课脚本是顺利完成微课制作的前提。微课脚本可分为微课基本信息、微课描述信息和微课教学过程三部分。其中，微课基本信息包括录制时间、微课时长、教师信息、微课名称、微课类型；微课描述信息包括微课来源、微课描述、适用对象和设计思路；微课教学过程一般包括教学步骤、画面内容、画外音、制作要求和设计意图等内容。采用不同制作技术开发的微课，脚本设计会存在差异，一般而言，微课脚本的结构如图 8-2-8 所示。

_____ 微课脚本设计

录制时间			年 月 日			微课时长：	分钟
教师姓名			微课名称				
联系方式			制作类型	□录屏类	□拍摄类	□软件制作类	□混合类
微课来源	学科：		年级：			教材版本：	
微课描述			（阐述知识点、技能点、难点、疑点、考点等）				
适用对象			（学习对象分析）				
设计思路			（阐述微课设计的教学目标、教学活动等）				
教学过程设计							
教学过程	时长	画面内容		画外音		制作要求	设计意图

图 8-2-8 微课脚本的一般结构

二、制作发布微课

（一）内容制作

微课的内容制作主要包括收集素材、微课视频制作和后期编辑三个环节。

1. 收集和制作素材

制作微课时，教师应从教学需求出发，收集或制作文本、图片、声音、视频、动画、课件素材，并进行处理和整合。所有素材收集或制作完成后，教师可依据素材的类别或素材在微课中的用途，对素材进行分类管理，建立不同的素材资源库，以方便接下来的视频制作，如图8-2-9所示。

图8-2-9 素材分类管理

2. 微课视频制作

微课视频制作是微课开发的重要环节，教师需完成教学（模拟教学）和视频录制（拍摄）两项任务。[①] 不同类型微课的制作工具和制作方式不尽相同，这部分内容将在本章第三节以案例的形式详细介绍。

3. 后期编辑

微课视频制作完成后，教师需要对视频进行后期编辑，以增强微课的视听效果，激发学习者对于微课的学习兴趣，从而提高教学效果。微课的后期编辑一般需要经过片头制作、视频剪辑、声音处理、字幕制作、交互功能制作、片尾制作、视频合成七步，如图8-2-10所示（后期编辑的详细操作请参考本书第四章第三节）。

图8-2-10 微课的后期编辑步骤

（二）导出发布

微课视频编辑完成后，教师预览视频，确认视频符合脚本的设计要求后，即可导出发布至教学平台，供学习者自学或教师课堂教学。

三、评价完善微课

（一）评价微课

微课设计是否合理？微课应用效果如何？这些问题都需要通过微课评价来判断。各类微课评比活动对于微课的评价标准尺度不一，各有特色。一般来说，可以从作品

[①] 陈子超.微课开发与制作从入门到精通[M].北京：人民邮电出版社，2016：70—74.

规范、教学设计、教学实施、教学应用等几方面进行评价,微课评价的参考标准如表 8-2-3 所示。评价微课可以帮助教师及时发现微课中存在的问题,为优化微课提供参考和建议。

表 8-2-3 微课评价的参考标准

一级指标	二级指标	指标说明
作品规范	材料完整	微课资源必须包含微视频以及各类辅助性教与学的材料(可选):微教案、微习题、微课件、教学反思、素材库等。
	技术规范	视频时长不超过 15 分钟,视频清晰稳定,声画同步,构图合理,风格统一;主要教学环节配有字幕;文字、符号、单位和公式符合科学标准。
教学设计	选题	主题明确,体现新课标的理念。
	教学目标	教学目标清晰、定位准确、表述规范,符合学习者的认知水平。
	教学内容	教学内容准确严谨,无科学性、政策性错误;组织编排符合学习者的认知规律,过程主线清晰,重难点突出,具有启发性。
	教学策略	教学策略选用恰当,教学活动的程序、方法、形式和所采用的媒体等能达成教学目标。
教学实施	教学呈现	教学思路清晰,重点突出,逻辑性强。教学活动深入浅出、形象生动、通俗易懂,能充分调动学生学习的积极性。
	教学语言	教师教学口头语言规范、清晰,富有感染力;教师肢体语言大方得当,严守职业规范,能展现良好的教学风貌和个人魅力。
教学应用	知识掌握	应用微课后,学习者能有效掌握知识。
	技能提高	应用微课后,学习者能够准确重现微课中所讲授的技能操作,并应用于学习与生活之中。
	素质形成	应用微课后,学习者核心素养目标达成度高。

(二)优化微课

完成微课评价后,教师可根据评价结果,从作品规范、教学设计、教学实施、教学应用等方面有针对性地进行完善优化。

8.3 制作微课资源

8.3.1 《制作竹蜻蜓》:拍摄类微课制作

《制作竹蜻蜓》微课教学内容选自"人美版"美术一年级"自己做玩具"一课,由教师采用简易拍摄法制作而成,旨在演示如何利用吸管、卡纸制作竹蜻蜓,培养学生的艺术创造能力。简易拍摄类微课的制作方法较为简单,主要分为拍摄准备、教学拍摄和编辑美化三部分。

一、拍摄准备

（一）教学设计

《制作竹蜻蜓》微课教学设计如表 8-3-1 所示。

表 8-3-1《制作竹蜻蜓》教学设计

微课名称	制作竹蜻蜓		
知识点描述	竹蜻蜓的制作方法。		
学习者特征分析	一年级学生对于手工制作充满着好奇，具有一定的创造思维和丰富的想象力，但难以维持长久注意力。鉴于此，教师在开发微课时，应在短时间内阐明竹蜻蜓的制作要点，并注重微课的趣味性。		
教学目标	1. 观察竹蜻蜓，了解用纸制作竹蜻蜓的流程； 2. 通过学习微课，能利用吸管、卡纸等材料通过剪、折、粘等方法制作一个竹蜻蜓。		
教学方法	讲授法、演示法。		
教学过程设计			
教学环节	教学内容	教学活动	使用媒体
课前导入	竹蜻蜓的外观以及飞行姿态。	教师展示用卡纸制作的竹蜻蜓成品以导入微课，并演示竹蜻蜓如何旋转飞行，激发学生的学习兴趣。	视频
新知讲授	竹蜻蜓的制作材料和制作流程。	教师采用演示法讲解制作竹蜻蜓的材料，并分步骤演示讲解制作竹蜻蜓的流程。	视频
巩固小结	总结竹蜻蜓制作注意事项。	教师总结竹蜻蜓制作的注意事项，鼓励学生自主动手制作。	视频

（二）脚本设计

《制作竹蜻蜓》微课脚本设计如表 8-3-2 所示。

表 8-3-2《制作竹蜻蜓》脚本设计

录制时间	2022 年 9 月 9 日		微课时长：4 分 30 秒	
教师姓名	杨老师	微课名称	产生式表示法	
联系方式		制作类型	□录屏类 ☑拍摄类 □软件制作类 □混合类	
教学内容来源	学科：美术　年级：小学一年级　教材版本：人美版			
适用对象	小学一年级学生			
教学过程				
教学内容	画面内容		画外音	设计意图
课前导入 （30 秒）	教师展示用卡纸和吸管制作的竹蜻蜓，并放飞竹蜻蜓。（中景拍摄）		（轻快背景音乐） 教师导入用卡纸制作的竹蜻蜓。	实物导入，激发学生的学习兴趣。
新知讲授 （3 分钟）	教师展示制作竹蜻蜓的材料。（中景拍摄） 教师制作竹蜻蜓。（特写拍摄）		教师介绍制作竹蜻蜓的材料，并分步骤讲解制作竹蜻蜓的要点。	帮助学生清晰感知竹蜻蜓的制作过程。
巩固小结 （1 分钟）	教师展示制作成品，总结制作注意事项，鼓励学生动手制作竹蜻蜓。（中景拍摄）		教师讲解竹蜻蜓的制作注意事项。	激发学生自己动手制作竹蜻蜓的兴趣。

（三）准备设备与材料

根据教学设计可知，拍摄《制作竹蜻蜓》微课需要准备手机、手机支架等拍摄设备和彩色卡纸、剪刀、吸管、订书机等教学材料，如图 8-3-1 所示。

图 8-3-1 微课拍摄设备及教学材料

二、教学拍摄

（一）固定手机

确定好录制场地后，将手机固定在手机支架上；调整手机支架位置和手机角度，使手机镜头对准桌面，为手工操作留下足够的空间，如图 8-3-2 所示。

图 8-3-2 固定手机

（二）设置定位框

根据手机的拍摄区域，用白纸贴出定位框，如图 8-3-3 所示。

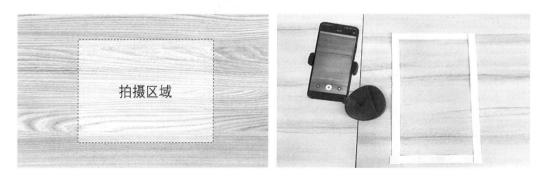

图 8-3-3 设置定位框

（三）拍摄视频

1. 开始拍摄

打开手机录像软件，单击录制按钮，开始拍摄。教师根据教学设计一边讲解制作竹蜻蜓的制作流程，一边演示操作步骤。如果出现忘记竹蜻蜓制作步骤的现象，可以单击暂停按钮，从卡顿处重新录制，如图 8-3-4 所示。

图 8-3-4 开始拍摄

拍摄过程中，教师应注意以下几个方面：

（1）教师应以第一视角进行拍摄，增强学生观看微课时的参与感。

（2）教师应端正坐姿，头不能太低，以免遮挡镜头。

（3）教师用卡纸制作竹蜻蜓时，所有操作均不能超出定位框，避免重要画面溢出。

（4）去除与教学内容无关的装饰物，避免分散学生的注意力。

（5）注意操作时的动作节奏。

教师拍摄《制作竹蜻蜓》微课的过程如图 8-3-5 所示。

图 8-3-5 拍摄《制作竹蜻蜓》微课

2. 停止拍摄

录制结束后,单击手机拍摄软件上的停止键即可。

(四)导出视频

通过数据线连接手机与电脑,在手机界面上选择"传输文件"模式,教师即可将所拍摄的视频导出到电脑,如图 8-3-6 所示。

图 8-3-6 导出视频

三、编辑美化

视频拍摄完成后进行视频编辑,包括裁剪视频、添加字幕等,最后生成微课视频。(视频编辑操作详见本书第四章第三节。)

8.3.2 《移动课件设计》:录屏类微课制作

《移动课件设计》微课案例选自大学课程"网络教育资源设计与制作",聚焦于移动课件的设计理念阐述。案例采用 PowerPoint 的屏幕录制功能来录制教师电脑屏幕的动态内容及讲解声音。录屏类微课的制作流程主要包括录制准备、录制屏幕、后期编辑三部分。

一、录制准备

(一)教学设计

《移动课件设计》微课教学设计如表 8-3-3 所示。

表 8-3-3 《移动课件设计》微课教学设计

微课名称	移动课件设计
知识点描述	移动课件的设计流程。
适用学习对象	教育技术学本科生或研究生。
教学目标	1. 描述移动课件的制作流程; 2. 说出常用的移动课件制作工具。
教学方法	讲授法。

（续表）

教学过程设计				
教学环节	教学内容	教学活动	使用媒体
悬念导入	移动课件建设的必要性。	教师设问：微课的优点和缺点，由此引入建设移动课件的必要性。	课件
新知讲授	移动课件的制作流程和常用的制作工具。	教师讲授移动课件的制作流程和常用的制作工具，并演示移动课件案例。	课件
拓展延伸	移动课件交互的设计。	教师明确交互在移动课件设计中的重要性，启发学生思考：移动课件中何时需要添加交互？	课件

由《移动课件设计》教学设计可知，整个微课录制过程均在PowerPoint软件上完成，软件同步录制教师放映课件和语音讲解的过程，画面切换方式相对单一，故此处不再展示脚本设计。

（二）课件制作

根据教学设计，教师从移动课件的制作流程、移动课件的制作工具、移动课件案例欣赏三方面设计并制作了教学课件，如图8-3-7所示。

图8-3-7 《移动课件设计》课件

二、录制屏幕

（一）运行PowerPoint

运行PowerPoint软件，在PowerPoint中打开要录制的《移动课件设计》教学课件。

（二）开始录制

在PowerPoint软件中，依次单击【录制】选项卡和【录制】按钮，如图8-3-8所示。在随即出现的录制界面中，单击选择【麦克风】按钮，保证录屏过程中声音的输入；随后单击【录制】按钮，开始录制，如图8-3-9所示。

图 8-3-8 开始录制（一）

图 8-3-9 开始录制（二）

（三）录制教学过程

教师讲解过程中可选择PowerPoint的画笔工具，在课件上做标注，吸引学生的注意力，从而避免由于画面长时间静止而造成的枯燥感，如图8-3-10所示。教师讲解过程中，若有口误，可稍作停顿（便于后期剪辑），再次讲解。

图 8-3-10 PowerPoint 画笔工具

（四）停止录制

教师讲课结束后，单击【停止】按钮即可停止录制，如图 8-3-11 所示。

图 8-3-11 停止录制

（五）导出视频

结束录制后，在【录制】选项卡下单击【导出到视频】，如图 8-3-12 所示。在随后跳转的导出界面中，依次单击选择【使用录制的计时和旁白】，单击【创建视频】，选择文件夹，输入视频名称"移动课件设计"，单击【保存】按钮即可完成视频导出，如图 8-3-13 所示。

图 8-3-12 导出视频（一）

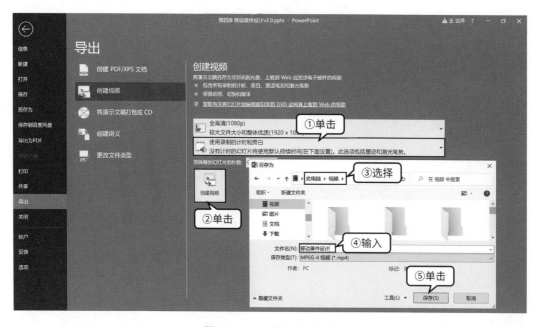

图 8-3-13 导出视频（二）

三、后期编辑

根据教学需要对导出的录屏视频进行后期编辑操作,包括裁剪视频、添加字幕等,最后生成微课视频。(视频后期编辑操作详见本书第四章第三节。)

8.3.3 《产生式表示法》:软件制作类微课制作

《产生式表示法》微课案例的教学内容选自大学课程"人工智能通识教程"第二章《知识表示与知识图谱》。"产生式表示法"的内容多为理论知识,教师利用软件制作丰富多彩的动画,并辅以案例讲解,有助于深入浅出地呈现理论知识。因此,本案例选择利用万彩动画大师软件制作微课,制作过程主要包括微课设计、内容制作和后期编辑三个部分。

一、微课设计

(一)教学设计

《产生式表示法》微课教学设计如表 8-3-4 所示。

表 8-3-4 《产生式表示法》教学设计

微课名称	产生式表示法		
知识点描述	四类知识的产生式表示以及产生式表示法的优缺点。		
学习者特征分析	【适用学习对象】 高校大学生(非计算机专业,尤其是人文社科专业的学习者)。 【学习者特征分析】 大学生学习目的性强,自觉性高,思维独立性强,具有较好的自学能力和动手实践能力,对信息技术学科知识有一定积累,能够通过整合微课与相关网络资源的线上学习顺利完成自主学习。 由于人工智能是一门新兴学科,大部分学习者对人工智能的概念不够明确,对其核心技术和算法缺乏了解。因此在讲授该部分内容时,应注意预备知识的引导;将理论与实际应用相结合,由易到难层层递进,鼓励学习者发现问题和合作探究,从而解决现实问题。		
教学目标	1. 描述产生式表示法的概念; 2. 解释产生式表示法的基本形式; 3. 运用产生式表示法描述不同类型的知识。		
教学方法	问题导向型和启发式教学策略。		
教学过程设计			
教学环节	教学内容	教学活动	使用媒体
悬念导入	产生式表示法的应用背景。	呈现"人工智能时代"的时代背景,提出"知识"的概念,激发学生思考:计算机通过什么方式理解知识呢?	动画
概念学习	产生式表示法的概念。	通过"红绿灯"的案例,解释"如果……就……"的语句形式,并提出产生式表示法的概念,引导学生从具体到抽象地理解产生式表示法。	动画

(续表)

教学环节	教学内容	教学活动	使用媒体
新知探索	四类知识的产生式表示法。	从易到难,利用动画呈现四类知识的产生式表示法:确定性事实性知识、不确定性事实性知识、确定性规则知识以及不确定性规则知识。结合典型案例,强调各种产生式表示法之间的联系和区别。	动画
巩固提升	产生式表示法的优缺点。	利用两道习题总结巩固产生式表示法。介绍产生式表示法的优点与缺点,提出"任何知识表示方法都有其针对性与局限性,不存在一个万能的知识表示方法"这一现状,引导学习者探索更多关于知识表示法的知识。	动画

(二)脚本设计

《产生式表示法》微课脚本设计如表8-3-5所示。

表8-3-5 《产生式表示法》微课脚本

录制时间:2022年9月20日　　　　　　　　　　　　微课时长:6分钟

教师姓名	杨老师	微课名称	产生式表示法		
联系方式		制作类型	□录屏类　□拍摄类　☑软件制作类　□混合类		
教学内容来源	学科:人工智能通识教程				
适用对象	高校大学生(非计算机专业,尤其是人文社科专业的学习者)				
教学过程					
教学内容	画面内容		画外音		设计意图
悬念导入 (35秒)	呈现课程名称"产生式表示法"; 利用白板、计算机、动画人物等元素呈现"人工智能时代";随后,出现知识的概念内容,并配以相关具体图标帮助理解。 出现一排计算机,其上出现对话框,内容为:"我不理解!"表示计算机难以理解抽象知识。		(轻快的背景音乐) 教师语音讲解"人工智能"的时代背景以及知识的概念。		展示课程主题,导入产生式表示法。
概念学习 (1分钟25秒)	呈现知识被计算机存储的过程,引出"人工智能知识表示方法——产生式表示法"。 在一个有红绿灯的路口,两个角色以"如果……,就……"的句式交谈,并用虚线箭头连接两个角色,显示文字"传授知识"。 出现白板,用卡通教师角色讲解产生式表示法的概念。		语音描述两个角色的对话场景,教师讲解产生式表示法的概念。		结合生活情境,阐释产生式表示法的概念。

（续表）

教学内容	画面内容	画外音	设计意图
新知探索 （2.5分钟）	出现四个计算机弹窗页面，叠放在一起，分别对应产生式表示法的4种具体方法。每种方式讲解完后，预留2秒钟的反应时间。 1. 确定性事实性知识——三元组 2. 不确定事实性知识——四元组 3. 确定性规则知识 4. 不确定性规则知识	教师讲解四种产生式表示法的表示方法和案例。	帮助学习者体验产生式表示法的发现与建构过程。
巩固提升 （1.5分钟）	白板展示习题1和习题2并添加文字"请暂停视频，独立思考"，随后圈画习题的解题要点、讲解解答过程。 两个动画角色分别展示产生式表示法的优点和缺点，卡通教师走入画面，展示文字"万能的知识表示模式是不可能的"。	语音描述产生式表示法的优缺点，引导学习者探索更多关于知识表示法的知识。	帮助学习者深刻理解与掌握知识，激发学习者继续学习的兴趣。

二、内容制作

（一）素材准备

根据脚本设计，在万彩动画大师官网下载软件，并收集适合的图片、音频、动画角色等素材，如表8-3-6所示。

表8-3-6《产生式表示法》微课素材准备计划表

教学环节	所需素材	素材展示	素材下载说明
悬念导入	物体出现音效	小惊喜音效-突然 29kb 00:02	进入万彩动画大师的"音效库"选择合适的物体出现音乐。
	背景音乐	轻音乐	利用音乐软件搜索合适的轻音乐下载至本地，并导入万彩动画大师"音乐库"。
	书籍图片		进入万彩动画大师"图片库"，搜索书籍图片，并将单本书籍进行组合。
	机器人图片		进入万彩动画大师"图片库"，搜索机器人图片。
	动态角色		进入万彩动画大师"角色库"，选择可编辑卡通角色"hulu"，并根据教学需要编辑表情与骨骼表情。
	白板图片		进入万彩动画大师"图片库"，搜索合适的白板图片。

（续表）

教学环节	所需素材	素材展示	素材下载说明
概念学习	计算机图片		进入万彩动画大师"图片库"，选择合适的"计算机"图片，在计算机屏幕上添加满屏的"知识"文字，并将二者组合。
	代表知识的图标		利用搜索引擎以"知识"为关键词搜索相关图标，并导入万彩动画大师"图片库"。
	人物角色		进入万彩动画大师"图片库"，选择所需的"人物角色"图片。
	红绿灯		进入万彩动画大师"图片库"，选择所需的"红绿灯"图片。
巩固提升	生病的人图片		利用搜索引擎以"生病的人"为关键词搜索相关图标，并导入万彩动画大师"图片库"。

（二）动画制作

素材准备处理完成后，便可以根据微课脚本开始制作微课视频。限于篇幅原因，本节仅介绍"悬念导入"环节的制作，其他环节可参考示范步骤进行操作。

1. 新建场景

新建空白项目：运行万彩动画大师软件，在首页单击【新建工程】按钮，进入操作页面，如图 8-3-14 和图 8-3-15 所示。

图 8-3-14 万彩动画大师首页

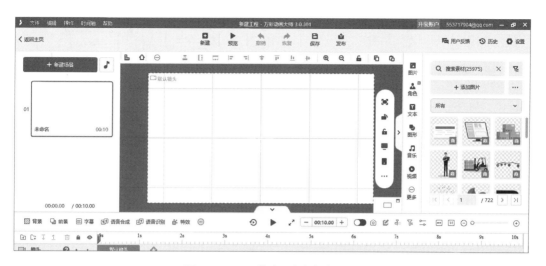

图 8-3-15 万彩动画大师操作页面

添加背景：依次单击【背景】图标、【添加】按钮，在背景选择对话框中选择合适的背景颜色，如图 8-3-16 所示。

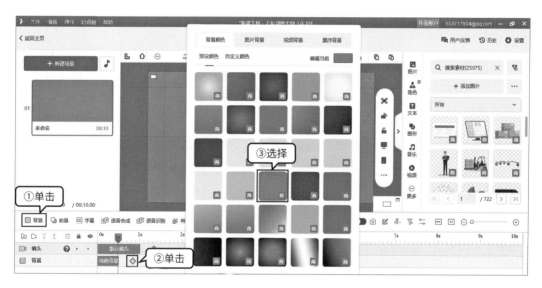

图 8-3-16 添加背景

2. 添加素材

完成场景创建后，教师需要根据脚本设计，将所需素材添加至场景内。此处以添加"机器人"为例展示操作步骤。

搜索素材：在元素工具栏中单击【图片】选项，在搜索框中输入"机器人"后按【Enter】键检索图片。随后，单击选择合适的"机器人"图片，即可插入画布。

调整素材尺寸：按住并拖动图片素材四周的节点，即可调整素材大小。

以上两步操作过程如图 8-3-17 所示。

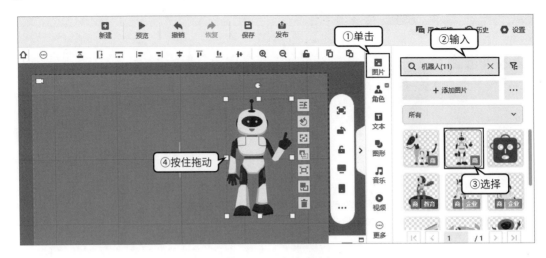

图 8-3-17 添加素材

3. 添加动画

素材添加至当前场景后，会自带进场、退场效果，教师可根据教学需要进行修改，并添加强调动画，调整动画时长。以图片素材"机器人"为例，为其添加"加强进入"动画的具体操作步骤如下。

添加进场动画：鼠标移动播放头至图片素材"机器人"原始进场动画处，鼠标双击进场动画条，在随即出现的【进场效果】对话框中选择【加强进入】动画效果，并单击【确定】按钮，如图 8-3-18 所示。

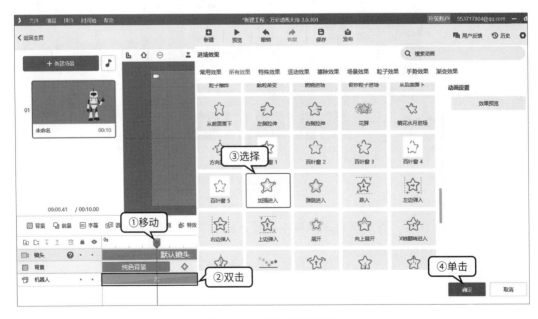

图 8-3-18 添加进场动画

调整动画时长：单击图片素材"机器人"进场动画条，鼠标左右拖动节点，调整动画持续时长，如图 8-3-19 所示。

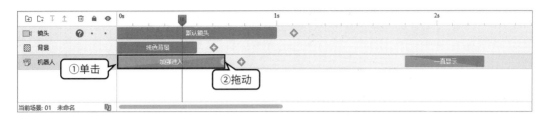

图 8-3-19 调整动画时长

4.添加旁白

录制旁白：将播放头拖动到需要插入录音的起始位置，单击 ⊙，选择【录音】按钮后，单击【麦克风】按钮 ⬤ 即可开始录音，如图 8-3-20 所示。

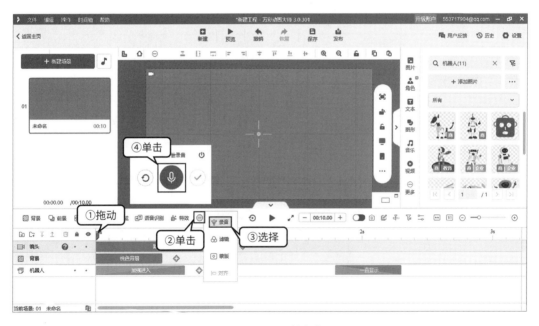

图 8-3-20 录制旁白

应用录音：录音完成后，依次单击【结束】按钮 ⬤ 和【应用】按钮 ⊘，结束录音并对录音加以应用，如图 8-3-21 所示。

5.导出场景

一个场景制作完成后，建议将其导出保存至目标文件夹，避免数据遗失。在页面左侧缩略图列表中鼠标右键单击需要导出的场景，在菜单中选择【导出所选场景】，将其保存至目标文件夹，如图 8-3-22 所示。

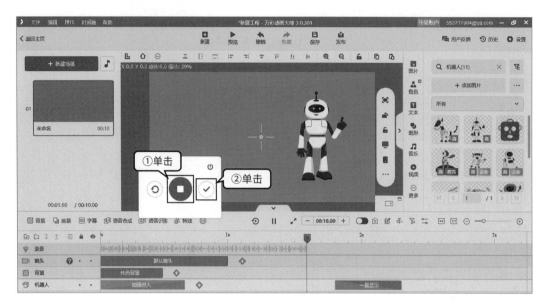

图 8-3-21 应用录音

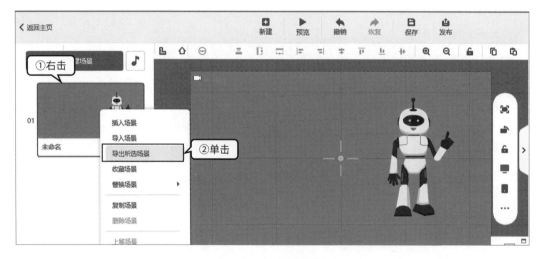

图 8-3-22 导出场景

三、后期编辑

使用万彩动画大师软件以场景为单位制作好微课内容后，可以根据需要为微课视频添加字幕、添加转场动画、添加背景音乐，保存后导出为视频格式。

（一）添加字幕

单击时间轴上方的【字幕】选项，在弹出的【字幕】对话框中输入第一句字幕内容，调整起始时间和终止时间，然后单击【添加字幕】按钮，在【字幕】对话框中新出现的输入框里继续输入下一句字幕，重复上述操作直至添加完该场景中的所有字幕，如图 8-3-23 所示。

第八章　微课资源设计与制作

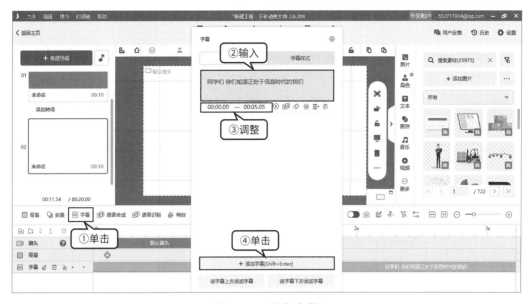

图 8-3-23　添加字幕

(二)添加转场动画

单击场景缩略图下方的【添加转场】字样,在弹出的【过渡动画】对话框中,选择合适的转场效果;在对话框右侧设置转场的时长、方向、颜色、声音;最后单击【确定】,如图 8-3-24 所示。

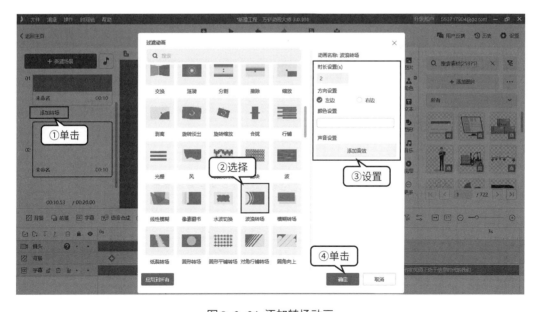

图 8-3-24　添加转场动画

(三)添加背景音乐

单击【添加背景音乐】按钮,在弹出的对话框中选择"背景音乐.mp3"音频,单击【打开】,即可完成背景音乐的添加,如图8-3-25所示。

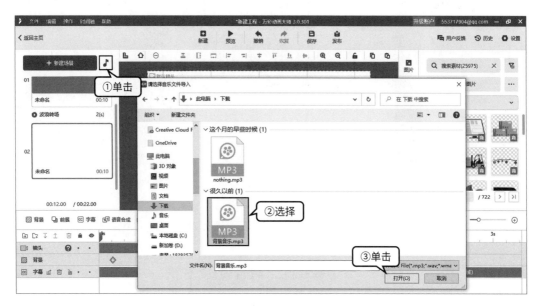

图8-3-25 添加背景音乐

(四)发布微课视频

所有场景编辑完成后,即可保存并发布微课视频。

保存工程文件:单击【保存】按钮,在弹出的对话框中输入"AI这样懂知识——产生式表示法"文件名后,单击【保存】,如图8-3-26所示。

图8-3-26 保存工程文件

发布视频：单击【发布】按钮，在弹出的【发布作品】对话框中设置封面图片、保存位置、清晰度、格式等信息，最后单击【发布】，如图8-3-27所示。

图 8-3-27 发布视频

8.3.4 《超重和失重》：混合类微课制作

案例《超重和失重》教学内容选自高一物理必修一第四章《运动和力的关系》，采用拍摄和软件制作的方案制作微课视频，其中拍摄部分采用手机拍摄，软件制作部分采用万彩动画大师。混合类微课的制作流程主要包括稿本设计、实景拍摄、动画制作和导出视频四部分。

一、稿本设计

（一）教学设计

《超重和失重》微课的教学设计如表8-3-7所示。

表 8-3-7《超重和失重》教学设计

微课名称	超重和失重
知识点描述	1.认识超重、失重现象； 2.产生超重、失重现象的条件、实质； 3.运用牛顿第二定律和第三定律分析超重和失重现象的实例。
学习者特征分析	【适用学习对象】 高一学生。 【学习者特征分析】 学习者在学习本微课前，已完成了牛顿三大定律的学习，能够解决物体做匀变速直线运动的简单问题，但对于运动物体的受力分析还不太熟练。由于超重和失重现象与大部分学生头脑中的固有意识存在冲突，他们容易把超重和失重与物体重力变化联系在一起，因此教师在教学中要注意强调超重与失重只与加速度方向有关。

(续表)

教学目标	1.能够根据加速度的方向，判别物体的超重或失重现象； 2.能应用牛顿第二、三定律解释超重和失重的原因。		
教学方法	探究式教学。		
教学过程设计			
教学环节	教学内容	教学活动	使用媒体
创设情境 导入新课	失重现象。	展示学生乘坐"跳楼机"的动画，提出问题：为什么可可同学在"跳楼机"上感觉自己变轻了？	动画
实验探究 初步建构	失重现象的本质和产生原理。	在师生互动问答中，讲解失重现象的本质。播放"电梯加速下降时体重秤示数变化"实验过程视频，利用牛顿第二、三定律分析受力状态，探究失重现象的产生原理。	动画、实拍视频
归纳推理 深层加工	超重现象的本质与产生原理。	类比分析超重现象的产生原理，归纳推理不同运动状态下支持力与重力的关系，强调超重与失重现象只与加速度方向有关。	动画
应用提升 课堂小结	产生超重与失重现象的条件。	教师归纳总结产生超重与失重现象的条件，引导学生发现并利用所学知识解释生活中其他的超重或失重现象。	动画

（二）脚本设计

《超重和失重》微课的脚本设计如表8-3-8所示。

表8-3-8《超重和失重》脚本设计

录制时间：2022年9月20日　　　　　　　　　　微课时长：9分钟

教师姓名	杨老师	微课名称	超重和失重		
联系方式		制作类型	□录屏类　　□拍摄类　　□软件制作类　　☑混合类		
教学内容来源	学科：物理　　　年级：高一　　　教材版本：人教版必修一				
适用对象	高一学生				
教学过程					
教学内容	画面内容		画外音		设计意图
创设情境 导入新课 （1分钟）	动画呈现：课程名称超重和失重。 动画呈现：三名学生在游乐园乘坐"跳楼机"后，在公交站台交流方才的体验的画面。		（轻快背景音乐） （尖叫的音效） 三名学生交流乘坐"跳楼机"的对话。		创设情境，引入主题：超重与失重。
实验探究 初步建构 （3分钟）	动画呈现：三名学生来到物理老师办公室，向老师请教："为什么'跳楼机'突然下降时，大家感觉身体轻飘飘的，像失去了重力一样？"教师讲解失重现象的本质。办公室的白板上同步显示师生问答过程中的要点内容。 动画呈现：三名学生带着体重秤来到电梯间。 实景视频：电梯从10楼加速下降时，体重秤示数变小。 动画呈现：教师和三名学生对失重现象进行受力分析，探讨失重现象产生的原理。动画角色旁的白板同步显示师生分析过程。		（敲门的音效） 师生对话讨论失重现象，教师讲解失重现象的本质。 语音描述"电梯加速下降时体重秤示数变小"的过程以及失重现象分析过程。		结合生活情境，引导学生自主探究失重现象的产生原理。

（续表）

教学内容	画面内容	画外音	设计意图
归纳推理 深层加工 （4分钟）	实景视频：电梯从1楼加速上升，体重秤示数变大。 动画呈现：教师启发3名学生自主分析超重现象。 动画呈现：3名学生填写电梯运行方向、电梯运行情况、加速度方向、支持力与重力的关系、观察现象等物理量各阶段变化表。 动画呈现：教师强调超重与失重现象只与加速方向有关。	语音描述"电梯加速上升，体重秤示数变大"的过程。 3名学生利用牛顿第二、三定律分析超重现象。 语音描述电梯运行方向、电梯运行情况、加速度方向、支持力与重力的关系、观察现象等物理量在各阶段的变化。 教师讲解超重与失重现象只与加速度方向有关。	引导学生自主类比推理超重现象产生的原理并归纳产生超重和失重现象的条件。
应用提升 课堂小结 （1分钟）	动画呈现：教师归纳总结产生超重与失重现象的条件，引导学生发现并利用所学解释生活中其他的超重或失重现象。动画角色旁的白板同步呈现教师讲解要点。	教师归纳总结产生超重与失重现象的条件，引导学生发现并利用所学知识解释生活中其他的超重或失重现象。	帮助学习者深刻理解与掌握知识，激发学习者继续学习的兴趣。

二、实景拍摄

确定拍摄场景：根据微课脚本设计，教师制作《超重和失重》微课时，需要实景拍摄两段视频：电梯加速下降时体重秤示数变小、电梯加速上升时体重秤示数变大。因此，教师确定以升降电梯为拍摄场景，如图8-3-28所示。

图8-3-28 拍摄场景：电梯

视频拍摄：由于拍摄场景空间较为狭小，且拍摄需求较少，本案例采用手机进行简易拍摄。教师需准备手机、手机支架等拍摄设备和教学用具——体重秤，如图8-3-29所示。实景视频拍摄效果如图8-3-30所示。

图 8-3-29 拍摄所需设备和教学用具

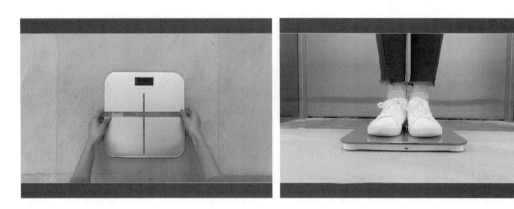

图 8-3-30 实景拍摄效果图

三、动画制作

根据《超重和失重》脚本设计，微课视频主体内容均通过动画呈现，因此本案例采用"万彩动画大师"软件进行动画制作。教师根据脚本设计要求，依次新建场景、添加素材（包括实景拍摄视频）、为各元素添加动画、录制旁白、添加字幕、添加转场动画和背景音乐即可完成动画制作。具体制作过程与本章第三节第三小节《产生式表示法》内容制作环节相似，此处不再详细阐述。

四、导出视频

预览动画：单击【预览】按钮后，选择【全屏预览】选项，查看动画视频是否满足教学需求，如图8-3-31所示。

导出视频：确认动画视频无误后，单击【发布】按钮，在弹出的【发布作品】对话框中设置封面图片、保存位置、清晰度、格式等信息，最后单击【发布】即可完成视频导出，如图8-3-32所示。微课视频效果如图8-3-33所示。

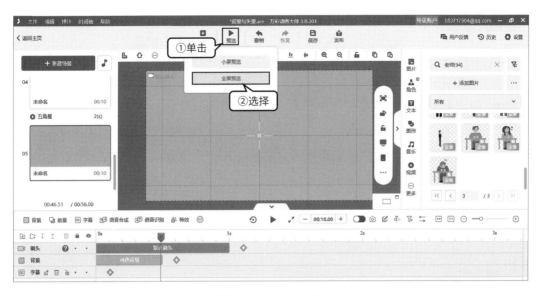

图8-3-31 预览动画

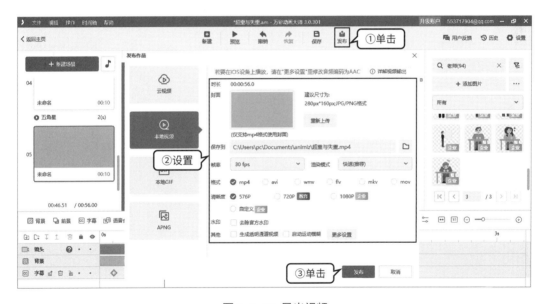

图8-3-32 导出视频

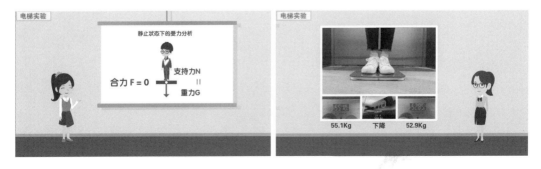

图8-3-33 《超重与失重》微课视频效果图

本章小结

- 微课是一种支持教师教和学生学,以微视频为核心,包含与微视频相配套的教学辅助资源的新型数字化资源,具有"短、小、精、悍"的特点。
- 微课资源按开发方式可分为四类,分别为拍摄类微课、录屏类微课、软件制作类微课以及混合类微课。
- 微课资源的获取平台主要有中国大学MOOC、学堂在线、中国微课网、全国微课教学平台、超星慕课平台等。
- 微课的开发一般需经历规划设计微课、制作发布微课、评价完善微课三个环节。

操作题

1. 请在中国大学MOOC平台中下载一个有关中国传统节日的微课。
2. 请自选知识点,制作一个PPT录屏型微课。

本章彩图
扫码可看

第九章 VR/AR 资源设计与制作

 学习目标

- 了解 VR/AR 资源的内涵和特征;
- 了解 VR/AR 资源的教学应用情境,能够在教学中巧妙运用 VR/AR 资源;
- 了解常见的 VR/AR 资源平台,能够快速获取教学所需的 VR/AR 资源;
- 掌握 VR/AR 资源制作工具的基本操作,根据教学需求制作 VR/AR 资源。

知识图谱

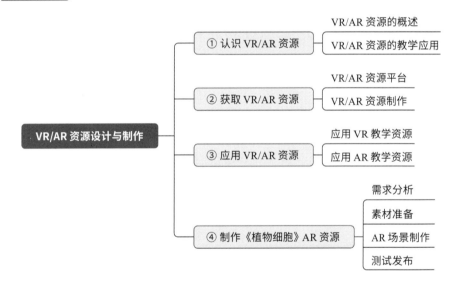

9.1 认识 VR/AR 资源

9.1.1 VR/AR 资源的概述

虚拟现实资源是集计算机技术、传感技术、仿真技术和微电子技术等于一体,利用计算机创建的视、听、触觉等一体化的逼真的虚拟环境,通过视觉、听觉、触觉和嗅觉等作用,使用户产生和现实环境中一样的感觉。[①] 虚拟现实资源可以应用于教育、

---

① 史铁君.虚拟现实在教育中的应用[D].长春:东北师范大学,2008:2.

医学、工程、金融和通信等各个领域。本节将主要讲解VR和AR资源的内涵及其在教学中的应用。

一、VR资源

VR（Virtual Reality）即虚拟现实，最早由美国人杰伦·拉尼尔（Jaron Lanier）于20世纪80年代提出。虚拟现实利用计算机在一定范围内生成的在视、听、触和嗅觉等方面与真实环境高度相似的数字化环境，是一种多源信息融合的、交互式的、三维动态视景和实体行为仿真的模拟信息系统。虚拟现实环境可使用户沉浸其中并获取知识，提高其感性和理性认识，从而使用户深化概念和萌发新的联想，启发创造性思维。

美国科学家波德·G（Burdea G.）在1993年发表的《虚拟现实系统与应用》一文中简要地总结了虚拟现实最突出的三个特征，即"3I"特征[1]：

沉浸性（Immersion）：是指用户感受到作为主角存在于虚拟环境中的真实程度；

交互性（Interaction）：是指用户对虚拟环境中对象的可操作程度和从虚拟环境中得到反馈的自然程度；

想象性（Imagination）：是指用户在虚拟环境中根据所获取的多种信息和自身在系统中的行为，通过逻辑判断、推理和联想等思维过程，对系统的状态和进展进行想象的能力。

虚拟现实技术具有人类所拥有的感知功能，如听觉、视觉、触觉、味觉和嗅觉等感知系统。[2]在虚拟手术实验系统中，用户可以模拟手术过程中的操作并在实景中得到真实反馈，如图9-1-1所示。此外，用户可以通过佩戴虚拟现实设备沉浸到设定的虚拟环境中，如图9-1-2所示，用户佩戴VR头显设备在设定的虚拟"画展"环境中身临其境地观赏画展。

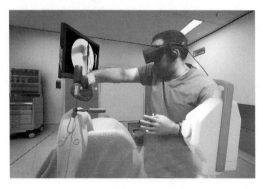

图9-1-1 虚拟仿真实验教学

图9-1-2 VR头显设备

[1] 刘建军.虚拟现实技术及其在MOOC中的应用[M].北京：北京航空航天大学出版社，2017：27—38.
[2] 虚拟现实：虚拟和现实相互结合的技术类型、灵境技术、元宇宙[EB/OL].[2023-12-20]. https://baike.baidu.com/item/%E8%99%9A%E6%8B%9F%E7%8E%B0%E5%AE%9E/207123.

二、AR 资源

AR（Augmented Reality）即增强现实，是一种将虚拟信息与真实世界巧妙融合的技术，广泛运用多媒体技术、三维建模、实时跟踪及三维注册、智能交互和传感等多种技术手段，将计算机生成的文字、图像、三维模型、音乐、视频等虚拟信息模拟仿真后，应用到真实世界中，两种信息互为补充，从而实现对真实世界的"增强"。[①]

有学者指出，增强现实系统具备以下三个基本特征[②]：

虚实结合（Combine real and virtual）：即借助显示设备将虚拟对象与真实环境融为一体，并呈现给用户一个感官效果真实的全新环境[③]，如图9-1-3所示；

实时交互（Interactive in real time）：即通过增强现实系统中的交互接口设备，人们以自然方式与增强现实环境进行交互操作，这种交互满足实时性要求，如图9-1-4所示；

三维注册（Registered in 3D）：即在真实场景中根据目标位置的变化来实时获取传感器位姿，并按照使用者的当前视角重新建立空间坐标系，再将虚拟场景准确、实时、动态地渲染到真实环境中，做到无缝融合。[④]

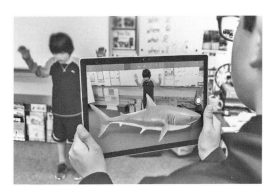

图9-1-3 AR应用场景

图9-1-4 AR虚拟实验实时交互

9.1.2 VR/AR 资源的教学应用

VR/AR资源在教育中的应用主要是为学生提供虚拟环境，学生以第一人称或第三人称视角进入虚拟环境，与虚拟环境互动，以获得感觉信息的反馈。[⑤] VR/AR资源可以让学生置身于复杂抽象概念的内部结构中，形成对抽象概念的直观印象，从而有效弥

---

① 胡天宇，张权福，沈永捷，董惠媛.增强现实技术综述[J].电脑知识与技术，2017（34）.

② Ronald T Azuma. A Survey of Augmented Reality[J]. Computer and Information Science，1997（4）.

③ 张金钊，张金锐，张金镝. X3D增强现实技术：第二代三维立体网络动画游戏设计[M].北京：北京邮电大学出版社，2012：4—7.

④ 韩玉仁，李铁军，杨冬.增强现实中三维跟踪注册技术概述[J].计算机工程与应用，2019（21）.

⑤ 丁楠，汪亚珉.虚拟现实在教育中的应用：优势与挑战[J].现代教育技术，2017（2）.

补符号化教学过于抽象难懂的缺点。① VR/AR 资源的沉浸性、交互性、想象性等特征，有助于提高学生学习的动机和专注度。VR/AR 资源能够为学生的操作性学习提供安全、真实、低成本的虚拟操作环境。

一、创建仿真学习场景

VR/AR 资源具有沉浸性特征，能够给学生带来沉浸式的教学体验。学生利用 VR/AR 资源所提供的虚拟仿真学习场景和教学设备进行体验式学习，置身于符合学科课程教学内容的虚拟逼真的情境中，进行真实的情境体验和认识。将仿真学习场景运用在教学中的好处是：它可以创建现实环境中很难遇见的场景，如行星撞击地球；还可以创建历史上已经不存在的场景，如英法联军火烧圆明园的场景；还可以创建肉眼观察不到的微观或宏观的场景，如细胞分裂的过程。

例如：语文教师在讲授《故宫博物院》一课时，为带领学生身临其境地了解故宫的地理位置、历史沿革和整体布局等课程知识，从网络中获取了"全景故宫"VR 资源并应用于课堂教学中。② 在虚拟仿真场景中，学生可以通过单击屏幕中的控制按钮与拖动鼠标来实现画面的切换、旋转与缩放等操作，从而了解和参观虚拟仿真的故宫博物院，如图 9-1-5 所示。

图 9-1-5 虚拟现实场景

对于复杂的、实际操作困难的、危险的实验操作，如军事作战技能操作、外科手

---

① 张璐妮. 虚拟现实外语口语教学的感知、接受和应用研究 [D]. 北京：北京邮电大学，2020：26.
② 图片来源于微信小程序"故宫博物院"截图。

术技能操作、飞机驾驶技能操作、电器维修技能操作和化学实验操作等，VR/AR 资源能够为学生提供直观方便且毫无危险的仿真学习场景。学生可以在仿真场景中反复操作练习，且不用担心设备出现损坏或故障的问题。

例如：学生在具有虚拟仿真技术的虚拟实验室内开展实验操作，如图 9-1-6 所示；在具有虚拟仿真技术的飞机驾驶训练系统中操作控制设备，学习在不同天气模式下驾驶飞机起飞、降落和调速等操作练习，如图 9-1-7 所示。

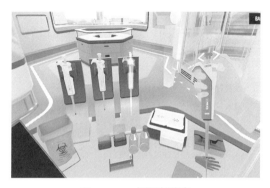
图 9-1-6 虚拟实验室

图 9-1-7 虚拟飞机驾驶训练系统

二、开展探究型教学活动

VR/AR 资源不仅能实现学习对象的仿真呈现，还能将其置于真实环境中，使其可以操纵学习对象，以一种自然的交互手段开展自主探索学习，从而获得认知与体验。例如学生在虚拟现实场景下使用交互设备主动探索人体的心脏结构等相关知识，如图 9-1-8 所示。

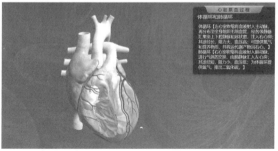
图 9-1-8 心脏结构虚拟场景

三、为学生提供虚拟学伴

不同学生具有不同的学习风格、学习态度和学习习惯等特征，在传统教学模式中，教师很难随时随地为每个学生提供个性化指导。基于虚拟现实技术的学习系统，能够为每个学生提供个性化的虚拟学伴，虚拟学伴可以为学生提供陪伴与学习支持服务。[①]基于虚拟现实技术的虚拟学伴能够解答学生在学习过程中遇到的问题，并为学生提供相关参考书籍；还能有效解决学生的心理问题，为学生排忧解难，维护学生的身心健康。学生在学习时能够与虚拟学伴对话聊天，向虚拟学伴提出自己的问题以寻求解答，如图9-1-9所示。[②]

图 9-1-9 虚拟学伴

四、实现交互式学习

学生与 VR/AR 资源提供的虚拟场景进行互动[③]，操纵虚拟场景中的物体，同时虚拟环境也会通过视觉、听觉和触觉等多种感觉形式给予学生较为快速的反馈[④]，学生再根据得到的反馈来决定下一步的操作，从而建构起知识与反馈的链接。

例如：学生虽然已经习得了氢原子和氧原子的概念，但不知道它们组合起来会是什么，教师可以在课堂探究活动环节组织学生在虚拟环境里使用特殊交互设备组合两个氢原子和一个氧原子并观察其现象。虚拟现实系统随即会给出组合后的结果，如图 9-1-10 所示。虚拟环境促使学生使用已有知识解锁新知识，从被动接受者转变为主动学习者，从而能有效激发学生的学习兴趣，提升他们的学习效果。

[①] 吴彦文主编. 信息化环境下的教学设计与实践 [M]. 北京：清华大学出版社，2018：311.
[②] 此处的虚拟学伴来自湖南卫视虚拟数字主持人。
[③] 王金权. 虚拟现实技术在中学信息技术课程实践教学中的应用研究 [D]. 广州：广东技术师范大学，2022：12.
[④] 丁楠，汪亚珉. 虚拟现实在教育中的应用：优势与挑战 [J]. 现代教育技术，2017（2）.

图 9-1-10 在虚拟场景中进行交互学习

9.2 获取 VR/AR 资源

9.2.1 VR/AR 资源平台

一、中央电化教育馆虚拟实验教学服务系统

中央电化教育馆虚拟实验教学服务系统（https://vlab.eduyun.cn）简称"央馆虚拟实验"，是中央电化教育馆与相关科研机构依托国家教育资源公共服务平台共同搭建，可应用于中小学虚拟实验教学的教学工具。系统分为实验资源、实验测试、教师培训等板块，使用 AI、3D、VR 等前沿技术还原了与中小学各学科课程标准匹配的学科实验，能够满足不同学段和学科的实验教学的差异化需求。

下面以八年级物理"平面镜成像特点"为例，展示"央馆虚拟实验"的资源获取过程。

进入央馆虚拟实验搜索资源：在浏览器地址栏中输入"https://vlab.eduyun.cn"，按键盘上的【Enter】键进入"央馆虚拟实验"首页。在"央馆虚拟实验"首页右上角【搜索框】中输入实验关键词"平面镜成像特点"，按键盘上的【Enter】键搜索，在搜索结果页面中单击选择合适的资源，如图 9-2-1 所示。

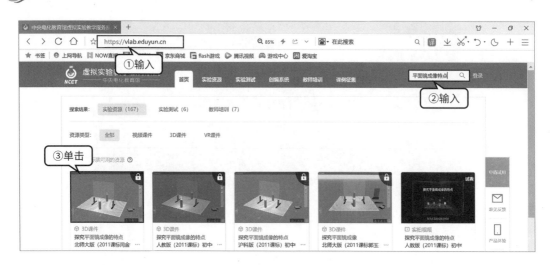

图 9-2-1 央馆虚拟实验平台

筛选资源：若要根据特定学科学段或教材版本获取资源，可单击【实验资源】，在跳转的新页面中进行筛选，如【初中】资源、【物理】资源，在筛选后的资源列表中单击所需资源，如图 9-2-2 所示。

图 9-2-2 初中物理实验资源栏目

二、NOBOOK 虚拟实验平台

NOBOOK 虚拟实验平台（https://www.nobook.com）是一款 K12 学科教学工具，是专为中小学教师打造的实验教学软件，主要用于辅助实验教学。它涵盖了初中、高中八个版本教材所涉及的多类课程虚拟实验，如物理、化学、生物实验等，支持 PC 端和移动端的多终端应用。

下面以化学实验"加热高锰酸钾制取氧气、氢气"为例，介绍在 NOBOOK 虚拟实验平台获取化学实验虚拟资源的步骤。

在线使用化学实验虚拟资源：在浏览器地址栏中输入"https://www.nobook.com"，按键盘上的【Enter】键进入 NOBOOK 虚拟实验平台首页，下拉页面后单击"NB 化学实验"下的【立即体验】按钮，如图 9-2-3 所示，即可跳转进入"NOBOOK 化学实验资源库"。

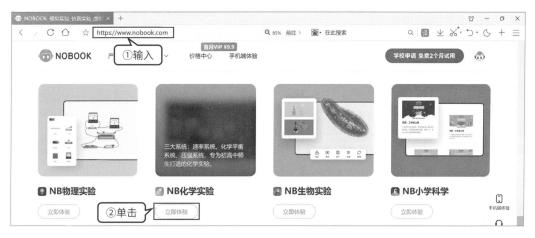

图 9-2-3 NOBOOK 化学实验平台

筛选资源：在"NOBOOK 化学实验资源库"页面上，单击左上角的下拉键，在弹出的对话框中筛选对应的实验资源版本，单击【初中】和【人教版】按钮后，单击选择对应教材版本，最后单击【确定】即可切换"NOBOOK 化学实验"资源的学段，如图 9-2-4 所示。

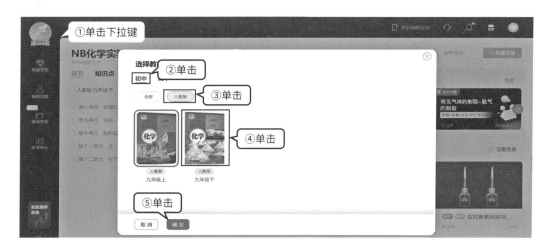

图 9-2-4 选择化学实验资源版本

进入实验：在筛选过的资源列表中单击"加热高锰酸钾制取氧气和氧气的性质"实验，如图 9-2-5 所示，在弹出的窗口中单击【去做实验】，即可进入实验平台。该实验平台如图 9-2-6 所示。

图 9-2-5 进入实验平台

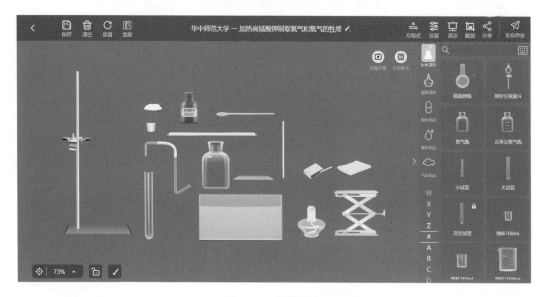

图 9-2-6 实验平台

新建资源：若"NOBOOK 化学实验资源库"中无所需资源，或是需要学生自行搭建实验设备进行实验，则单击【新建实验】按钮，在弹出的对话框中单击【无机化学】跳转至实验搭建界面。在实验搭建界面中单击选择"加热高锰酸钾制取氧气和氧气的性质"的实验器材，并拖曳到左侧空白实验台上搭建，搭建完成后单击右上角【演示】即可验证实验器材搭建是否正常，如图 9-2-7 所示。

第九章 VR/AR 资源设计与制作

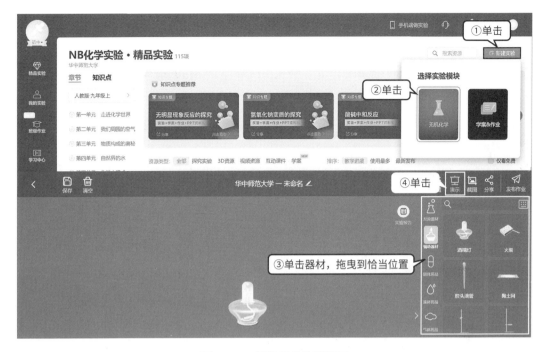

图 9-2-7 新建无机化学资源

三、phET 互动学习网站

phET 互动学习网站（https://phet.colorado.edu）是由诺贝尔奖获得者卡尔·威曼创立的一款网页版交互实验工具，是开展以互动和探索为导向的新型在线课堂教学平台。它涵盖了从小学到大学的多学科在线互动课程，如数学、物理、化学、地球科学等。教师可以利用该网站辅助实验教学，提高教学效率，学生可以在该网站进行模拟实验、演示练习。进入平台首页后，通过页面右上角的搜索图标，在搜索弹窗中输入实验关键词即可进行搜索，如图 9-2-8 所示。

图 9-2-8 phET 互动学习网站

四、摩尔空间

摩尔空间（http://www.mol.space）是国内专注于 VR 教育的平台，主要面向教育行业提供专业化 VR 教育实训解决方案。摩尔空间旗下的 MolPort VR 教育资源平台以及各学科专业 VR 课件，能让学生实现沉浸式学习。用户可根据需要订购所需的产品或 VR 课件，如图 9-2-9 所示为摩尔空间提供的产品和 VR 课件资源。

图 9-2-9 摩尔空间

五、UtoVR 平台

UtoVR（https://www.utovr.com）是国内优质虚拟现实视频平台，平台提供 VR 视频的在线浏览、下载以及 VR 视频的拍摄、拼合与制作等操作服务。整个平台分区明确，包括 VR 视频、VR 地图、VR 直播等板块，如图 9-2-10 所示。进入平台首页后，根据需要在搜索栏输入关键词，在搜索结果页面中单击想要观看的视频，跳转到播放页面后即可通过鼠标拖曳画面实现全景观看。当观看平台中《神秘的金字塔——古老的埃及文化》的 VR 视频资源时，通过长按鼠标左键拖曳即可从不同角度观看金字塔，如图 9-2-11 所示。

第九章 VR/AR 资源设计与制作

图 9-2-10 UtoVR 平台

图 9-2-11《神秘的金字塔——古老的埃及文化》VR 视频

9.2.2 VR/AR 资源制作

一、VR/AR 资源常用制作平台

VR/AR 教学资源生成的沉浸式仿真交互环境能够给学生带来直观感受，激发学生的学习兴趣，从而帮助教师提高教学效率，但 VR/AR 资源开发过程较为烦琐复杂，因此教师可以借助一些平台来制作 VR/AR 资源。下面介绍几种常见的 VR/AR 教学资源制作平台。

表 9-2-1 VR/AR 资源制作平台

平台	平台介绍
Kivicube	AR 可视化在线制作平台。拥有丰富的素材库与交互模板；支持多种 AR 识别与跟踪支持，如 SLAM 空间定位与跟踪、AR 图像检测与跟踪、陀螺仪跟踪、AR 云识别等；拥有多种开发方式，如小程序 AR 插件、微信 AR、支付宝 AR。
视+AR 编辑器	可视化 AR 编辑平台。操作简单，无须掌握任何代码；根据入门难度、内容创建灵活度等，可将 AR 内容创建工具划分为模板工具、Web 编辑器工具、SunTool 工具等；可创建内容形式多样，如全景环视图、交互按钮、AR 视频等。
720 云 vr 全景	制作 VR 全景的专业平台。创作内容多样，包括 VR 全景图片、VR 视频和物体环视场景等；可在 VR 空间内配置背景音乐、语音解说、热点链接、特效等；适应多终端设备，包括手机、电脑、触控桌面、电视、展示大屏等浏览展示。
九商 VR 云	一站式 VR 全景互动在线制作平台。免费提供全景图模板；支持 PC、APP 端实时同步编辑，操作简单；具有视角、热点、沙盘、遮罩等丰富的全景编辑功能；支持创作产品的存储和发布、与他人分享和交易。

二、VR/AR 资源的制作流程

VR 资源可以帮助教师创设虚拟仿真教学环境，或用于虚拟实验、远程教育等；AR 资源可以应用于人体解剖教学及手术培训，也可用于呈现学科复杂知识点，如数学空间几何、化学分子原子、生物细胞等，辅助学生理解知识。VR/AR 教学资源的开发流程一般可以分为需求分析、素材准备、应用开发和测试发布 4 个阶段，如图 9-2-12 所示。

图 9-2-12 VR/AR 教学资源的开发流程

（一）需求分析

根据分析对象的不同，教师可以从学习者、教学内容和教学需求三个层面加以分析。根据需求分析的结果，教师可以选择能够应用于实际教学且与学生兴趣、能力相适应的资源。

例如：以七年级生物"输送血液的泵——心脏"为例，教师在教授这一课时需要讲解心脏的结构及其对应的功能。七年级学生对心脏这一器官已有了初步的感性认识，但其拥有的认识和经验是片面的且可能是不科学的。因此，教师需为学生提供心脏 AR 资源，帮助学生整体感知心脏这一器官，拥有直观认知。

（二）素材准备

该阶段以需求分析的结果为设计依据，提前预判教学环境与使用场景，结合技特点与学习者认知特点,构想并设计教学资源的三维场景界面、交互功能和最终效果等。AR 资源还需要准备相应的增强效果素材如三维模型、图片、视频等,以及识别素材。

例如:教师计划在小组探究环节组织学生使用 AR 资源进行探究学习,并通过网络下载心脏 3D 模型素材为后期开发做准备。在浏览器地址栏中输入"sketchfab"3D 模型平台的网址"https://sketchfab.com",登录后在搜索框中输入"heart",如图 9-2-13 所示;按键盘上的【Enter】键进入心脏 3D 模型搜索界面,单击心脏模型,如图 9-2-14 所示。

图 9-2-13 搜索 3D 模型

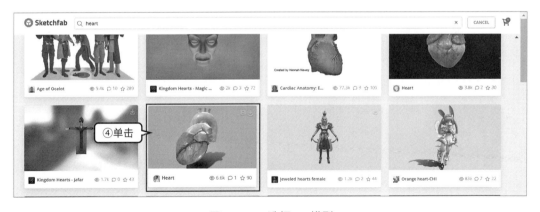

图 9-2-14 选择 3D 模型

3D 模型下载: 挑选模型后在弹出的 3D 模型详情页中单击【Download 3D Model】按钮,在弹出的下载窗口中单击"glb"格式的【DOWNLOAD】按钮,即可下载该模型,如图 9-2-15 所示。

405

图 9-2-15 下载 3D 模型

（三）应用开发

经过分析设计与素材准备后，选择合适的开发工具开发教学资源系统。教学资源系统开发首先是三维模型的构建或者是三维场景的搭建，即将准备好的素材导入场景中，搭建虚拟场景框架，并根据需求设置交互功能。

例如：以开发心脏 AR 资源为例，在浏览器中输入"kivicube 小程序 SLAM"制作平台的网址"https://slam.kivicube.com"进入该平台，单击【快速制作】按钮，完成登录后，在弹出的对话框中单击【选择文件】按钮，在弹出的窗口中选择【heart.glb】文件，单击【打开】按钮，最后单击【上传】按钮，上传心脏 3D 模型，如图 9-2-16 所示。

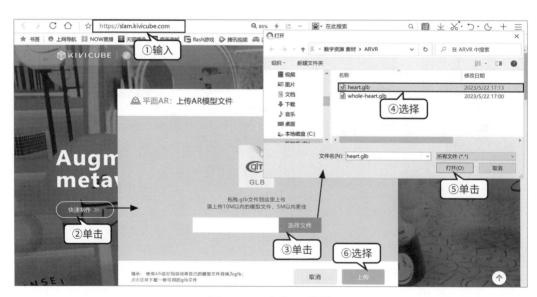

图 9-2-16 上传 3D 模型

设置场景信息：上传模型后，平台自动弹出"设置 SLAM 场景信息"的对话框，在【设置页面标题】中输入"心脏"，单击【设置模型缩略图】，在弹出的窗口中选择提前下载好的模型缩略图,单击【打开】按钮后,单击【生成体验链接】按钮即可完成场景信息设置,如图9-2-17所示。

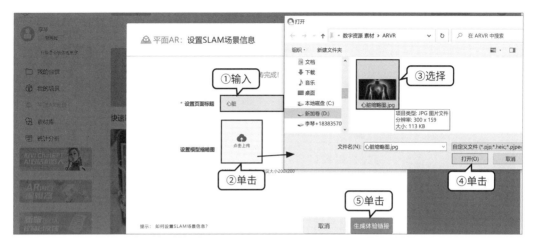

图9-2-17 设置场景信息

(四)测试发布

在发布VR/AR教学资源之前,学习者需要对系统功能和体验效果进行反复的测试。只有全面的测试,才能够检验系统运行的流畅性和稳定性,无误后即可正常发布。

例如:以测试发布心脏AR资源为例,在生成体验链接后,平台会自动弹出"发布SLAM场景"的对话框。学习者可直接单击【下载二维码】按钮,也可单击【复制链接】按钮,如图9-2-18所示,然后扫描二维码测试心脏AR场景是否符合要求。若符合,则将二维码插入相应课件中。学习者扫描二维码即可看到心脏的AR场景,场景效果如图9-2-19所示。

图9-2-18 发布心脏AR场景

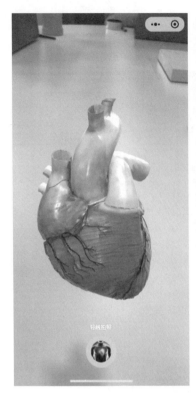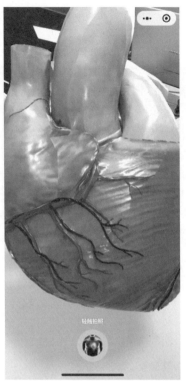

图 9-2-19 心脏 AR 缩小和放大效果图

9.3 应用 VR/AR 资源

9.3.1 应用 VR 教学资源

> 张老师在设计"用高锰酸钾制取氧气"这一课内容时，考虑到实验安全和资源节约情况，决定在课堂上使用虚拟实验资源，让学生在平板电脑上利用虚拟实验设备来体验氧气的制作过程。那么，张老师应该如何在课堂教学各个环节中应用 VR 教学资源呢？

一、新课讲授环节

在讲授实验室制取氧气的方法这一知识内容时，张老师可以使用 NOBOOK 虚拟实验平台演示"使用高锰酸钾制取氧气"的实验，带领学生学习高锰酸钾制取氧气的原理。张老师通过实验平台给学生展示和介绍"用高锰酸钾制取氧气"实验所使用的仪器和实验操作步骤，同时讲解高锰酸钾的构成和制取氧气原理。在实验时他可以要求学生注意观察实验现象并思考如何验证实验制取成果，如图 9-3-1 和 9-3-2 所示。

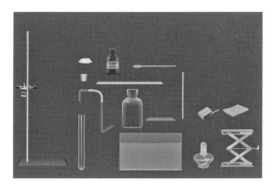
图 9-3-1 教师介绍实验仪器

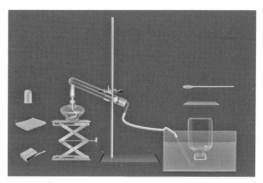
图 9-3-2 教师演示实验操作步骤

二、实践操作环节

新课讲授后，为锻炼学生的动手操作能力，将所学理论知识应用于实践，张老师让学生自主实践操作，探究实验步骤。学生使用平板电脑上的"NOBOOK 虚拟实验设备"体验氧气制作过程，熟悉实验操作流程，同时默写化学方程式。这一过程借助 NOBOOK 虚拟实验平台避免了学生操作不当引发安全隐患的问题，如图 9-3-3 和 9-3-4 所示。

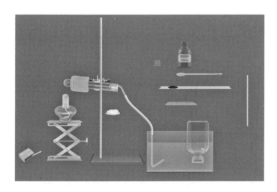
图 9-3-3 学生自主实践操作实验

图 9-3-4 学生默写化学方程式

三、知识巩固环节

学生实践操作活动时，张老师进行巡视指导。学生自主探究结束后，张老师指出在巡视过程中所看到的错误实验操作，如试管口未放一团棉花，铁夹未夹在距试管口约 1/3 处，试管口未朝下，等等。此时，张老师可利用学生的错误操作讲解在实验操作时应注意的事项。后续也可以使用 NOBOOK 虚拟实验平台出示错误的实验装置图，让学生判断并回答实验装置是否有错误。若有，则指出错误并加以改正，帮助学生巩固所学知识，培养学生的实验操作能力和严谨的科学态度，如图 9-3-5 和 9-3-6 所示。

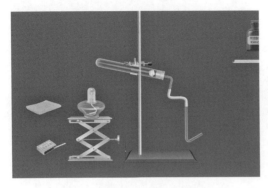
图 9-3-5 实验操作应注意事项

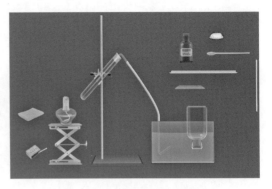
图 9-3-6 错误的实验装置图

9.3.2 应用 AR 教学资源

> 李老师在设计"昼夜交替"这一课教学内容时,考虑到昼夜交替这一概念较为抽象,且学生不能在日常生活中直接观察到地球的自转与公转运动,于是想利用 AR 技术来呈现虚拟实验内容,辅助教学活动的展开。那么,李老师应该如何应用 AR 教学资源进行教学呢?

一、验证假设环节

李老师介绍了历史上对昼夜交替现象的不同解释后,询问学生支持哪种观点。随后为验证假设,教师向学生展示 AR 设备,介绍 AR 设备的使用方式,并通过 AR 虚拟实验演示地球的自转与公转运动,要求学生注意观察并思考假设正确与否,如图 9-3-7 所示。[①]

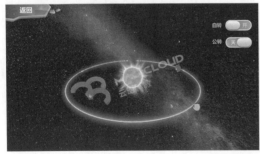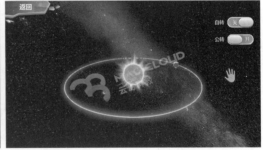

图 9-3-7 验证假设环节

二、小组探究环节

带领同学们验证假设后,李老师再次提出探究问题:昼夜交替与地球自转的关系是什么?他组织学生以小组为单位展开探究活动,借助 AR 设备观察、演示 AR 实验现

---
① 图片来源于云幻教育科技股份有限公司。

象，来验证昼夜交替和地球自转的关系，如图 9-3-8 所示。最后要求学生总结发现成果并得出实验结论进行小组汇报，该环节的设计意图在于利用小组探究活动来培养学生的团队协作能力和问题解决能力。

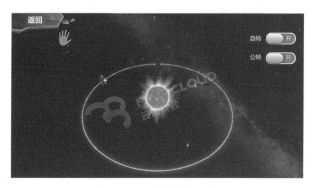

图 9-3-8 小组探究环节

9.4 制作《植物细胞》AR 资源

> 李老师计划在上课前让学生提前预习《植物细胞》的教学内容，自主探究植物细胞的基本结构。考虑到学生没有显微镜设备，并且为了激发学生自主探究学习的兴趣，李老师想制作一个植物细胞的 AR 资源以供学生预习。李老师应该如何操作呢？

9.4.1 需求分析

七年级《生物》上册第二单元"植物细胞"一课的学习目标是让学生认识植物细胞的基本结构。为降低认知难度，教师可借助 AR 技术将植物细胞立体化地呈现给学生，使肉眼不可见的事物可视化呈现。该年龄段学生好奇心强，喜欢动手操作，利用 AR 技术呈现学习内容可以增强他们对现实情境的视觉感知能力，加深对这节课知识内容的理解与识记。因此，为这节课设计制作的 AR 资源应具有真实性和可视化的特点，能够客观地呈现这节课的知识内容，同时具有一定的可操作性，便于学生自主探究操作。

9.4.2 素材准备

搭建三维场景前，需要准备好被识别图片、3D 展示模型、讲解视频等材料。

一、识别主体下载

被识别图片可从网络下载或自行拍摄，本案例使用的是网络下载的树叶图片，如图 9-4-1 所示。

图 9-4-1 被识别图片——树叶

二、植物细胞模型下载

3D 模型可自行设计制作，或在 3D 模型网站上下载。本案例使用的是从"sketchfab"3D 模型平台下载的植物细胞模型。

搜索植物细胞模型：在浏览器地址栏中输入"sketchfab"3D 模型平台的网址"https://sketchfab.com"，登录后在搜索框中输入"plant cell organell"，如图 9-4-2 所示。按键盘上的【Enter】键进入植物细胞 3D 模型搜索界面，根据需求挑选并单击植物细胞模型，如图 9-4-3 所示。

图 9-4-2 搜索植物细胞模型（一）

图 9-4-3 搜索植物细胞模型（二）

植物细胞模型下载：挑选模型后在弹出的 3D 模型详情页中单击【Download 3D Model】按钮，在弹出的下载对话框中单击【glTF】的下载按钮【DOWNLOAD】即可下载，如图 9-4-4 所示。

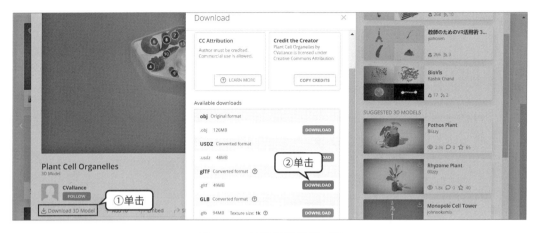

图 9-4-4 植物细胞模型下载

9.4.3 AR 场景制作

一、新建 AR 项目

在浏览器中输入"Kivicube"在线制作平台的网址"https://www.kivicube.com"，登录后单击【免费制作】按钮，单击【旧版控制台】按钮，在跳转的页面中单击平台下方【+】按钮，弹出【新建项目】对话框，在项目名称输入框中输入"植物细胞 AR"，在项目描述输入框中输入"植物细胞的基本结构"，上传项目 Logo 后单击【保存】按钮，如图 9-4-5 所示。

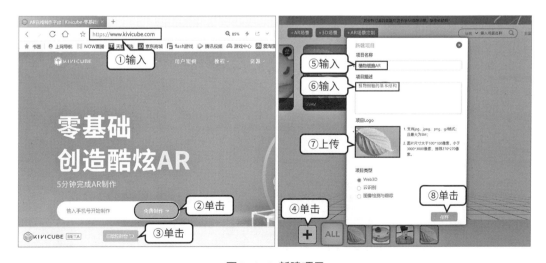

图 9-4-5 新建项目

二、上传 AR 素材

上传植物细胞模型：单击平台左下方【我的素材】按钮，单击【添加素材】按钮后，在弹出的【添加素材】对话框中单击【模型】选项卡中的【上传模型】按钮，在弹出的窗口中单击选择植物细胞模型"plant_cell_organelles.zip"后，单击【打开】按钮，最后单击【添加素材】对话框中的【上传并保存】按钮，如图 9-4-6 所示。

上传 AR 讲解视频：继续在【添加素材】对话框中单击【视频】，然后单击该选项卡中的【上传视频】按钮，在弹出的窗口中单击选择"植物细胞的结构.mp4"视频，单击【打开】按钮，最后单击【添加素材】对话框中的【上传并保存】按钮，如图 9-4-7 所示，上传完成后关闭当前窗口。

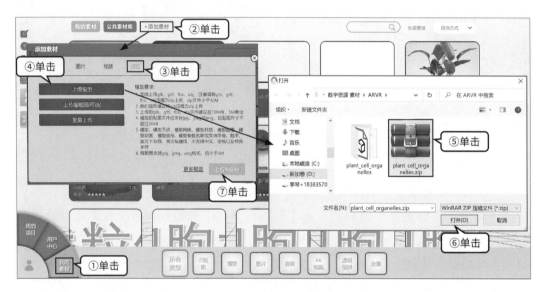

图 9-4-6 上传植物细胞模型

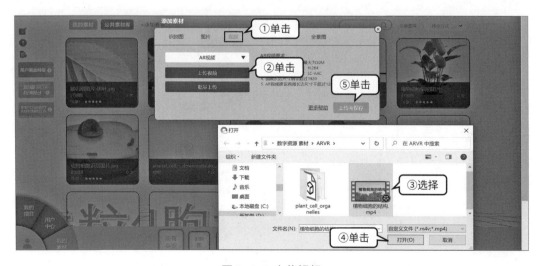

图 9-4-7 上传视频

三、新建 AR 场景

选择 AR 场景：单击平台左下方【我的项目】，在跳转的页面中单击【+AR 场景】按钮，在弹出的对话框中单击【图像检测与跟踪】的【选择】按钮，如图 9-4-8 所示。

输入 AR 场景信息：在跳转的新页面中弹出的对话框输入【场景名称】为"植物细胞"，单击上传【识别图】树叶后，单击【立即制作】按钮，如图 9-4-9 所示。

四、3D 模型设置

添加 3D 模型：单击【模型】菜单，长按将上传好的 3D 模型 "plant_cell_organelles" 拖曳放置到画布中，如图 9-4-10 所示。

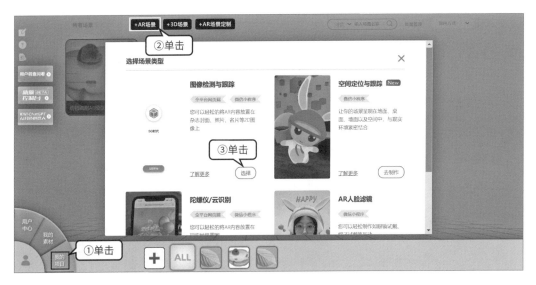

图 9-4-8 新建 AR 场景

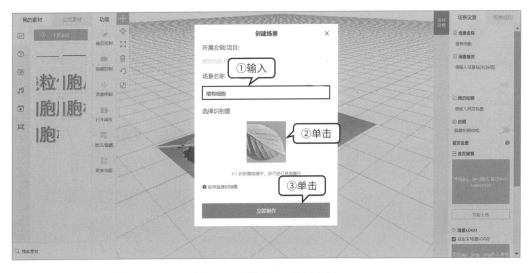

图 9-4-9 输入 AR 场景信息

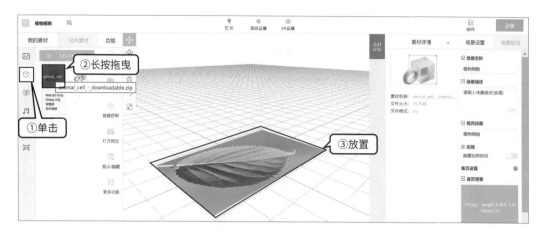

图 9-4-10 添加 3D 模型

调节 3D 模型位置：单击【平移】按钮后，分别长按 x、y、z 坐标轴的【箭头】拖曳调节 3D 模型的三维位置，如图 9-4-11 所示。调节模型位于识别图正上方，最后效果如图 9-4-12 所示。

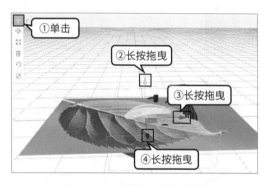

图 9-4-11 调节 3D 模型位置

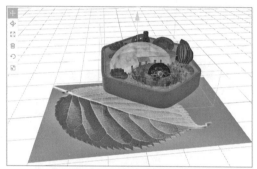

图 9-4-12 调整位置后效果图

调节 3D 模型方向：单击【旋转】按钮，长按【绿色纬度线】拖曳调节 3D 模型的方向，如图 9-4-13 所示调节模型逆时针旋转 90 度。最后效果如图 9-4-14 所示。

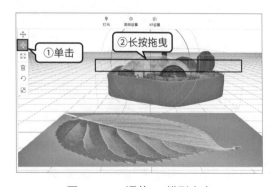

图 9-4-13 调节 3D 模型方向

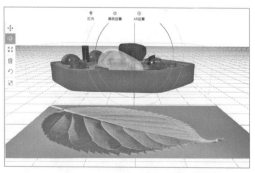

图 9-4-14 调整方向后效果图

开启3D模型旋转：单击【高级设置】按钮，单击【陀螺仪】的【开启】按钮；单击【对象设置】选项卡，单击开启【自身旋转】按钮，如图9-4-15所示。

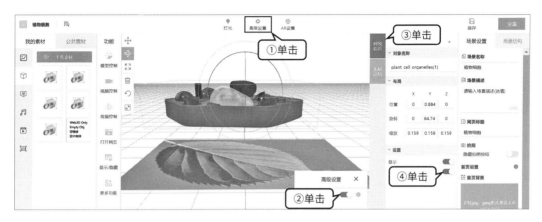

图9-4-15 开启3D模型旋转

五、AR视频设置

添加AR讲解视频：单击【AR视频】按钮，长按将上传好的AR视频"植物细胞的结构"拖曳放置到画布中，如图9-4-16所示。

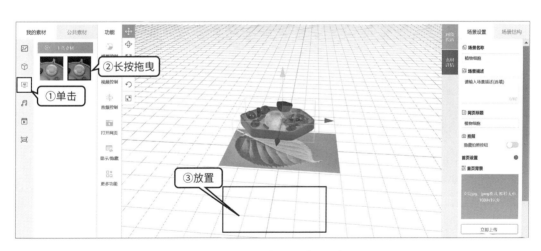

图9-4-16 添加AR讲解视频

调整AR视频位置：依次单击【平移】和【旋转】按钮调节AR视频的位置，单击【显示】按钮设置视频不显示，如图9-4-17所示。

设置当单击3D模型时显示AR视频：单击【显示/隐藏】按钮，在弹出的对话框中勾选【功能设置】栏的【植物细胞的结构】，选择【显示】，选择触发条件为【plant_cell_organelles】和【被点击】，最后单击【完成】按钮完成AR视频显示设置，如图9-4-18所示。

设置当单击 AR 视频时全屏播放：单击【视频控制】按钮，在弹出对话框的【功能设置】栏选择【植物细胞的结构】和【播放】，单击开启【全屏播放】按钮，选择设置【触发条件】为【植物细胞的结构】和【被点击】，最后单击【完成】按钮完成 AR 视频控制设置，如图 9-4-19 所示。

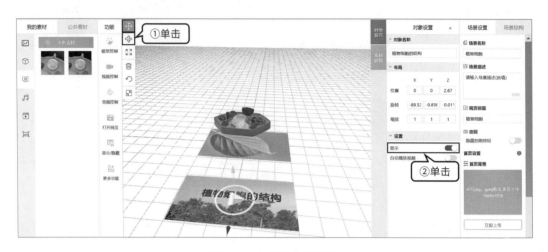

图 9-4-17 调整视频位置

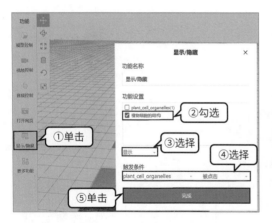 

图 9-4-18 单击 3D 模型时显示 AR 视频　　　图 9-4-19 单击 AR 视频时全屏播放

9.4.4 测试发布

AR 场景发布：单击页面右上角【分享】按钮后，在跳出的对话框中单击【保存】按钮，如图 9-4-20 所示。

测试 AR 场景效果：使用微信扫描二维码或者打开分享的链接，识别树叶图，即可测试查看 AR 效果，无误则发布场景。效果如图 9-4-21 至 9-4-23 所示。

418

第九章 VR/AR 资源设计与制作

图 9-4-20 AR 场景发布

图 9-4-21 AR 资源效果展示

图 9-4-22 点击模型弹出视频　　图 9-4-23 全屏播放视频

419

本章小结

- VR（Virtual Reality）即虚拟现实，是利用计算机在一定范围内生成在视觉、听觉、触觉和嗅觉等方面与真实环境高度相似的数字化环境，是一种多源信息融合的、交互式的、三维动态视景和实体行为仿真的模拟信息系统。具有沉浸性、交互性、想象性三大特征。
- AR（Augmented Reality）即增强现实，是一种将虚拟信息与真实世界巧妙融合的技术，将计算机生成的文字、图像、三维模型、音乐、视频等虚拟信息模拟仿真后，应用到真实世界中，两种信息互为补充，从而实现对真实世界的"增强"。具有融合虚拟与现实、实时交互性、三维注册三个基本特征。
- VR/AR资源的教学应用场景有：创建仿真学习场景、开展探究型教学活动、实现交互式学习、为学生提供虚拟学伴。
- VR/AR资源的获取平台有：中央电化教育馆虚拟实验教学服务系统、NOBOOK虚拟实验、phET互动学习网站、摩尔空间、UtoVR平台。

操作题

1. 通过NOBOOK虚拟实验平台，获取物理课"条形磁铁的磁场"的VR资源。
2. 根据VR/AR资源制作流程，在Kivicube平台中制作"动物细胞"的AR资源。

本章彩图
扫码可看

第十章 数字教材资源设计与制作

 学习目标

- 了解数字教材的概念和特征；
- 了解数字教材的教学应用情境，能够在教学中巧妙运用数字教材；
- 了解常见的数字教材资源平台，能够快速获取教学所需的数字教材；
- 掌握数字教材的制作流程，能独立完成数字教材资源的设计与制作。

知识图谱

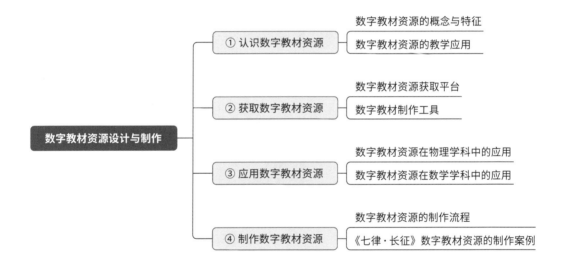

10.1 认识数字教材资源

教材是依据课程方案及课程标准编制、系统反映学科内容的教学用书，是教育教学的基本依据，也是传授知识、传播思想、传承文化、立德树人的基本载体。随着智能手机、平板电脑等移动终端设备的日益普及，在线学习成为新常态，而数字教材作为信息时代面向教育教学的一类特殊教材，已逐步成为师生最常接触到的学习资源之一。

10.1.1 数字教材资源的概念与特征

一、数字教材的概念

数字教材并非纸质教材的简单数字化,而是学科教学与信息技术深度融合的产物。所谓数字教材,也称为电子教材,是指符合国家课程标准,在纸质教材内容的基础上,嵌入丰富的教育资源,能够在多种媒体上运行的一种新型数字化产品。[①] 2015 年 1 月,国家新闻出版广电总局发布的《中小学数字教材加工规范》将"中小学数字教材"定义为:以课程标准为依据,经国家教育行政部门审定通过的以国家课程教科书为内容基础,并包含相关辅助资源、工具,适用于教学活动的电子图书。[②]

数字教材作为一个较为复杂的系统,其构成可以概括为以下四个方面:组成结构、应用范畴、价值功能和指导依据。各方面的关键要素及相互关系如图 10-1-1 所示。[③]

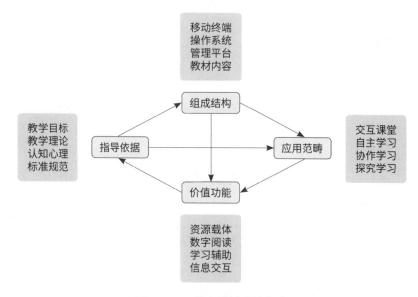

图 10-1-1 数字教材系统构成

与传统教材相比,数字教材最大的优势在于其具有内容丰富、形式新颖、多元开放的资源体系。数字教材既遵循了传统教材的教学理念,又突破了传统教材的局限性;既保持了原教材的严肃性、原则性、系统性、科学性,又将重难点分析、典型案例、测试评估等扩展性资源以多媒体形式综合地呈现在师生面前,实现了教材体系化与多样化的统一。[④] 数字教材的广泛运用,使得教师和学生能打破传统教材内容的限制,拓展知识学习的范围,丰富教学过程中可利用的教学资源,为教师的教学创新和学生的

---

① 毕海滨,王安琳.数字教材的特征分析及其功能设计[J].科技与出版,2012(7).
② CY/T 125-2015,中小学数字教材加工规范[S]。
③ 莱斯莉·劳得,等.差异化教学探究:文学、数学和科学[M].刘颂,译.上海:华东师范大学出版社,2015:3—10.
④ 毕海滨,王安琳.数字教材的特征分析及其功能设计[J].科技与出版,2012(7):13—15.

综合发展提供强有力的助推力。

随着技术的不断演化，数字教材在不同阶段呈现出不同的发展形态，有学者根据教材内容媒体特征的差异性，认为数字教材经历了静态媒体数字教材、多媒体数字教材和富媒体数字教材三种发展形态，如图 10-1-2 所示。[①]静态媒体数字教材是数字教材发展的初期形态，与纸质教材的差异主要体现在载体形态上，如图 10-1-3 所示。多媒体数字教材的产生依托于多媒体技术及互联网技术的发展，是将文字、图片、音频、视频、动画等多种媒体形式有机结合起来，支持用户与服务器之间进行简单的交互操作，如图 10-1-4 所示。富媒体数字教材是一种组合形态的教材，除了以教学内容作为主体外，还需要有平台作为支撑，数字终端作为载体。富媒体教材不仅支持图片、音频和视频等多种媒体资源，还支持一系列交互操作，如批注、做笔记和导出等，如图 10-1-5 所示。

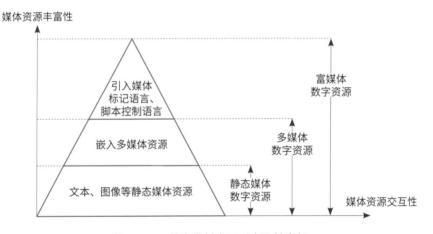

图 10-1-2 数字教材发展形态及其表征

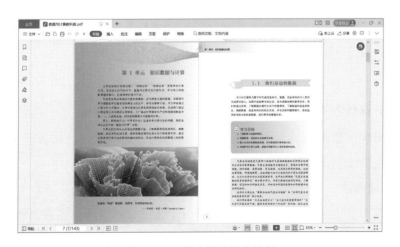

图 10-1-3 静态媒体数字教材

---

① 胡畔，王冬青，许骏，等.数字教材的形态特征与功能模型[J].现代远程教育研究，2014（2）.

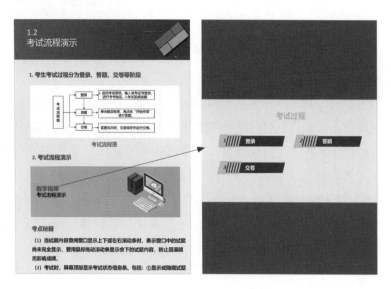

图 10-1-4 嵌入视频的多媒体数字教材

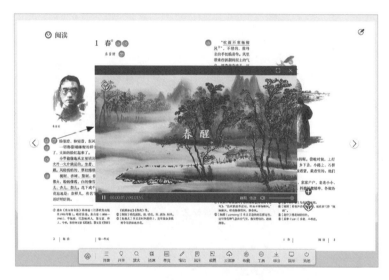

图 10-1-5 带有交互操作的富媒体数字教材

二、数字教材的基本特征

相较于传统的纸质教材,数字教材具有一些独有的特征,具体表现为富媒体性、交互性、时效性和便携性等。[1]

(一)富媒体性

数字教材不仅包含文本、图片、音视频等丰富的媒体资源,而且强调通过媒体标记语言、脚本控制语言等将媒体资源重新组合式、融合式地承载在数字教材上,创设

---

[1] 李雅筝,周荣庭,何同亮.交互式数字教材:新媒体时代的教材编辑及应用研究 [J].科技与出版,2016(1).

出丰富的页面展示功能及页面控制功能。"人教点读"APP 里数学和英语学科的数字教材，包含文本、图片和视频等媒体资源，学生单击相应位置即可打开对应的学习资源，如图 10-1-6 所示。

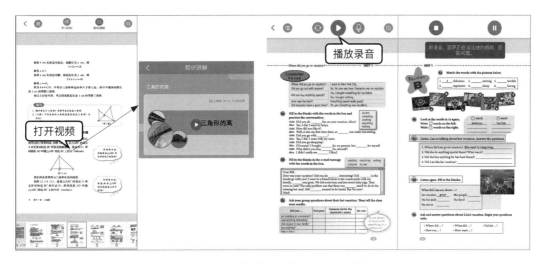

图 10-1-6 "人教点读"APP 数字教材

（二）交互性

数字教材的交互性主要体现在使用者与媒体界面的交互、与内容资源的交互、与其他使用者的交互，以及新旧概念之间的交互。与媒体界面的操作交互可以引起学生学习行为的发生，引导学生下一步学习的方向。学生根据自己的学习意愿选择学习资源进行学习的过程，即为学生与内容资源的交互，它包括对内容进行重点标注、添加注释和高亮显示等操作，如图 10-1-7 所示。数字教材可以为学生、教师、家长及学校提供灵活的人机交互体验，例如教师可以通过数字教材的教学系统对学生进行个性化辅导，学生之间通过该系统共享笔记、相互交流等，以实现使用者之间的交互。新旧概念之间的交互是数字教材交互特性的最终目的，指学生所学习的概念和自身原有概念之间的互动过程。相较于传统教材，数字教材为学生创建了良好的互动环境，从而促进了学生新旧概念之间的深层立体化交互。

（三）时效性

与传统纸质教材知识更新慢、信息容量小、再版周期长相比，数字教材具有很好的时效性，能够紧跟教材内容的最新研究成果，快速实现教材内容的更新迭代，并通过网络传输将更新后的数字教材推送给用户，从而保证数字教材上的内容与最新研究成果形成同步，使数字教材用户获得最新的教材内容。[①] 粤教翔云数字教材应用平台完

---

① 李雅筝，周荣庭，何同亮. 交互式数字教材：新媒体时代的教材编辑及应用研究 [J]. 科技与出版，2016（1）：75—79.

成了新一轮的版本升级，在原有版本基础上增加了共建共享资源服务，教师可以随时在资源中心进行个人资源的上传、整理等操作，还可以通过资源中心及时地分享、互通优质资源与教学经验，真正做到与时俱进，推陈出新，如图 10-1-8 所示。

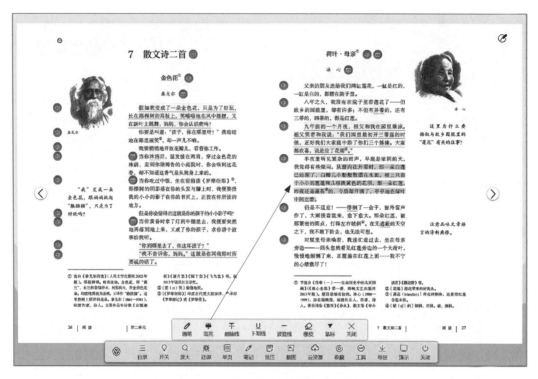

图 10-1-7 对数字教材内容进行高亮标注

图 10-1-8 数字教材的时效性特征

（四）便携性

数字教材能够很好地集成在电子书阅读器、手机和平板等便携式电子设备上，具有便于携带、使用灵活的优势，如图10-1-9所示。在合理的教学内容和庞大的教学资源支持下，数字教材能轻松地为学生的自主学习创造合适的条件，使学习场所更加开放、学习资源更加丰富，从而有效提升学生学习的主动性。

图10-1-9 便捷性数字教材

10.1.2 数字教材资源的教学应用

一、助力高效备课

教师使用数字教材及其平台进行备课，能充分利用其富媒体性与开放性，对接教学资源库和课件库等，能有效促进教师开拓思维，高效备课，突出重点、突破难点。

例如：有教师借助"中教云数字课程教材"云平台开展"三角形的稳定性"一课的备课工作，先通过数字教材平台查看对应章节的数字教材，梳理教学内容，熟悉内嵌资源，如图10-1-10所示；然后结合自己的教学设计，在数字教材上添加相关资源，如图10-1-11所示；完成对数字教材的查阅与资源补充后，以此为依据编制课件，然后上传至平台，如图10-1-12所示。

图10-1-10 "中教云数字课程教材"云平台

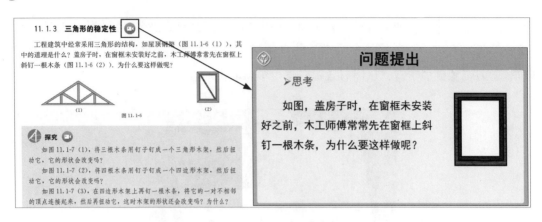

图 10-1-11 内嵌数字资源

图 10-1-12 上传教学课件

二、突破重难点

数字教材强大的信息承载功能有利于促进学生新旧知识的联结；而数字教材的交互也有利于学生动手实践、自主探究，在学习过程中突破对重点知识的掌握。例如，教师在《三角形的稳定性》数字教材中嵌入应用三角形稳定性的数字资源，并添加文本备注进行强调，以便突破教学难点，如图 10-1-13 所示。

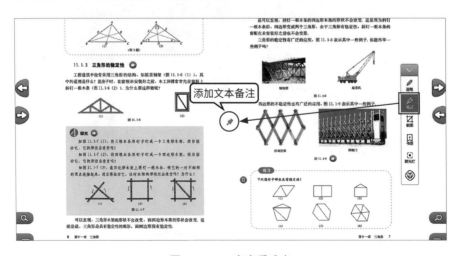

图 10-1-13 突出重难点

三、实现伴随式学习评价

伴随式学习评价是在学生学习过程中，有针对性地、适时地提供反馈与干预的评价方式，该评价方式有利于学生的自适应学习和个性化学习。教师通过借助数字教材的过程性数据开展伴随式评价，能够有效促进学生有证据的自适应学习和有目的的个性化学习。[①]

例如：在翻转课堂教学模式下，教师在课前根据学生对数字教材的预习情况和课前测验结果为学生提供个性化的拓展学习资源，学生在数字教材中对知识进行重点勾画与备注；在课中，教师依据学生自主完成的数字教材中的论坛讨论活动情况给出教学干预；在课后，教师结合学生在数字教材中提交的作品、测试和反思等活动情况为学生分层推送习题与反馈，如图 10-1-14 所示。[②]

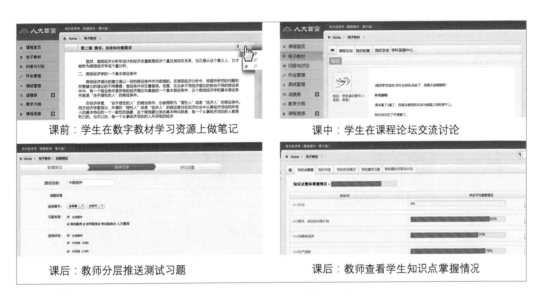

图 10-1-14 实现伴随式学习评价

10.2 获取数字教材资源

10.2.1 数字教材资源获取平台

常用的数字教材资源平台主要有人教智慧教学平台、中教云数字课程教材云平台、粤教翔云数字教材应用平台和湖北省数字教材平台。其中，中教云数字课程教材云平台是国内第一个拥有全版本数字教材的平台。

---

① 孙众. 伴随式、个性化与群智学习：探索数字教材实践应用新格局 [J]. 中小学数字化教学，2021（S01）：5—7.
② 案例来源于人大芸窗数字教材。

一、人教智慧教学平台

人教智慧教学平台（https://zhpt.mypep.cn）是面向中小学师生、教研员及教学管理者，以人教数字教材为核心，融合数字资源、全学科精选题库、教学应用及学科教学工具于一体的数字化教学平台，可应用于教师备课、课堂教学和学生学习等场景。该平台数字教材涵盖中小学全学科、全学段，与纸质教材内容一致，且同步更新，支持 PC 端和移动端同步使用，支持离线模式查看和免登录查看。用户通过界面左上角的"学段""学科""来源"筛选出板块中目标书籍后，可以选择"整篇下载"或"分章节"下载，如图 10-2-1 所示，下载完成后的教材可以在"我的教材"中查看。该平台的教材阅读界面支持图片播放、视频播放、音频播放和 H5 播放，页面右侧的工具栏有"画笔""笔记""截图""书签""聚光灯"等工具，便于教师备课和学生学习，如图 10-2-2 所示。

图 10-2-1 人教智慧教学平台的教材中心

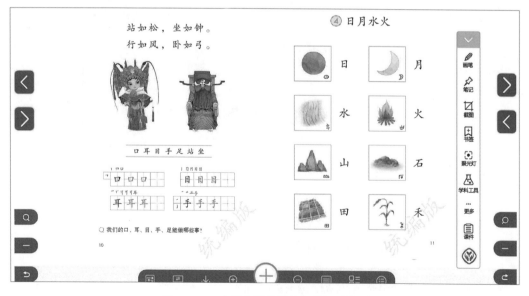

图 10-2-2 人教智慧教学平台的阅读内页

下面介绍利用人教智慧教学平台获取数字教材的具体步骤。

添加教材：下载软件后，输入账号密码或通过手机扫码进行登录，首次登录用户需绑定手机号，如图 10-2-3 所示；单击界面左侧导航区的【数字教材】按钮，在【我的书架】选项卡下单击【添加教材】按钮，随即跳转到"教材中心"界面添加所需教材，如图 10-2-4 所示。

图 10-2-3 账号登录

图 10-2-4 添加教材

将教材加入"我的书架"板块：用户可以在【教材中心】选项卡下从"学段""学科""出版社"三个维度进行教材筛选，或者直接在搜索框中输入关键字进行检索；找到想要下载的教材后，单击【加入书架】按钮即可将该教材添加到"我的书架"中，如图 10-2-5 所示。

二、中教云数字课程教材云平台

中教云数字课程教材云平台（http://www.necibook.com/#/Teaching/admin）是国内覆盖面广、类型兼容多元、资源融合丰富的数字教材服务平台，能为各级教育部门和广大师生提供多元优质的数字化教学资源，以及完整、系统、高效、智能的智慧教学服务，如图10-2-6所示。该平台具有丰富的数字教材资源，涵盖小学、初中和高中全学科、全学段，内嵌音频、视频、动画、微课和交互等多类型资源。教材阅读界面右侧的工具栏有"画笔""笔记""截图""书签""聚光灯"等工具，便于教师备课和学生学习。

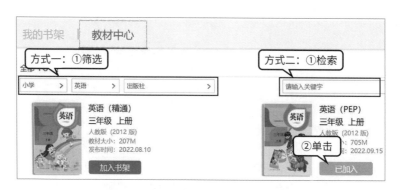

图10-2-5 将教材加入"我的书架"

图10-2-6 中教云数字课程教材云平台官网

三、粤教翔云数字教材应用平台

粤教翔云数字教材应用平台（https://www.gdtextbook.com）是一款功能齐全的数字教材平台，提供了丰富的义务教育阶段国家课程数字教材资源，其应用平台包含两类教材：人教版教材和其他版本教材，如图10-2-7所示。人教书架含人教版各学科教材，其他版本教材包含粤版、北师大版、岭南版等教材。该平台支持PC端和移动端资源同步，用户在电脑上下载完成数字教材后，可在手机上同步阅读。

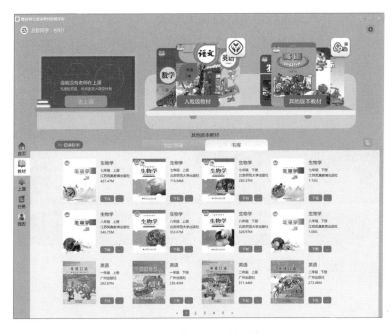

图 10-2-7 粤教翔云数字教材应用平台

10.2.2 数字教材制作工具

一、云展网

云展网（https://www.yunzhan365.com）是一款电子画册制作平台，支持文字、图片、视频、音频和链接等元素的添加，如图 10-2-8 所示。用户只需以 PDF、PPT、Word 或图片形式上传已排版设计的教材页面，即可一键转换成电子教材资源。该平台支持全文检索、目录、书橱书架、下载离线版阅读等功能，电子教材制作完成后可自动生成链接或二维码，读者无须注册即可在手机、平板或电脑上阅读。

图 10-2-8 云展网官网首页

下面介绍使用云展网制作数字教材的具体步骤。

导入文档：打开云展网官网后，单击【我要免费上传】按钮，在新出现的页面中单击【单文件上传】按钮，弹出【打开】对话框，选择存储位置，单击"云展网 导入文档"文件，单击【打开】按钮，如图10-2-9所示。导入后的效果图如10-2-10所示。

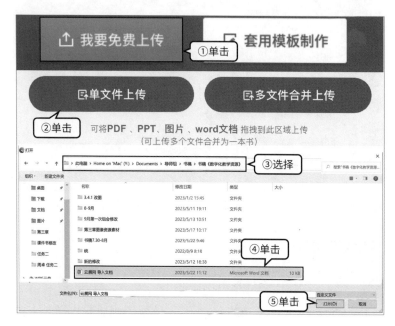

图 10-2-9 单文件上传

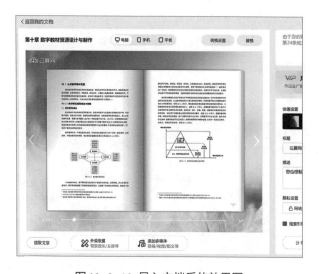

图 10-2-10 导入文档后的效果图

添加多媒体：在当前界面单击【添加多媒体】按钮进入数字教材编辑模式，单击左侧【视频】选项，单击【外部视频】按钮弹出【样式属性】栏，在【外部视频通用代码】下列输入框中输入视频链接,随后拖动视频至合适位置,单击【保存】按钮,如图 10-2-11 所示。也可为数字教材添加图片、文字、链接、音乐和组件等多媒体。

图 10-2-11 添加多媒体

二、FLBOOK

FLBOOK（https://flbook.com.cn）是一款 3D 仿真翻页电子杂志在线制作平台,如图 10-2-12 所示。该平台支持 PDF 或图片一键上传转换,支持在线自由排版,无须下载软件即可在线编辑数字教材,可以添加链接、音频、视频、动画、事件、密码、表单、留言等内容,还能进行外观、背景、logo 等设计。

图 10-2-12 FLBOOK 官网首页

10.3 应用数字教材资源

10.3.1 数字教材资源在物理学科中的应用

> 《杠杆》是人教版物理八年级下册第十二章第一节的内容。戴老师准备《杠杆》[①]这一课程内容时，为了使课堂教学中的媒体形式更丰富，促进学生的交互参与，于是决定使用数字教材。那么，在课堂教学各个环节中戴老师应该如何应用数字教材呢？

一、课堂引入环节

在对《杠杆》这一节课进行引入时，戴老师使用数字教材呈现古人搬运木材的插图，利用数字教材"互动工具"板块的"随机点名"功能，提问学生是否理解其中的道理，如图10-3-1所示。根据学生的回答情况，戴老师对其进行"课堂评价"，选择该学生头像，可针对其回答时的语言、神态、情绪、行为、技能、作业等六个方面，进行针对性评价，如图10-3-2所示。

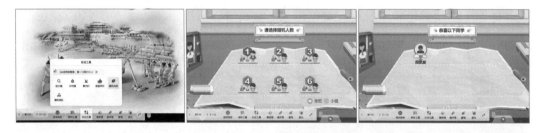

图10-3-1 "随机点名"功能

图10-3-2 "课堂评价"功能

---

① 数字教材图片来源为国家中小学智慧教育平台（https://basic.smartedu.cn/）。

二、新课讲授环节

在讲授"杠杆的概念"这一知识点时,戴老师选择数字教材中的"聚光灯"功能,单击"关灯"按钮,将学生目光集中到概念图上,如图10-3-3所示;利用数字教材中的"画笔"功能,在概念图上进行标注,帮助学生熟悉支点、动力、阻力等相关名词,如图10-3-4所示。

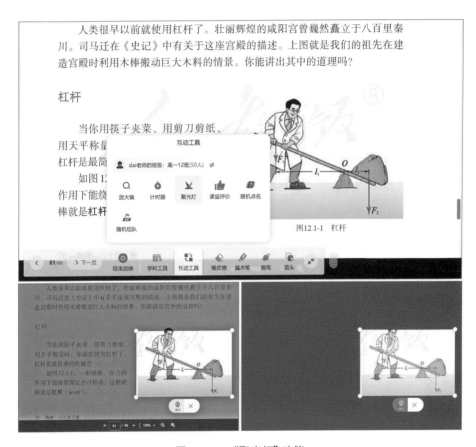

图10-3-3 "聚光灯"功能

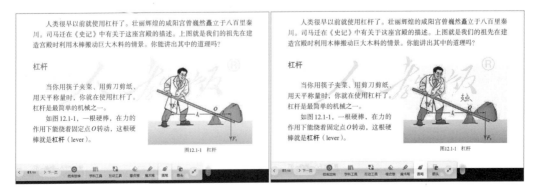

图10-3-4 "画笔"功能

在探究杠杆的平衡条件时，可利用数字教材中的"学科工具"板块的"杠杆平衡尺"进行虚拟实验，通过改变砝码的位置和数量，对杠杆的平衡条件进行探索，如图10-3-5所示。

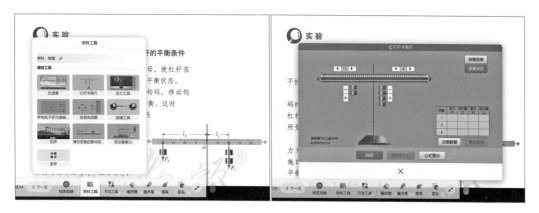

图10-3-5 "杠杆平衡尺"功能

三、小组讨论环节

虚拟实验后，为培养学生的合作探究能力，戴老师决定利用数字教材中的"随机组队"功能，促使小组之间互相交流、共同协作，共同思考杠杆的平衡条件，总结规律，如图10-3-6所示；使用数字教材中的"计时器"功能规范小组合作时长，如图10-3-7所示；使用"随机点名"功能，随机抽取一至两名学生回答问题。

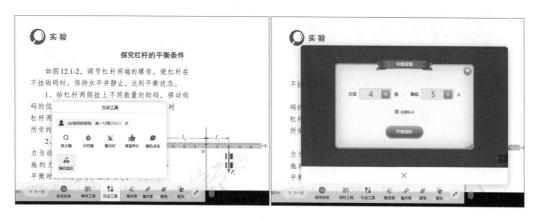

图10-3-6 "随机组队"功能

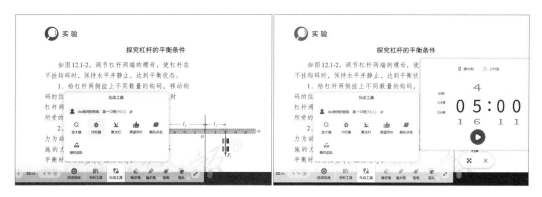

图 10-3-7 "计时器"功能

四、课堂总结环节

课堂结尾，戴老师利用数字教材中"互动工具"板块的"聚光灯"功能，将学生目光聚焦到杠杆的原理，对整节课的学习内容进行总结，如图 10-3-8 所示。

图 10-3-8 "聚光灯功能"

10.3.2 数字教材资源在数学学科中的应用

"毫升与升的认识"是沪教版小学数学四年级上册第二章"数与量"中的内容。数学课的李老师在准备"毫升与升的认识"这一课程内容前,利用数字教材平台发布课前自主学习任务,并将相关学习资源分享给学生。① 那么,同学们应该如何将数字教材运用到自己的自主学习中呢?

一、学生自学环节

在学生自学环节,学生主要利用数字教材平台下载学习任务和学习资源,在了解自学任务后,根据李老师提供的学习资源进行学习。例如,学生在学习数字教材中的知识时,可以对数字教材中的内容进行划线标注、自由画笔、插入文本和插入附件等操作。学生通过鼠标选中教材内容后右击,实现添加划线、高亮、批注和复制等操作;还可以单击"自由画笔"按钮对教材内容进行重点圈画;可以单击数字教材中的"插入文本"按钮在文本输入框中填写文字内容;还可以单击数字教材中的"插入附件"按钮在来源选择框中选择相应的文件进行上传。具体如图10-3-9所示。

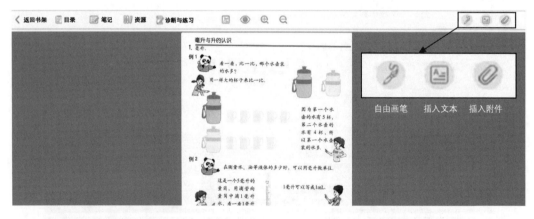

图10-3-9 学生自学环节

二、共享笔记环节

学生在数字教材中做的笔记可以通过"共享笔记"功能实现师生间的共享。学生可以通过"我共享的/共享给我的"下拉框来筛选所需要的笔记,也可以单击数字教材中的"搜索""刷新""创建任务""导入本地""移动笔记"等按钮对共享笔记进行管理,如图10-3-10所示。

---

① 数字教材图片来源于"上海市中小学数字教材"软件内部界面截图。

图 10-3-10 共享笔记环节

三、在线测评环节

在在线测评环节,学生通过数字教材中的"诊断与练习"功能了解自己对知识的掌握情况。学生单击数字教材中的"诊断与练习"按钮进入页面进行作答,若回答正确则进入下一题,若回答错误则将按页面指令接受学习指导。学生单击数字教材中的"学习指导"按钮,查看相应的解题指导;作答完毕后,学生可以单击数字教材中的"结果统计"查看自己的答题情况,答错的题还可以单击"重答此题"按钮进行重新作答。具体如图 10-3-11 所示。

图 10-3-11 在线检测环节

10.4 制作数字教材资源

10.4.1 数字教材资源的制作流程

数字教材的制作流程包括分析、设计、开发及发布四个阶段。[1]从课程与教学论的角度看,数字教材的制作流程本质上是遵照学科课程的整体规划和标准的纸质教材,结合信息技术对教材再开发的过程[2]。教师可以在已有的国家数字教材基础上进行二次开发,制作满足实际教学需要的数字教材。

一、分析阶段

分析阶段主要是对应用主体、教学目标以及教学内容进行分析。应用主体分析是教学目标的基础,是教材内容解析的关键依据。教师和学生是数字教材最主要的应用主体,不仅要分析教师的教学能力水平、教学习惯、方式与风格,还要分析学生的初始知识水平、学习习惯、风格与认知特点等各种综合因素。[3]充分了解数字教材的应用主体,能保证数字教材的开发符合实用性和教育性。教学目标分析,即数字教材的学习者应达到的具体目标。用户自行开发数字教材时,应以纸质版教科书中的教学目标与导向为蓝图来设计、开发数字教材,如此才能保证教育教学的正确发展方向。分析教学内容,就是要分析课程的核心知识模块,分析知识模块之间的关系,明确知识对于课程目标实现的重要程度以及学习的难度。[4]

二、设计阶段

数字教材设计阶段,一般是从教学策略、教学情境和教学构件三个角度进行设计。[5]教学策略设计是依据教材内容和学科特点确定数字化教学工具,并以此搭建数字教材的页面框架,包括设计页面具体框架中应包含的知识点、与知识点相匹配的教学策略和学习评价。教学情境设计是设计者在最初设计时所构想的数字教材的应用情境,以及为促进学生理解、认知而对教材中知识点的表现形式进行情境设计。教学构

---

[1] 杨琳,吴鹏泽.面向深度学习的电子教材设计与开发策略[J].中国电化教育,2017(9).
[2] 康合太,沙沙.数字教材建设的探索与实践——以第二代"人教数字教材"为例[J].中国电化教育,2014(11).
[3] 乐进军.从纸质教材到电子教材 教材数字化变革研究[M].北京:北京师范大学出版社,2017:72—75.
[4] 黄荣怀,张晓英,陈桄,王晓晨,赵姝,龚朝花.面向信息化学习方式的电子教材设计与开发[J].开放教育研究,2012(3).
[5] 康合太,沙沙.数字教材的理论探索与实践——以第二代"人教数字教材"为例[J].课程.教材.教法,2014(11).

件设计是为数字教材中较难理解的文本化内容选取最合适的多媒体表现形式如动画或音视频，以方便学生更轻松地理解和掌握教材中的知识内容，使数字教材具有更高的实用性。

三、开发阶段

开发阶段以分析阶段和设计阶段所得出的设计脚本为蓝图，根据设计蓝图开发、整合数字教材中所需要的资源。教材的开发内容主要包括文本素材制作、图像制作、动画素材制作、音频素材制作、视频素材制作以及教材总体制作等六个方面。[①] 根据《中小学数字教材质量要求和检测方法》标准，数字教材中所使用的素材都有相关的质量规格要求。[②] 如数字教材中的插图与传统教材的插图要求不同，数字教材所使用的图片、图像要求采用 BMP、GIF、JPEG 等格式，横向和纵向显示分辨率分别不低于 720 像素。音频内容要求采用 MP3、WAV、AVSA 等格式，且除历史资料性音频内容外，不可出现具有 4 次以上声音缺陷的音频。视频素材要求帧率大于或等于 25 帧，且小学和中学阶段的视频时长有不同要求。根据要求将素材制作完成后，将其整合编排到数字教材内容中，就可以实现多样的交互效果。

四、发布阶段

数字教材发布具有有效性、完整性、规范性和准确性等要求，因此数字教材在编辑制作完成后需要进行严格的质量检测，若有要求不符合则需要进行修改完善，待修改工作结束后，数字教材方可发布并付诸实际教学。

10.4.2 《七律·长征》数字教材资源的制作案例

> 数字教材相对于传统纸质教材具有富媒体性、交互性、时效性和便捷性等特征。在小学六年级上册部编版语文第二单元"重温革命岁月"里，周老师想以《七律·长征》一课为例制作包含图片、文字、音视频和动画等个性化元素的数字教材，用于学生的课前预习和课后复习。于是，周老师决定利用 FLBOOK 平台制作《七律·长征》一课的数字教材，理想效果如图 10-4-1 所示。请问，周老师该如何制作呢？

---

① 张柏铭，向志强. 体育电子教材的设计与制作 [J]. 出版发行研究，2015（12）.
② 国家市场监督管理总局，中国国家标准化管理委员会. 数字教材 中小学数字教材质量要求和检测方法 [S].（2022-04-15）[2024-04-15]. https://openstd.samr.gov.cn/bzgk/gb/newGbInfo?hcno=BBC182D9E4288CFA5EF52C7A6AAF564D.

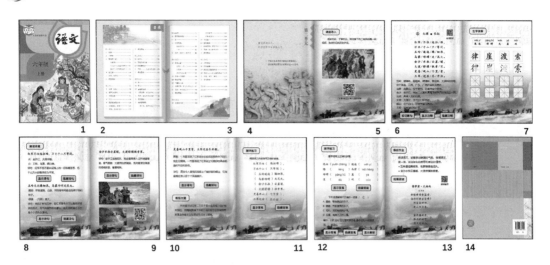

图10-4-1 《七律·长征》数字教材案例效果图

一、素材准备

（一）图片和音视频素材的获取

该数字教材中的图片和音视频素材均从网络途径获取。

（二）生成音视频二维码

进入"草料二维码生成器"：获取音视频素材后，在浏览器的搜索框中输入"草料二维码"文字，单击【百度一下】按钮，选择"草料二维码生成器"链接，如图10-4-2所示，进入"草料二维码生成器"编辑界面。

图10-4-2 草料二维码生成器

上传视频：在"草料二维码生成器"编辑界面，单击【音视频】选项卡，单击【上传音视频】按钮，弹出【打开】对话框，选择"七律长征导入视频"文件，单击【打开】按钮，如图10-4-3所示。

生成二维码：返回制作界面，等待视频上传完成后，单击【生成活码】按钮，生成完成后右侧出现二维码，单击【下载图片】，如图10-4-4所示。

第十章　数字教材资源设计与制作

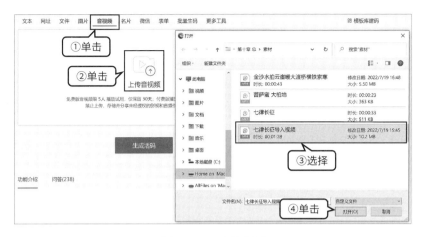

图 10-4-3　上传视频

图 10-4-4　生成活码

二、创建数字教材

进入 FLBOOK 官网：在浏览器的搜索框中输入"flbook"，单击【百度一下】按钮，选择如图 10-4-5 所示链接，进入 FLBOOK 官网。

图 10-4-5　进入 FLBOOK 官网

445

开始创建数字教材：单击界面右上角【登录】按钮，完成账号登录。单击【开始创作】按钮，在弹出的列表中选择【上传图片创建】按钮，如图10-4-6所示。

图10-4-6 上传图片创建数字教材

上传图片：在弹出的"上传文档"界面中单击【多文件合并】，弹出【打开】对话框，依次选中"目录页""目录页2""尾页""第二单元"和"封面"图片，单击【打开】按钮返回"上传文档"界面，鼠标选中并拖动调整图片顺序，单击【开始上传】按钮即可进入数字教材编辑界面，如图10-4-7所示。前4页分别为课文封面、目录和单元导入内容，因此不需要制作前4页，从第5页开始制作即可。

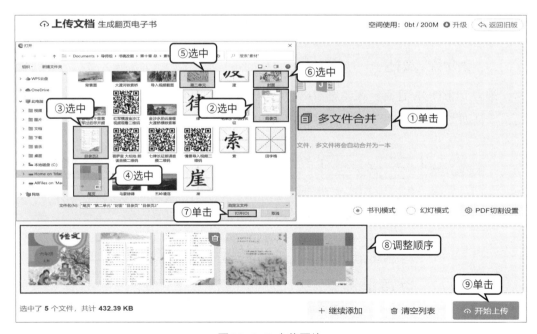

图10-4-7 上传图片

三、制作内容页面

（一）制作"课前导入"页

插入"背景图.jpg"图片：单击第4页，单击【添加页面】按钮在第4页后面添加一张空白页，此时平台自动定位到第5页，单击【图片】按钮，在弹出的【图片库】对话框中单击【我的图片】，单击【上传】按钮，在弹出的【打开】对话框中选择"背景图.jpg"图片，单击【打开】按钮，如图10-4-8所示。

图10-4-8 插入背景图

编辑图片大小：返回【图片库】对话框，单击"背景图.jpg"图片，返回编辑界面，在右侧【基础设置】栏中，宽度调节为"564"，高度调节为"800"，如图10-4-9所示。页面背景效果图如10-4-10所示。

图10-4-9 调整图片大小

图10-4-10 页面背景效果图

插入"课前导入"文本框：单击【文本】按钮，弹出文本框，在文本框中输入"课前导入"文字，选中该文本框，单击【对象设置】选项卡下的【加粗】和【居中】按钮，字体设置选择"黑体"，字号大小输入"22"，行间距输入"27"，如图10-4-11所示。

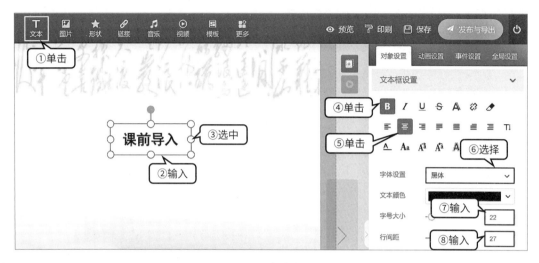

图 10-4-11 字体字号设置

设置"课前导入"文本框格式：单击【背景颜色】下拉键，在列表中选择如图10-4-12所示的颜色；单击【边框样式】下拉键，在"统一样式"中选择【实线】；在【统一圆角】右侧微调框中输入"16"。

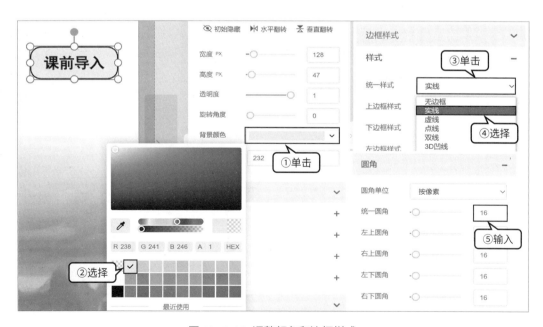

图 10-4-12 调整颜色和边框样式

插入文本与图片：单击【文本】按钮，在弹出的文本框中输入如图10-4-13所示文本，调整至如图10-4-13所示宽度和位置，默认字体和字号，行间距设置为"30"；插入"导入视频截图.png"图片，调整如图10-4-14所示的大小和位置。

插入二维码图片：插入"情境导入视频二维码.png"图片，在【对象设置】选项卡下的【基础设置】组中，输入宽度为"100"，输入高度为"100"，如图10-4-15所示；插入文字"《七律·长征》导入视频观看"，设置字号为"16"，并放至二维码图片正下方，效果图如10-4-16所示。

图10-4-13 插入文本效果图

图10-4-14 插入图片效果图

图10-4-15 设置二维码高宽度

图10-4-16 插入文字效果图

> **小贴士**
>
> 调整单页/双页编辑模式
>
> 单击编辑页面下方【切换到单页/双页编辑模式】按钮可调整当前编辑页面为单页/双页，如图10-4-17所示。
>
>
>
> 图10-4-17 切换单页/双页编辑模式

（二）制作正文页

插入页面、背景图与文本内容：添加一张页面，复制第5页背景图，粘贴至第6页，调整如图10-4-18所示位置；插入文字"⑤ 七律·长征"，设置字体为"楷体"，字号为"24"，加粗，调整如图10-4-19所示的大小和位置；输入古诗正文内容，设置"加粗"与"居中"，字体为"楷体"，字号为"24"，行间距为"38"，调整如图10-4-20所示的大小和位置。

图10-4-18 插入背景效果图　　图10-4-19 插入标题效果图　　图10-4-20 插入古诗效果图

输入古诗断句：复制粘贴古诗正文，选中"闲"字，单击【字体颜色】按钮，单击"红色"，如图10-4-21所示；"丸""寒""颜"字均设置字体颜色为红色，效果图如10-4-22所示；在"军""怕""征""水""山""只""岭""迤""腾""蒙""礴""走""沙""拍""崖""渡""横""索""喜""山""里""军""后""尽"字后插入"/"线，设置字体颜色为"红色"，然后移至原始古诗正上方，效果图如10-4-23所示。

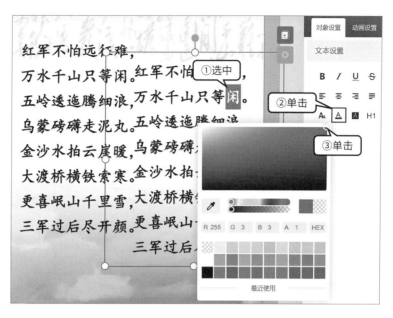

图 10-4-21 设置字体颜色

图 10-4-22 设置字体颜色效果图　　图 10-4-23 插入"/"线效果图

隐藏断句古诗文本：选中断句古诗文本，单击【初始隐藏】按钮对断句古诗设置初始隐藏效果，如图 10-4-24 所示。

输入注释：在本页面继续插入"五岭……"文字，设置字号为"19"，行间距为"30"，调整如图 10-4-25 所示位置。

插入朗诵音频二维码：插入"七律·长征朗诵音频二维码.png"图片，设置宽度与高度为"55"，调整至如图 10-4-26 所示位置；插入文字"朗诵音频"，设置字号为"15"，居中显示，放至二维码正下方，具体效果如图10-4-26所示。

添加交互按钮：插入"标记断句"文字，设置加粗与居中显示，字体为"黑体"，字号为"22"，行间距为"27"；宽度为"120"，高度为"50"，统一样式为"实线"，统一圆角为"10"，背景颜色为"rgb(223，223，223)"，放至如图10-4-27所示位置；复制粘贴两次"标记断句"文本，分别修改为"显示注释"与"隐藏注释"文字，放至如图10-4-28所示位置。

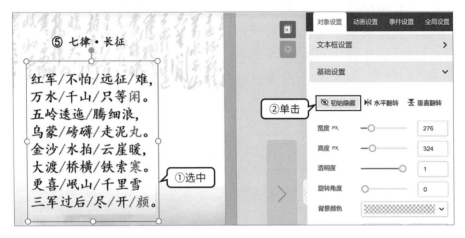

图 10-4-24 初始隐藏

 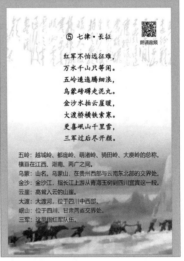

图 10-4-25 插入注释效果图　　图 10-4-26 插入文字效果图

图 10-4-27 插入"标记断句"按钮效果图　　图 10-4-28 插入所有交互按钮效果图

设计【标记断句】按钮元素事件：单击【标记断句】文本按钮，单击【事件设置】选项卡，选择【被点击】，单击【添加事件】按钮；单击下拉键，选择【显示元素】，在右侧【请选择需要显示的元素】选项框中选择【文本（ahHU）】，如图 10-4-29 所示；单击【添加事件】按钮，单击左侧下拉键，选择【隐藏元素】，在右侧【请选择需要隐藏的元素】选项框中选择【文本（ahHU）】，如图 10-4-30 所示。

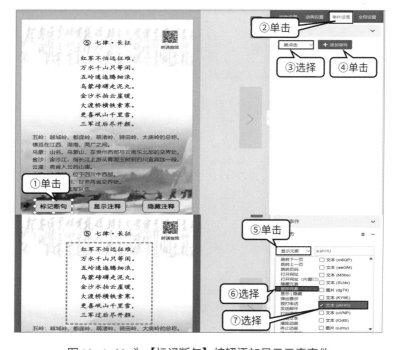

图 10-4-29　为【标记断句】按钮添加显示元素事件

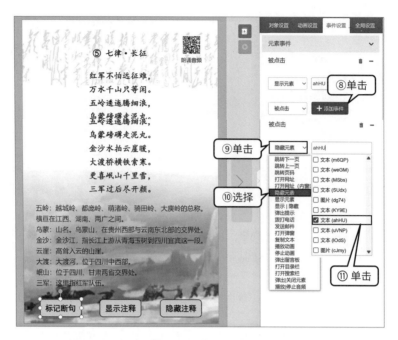

图 10-4-30 为【标记断句】按钮添加隐藏元素事件

> **小贴士**
>
> 在【请选择需要显示的元素】选项框中,通过鼠标移动的方式预选对象,选中的古诗文本在教材编辑界面中显示为蓝色虚线框,如图 10-4-29 所示,确定后,单击该对象即可。

设计【显示注释】按钮元素事件:选中注释文本框,单击【对象设置】选项卡下的【初始隐藏】按钮,如图 10-4-31 所示;单击【显示注释】按钮,单击【事件设置】选项卡,选择【显示元素】,选择【KY9E】,如图 10-4-32 所示。

图 10-4-31 初始隐藏注释

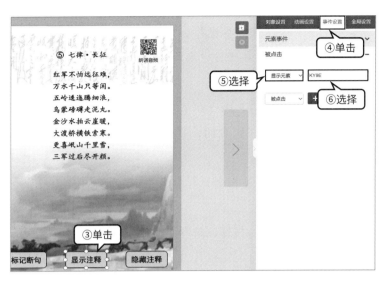

图 10-4-32 为【显示注释】按钮添加显示元素事件

设计【隐藏注释】按钮元素事件：单击【隐藏注释】文本按钮，单击【事件设置】选项卡，选择【隐藏元素】，选择【KY9E】，如图 10-4-33 所示。

图 10-4-33 为【隐藏注释】按钮添加隐藏元素事件

设计思想

学生初读古诗时，当单击【标记断句】按钮后，未标记断句的古诗文本被隐藏，标记了断句的古诗文本被显示。学生根据断句提示进行朗读停顿练习，初步了解古诗。

学生初读古诗后，对生字词有些疑惑，这时可以单击【显示注释】与【隐藏注释】按钮以显示或隐藏注释，了解古诗中字词的含义。

（三）制作"生字讲解"页

插入页面与背景图：添加第7页页面，复制第6页的背景图，随后粘贴至第7页，调整合适位置。

制作【生字讲解】文本框：复制第5页【课前导入】文本框，粘贴至第7页，更改文字内容为"生字讲解"。

添加横线形状：单击【形状】按钮，选择【直线】，单击【对象设置】选项卡中的【形状颜色】下拉键，选择【rgb(122，144，178)】，线条宽度输入框中输入"2"，如图10-4-34所示，调整到如图10-4-35所示长度和位置；复制粘贴该横线平行排放，最终效果如图10-4-36所示。

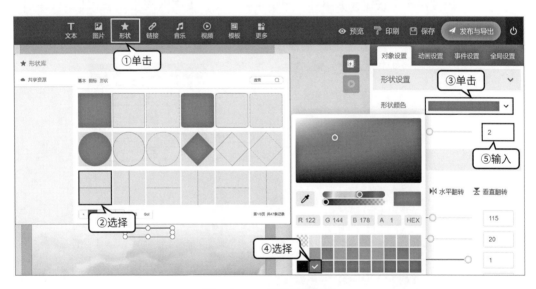

图10-4-34 添加横线形状

插入文字：插入生字与拼音文字，生字字体为"楷体"，字号为"22"，行间距为"30"，加粗显示；拼音字号为"19"，通过添加空格使拼音与生字对齐，分别放至两横线内，最终效果如图10-4-37所示。

添加生字图片：上传并插入"律.jpg""崖.jpg""渡.jpg""索.jpg"图片，设置高宽为"80"，调整到如图10-4-38所示位置。

添加笔画GIF动图：上传并插入"律.gif""崖.gif""渡.gif""索.gif"四字GIF动图，设置高宽为"80"，调整到如图10-4-39所示位置。

图 10-4-35　　　　　　　　　图 10-4-36
插入一条横线形状效果图　　　插入两条横线形状效果图

图 10-4-37　　　　　图 10-4-38　　　　　图 10-4-39
插入生字与拼音效果图　插入图片效果图　　　插入笔画动图效果图

添加田字格图片：上传并插入"田字格 .jpg"图片，设置高宽为"80"，放至"律 .gif"动图正下方，复制粘贴三次田字格，分别放至"崖 .gif""渡 .gif""索 .gif"动图正下方，效果如图 10-4-40 所示；复制横排田字格图片，粘贴至该行正下方，效果如图 10-4-41 所示。

（四）制作"解读诗意"页

插入页面、背景图与【解读诗意】文本框：添加第 8 页页面与背景图，制作【解读诗意】文本框。

接下来以制作"红军不怕远征难，万水千山只等闲"诗句为例，讲解输入古诗文本的操作。

插入古诗、字词解释与译句：插入第一句古诗，加粗显示，字体为"楷体"，字号为"24"，行间距为"40"；选中"万水千山"文字，设置字体颜色为"红色"；再次插入字词解释文字，字号为"19"，行间距为"35"；最后插入译句文字，字号为"19"，行间距为"35"，调整如图10-4-42所示位置。剩余诗句按照上述步骤操作即可。

图10-4-40　添加田字格效果图（一）　　图10-4-41　添加田字格效果图（二）　　图10-4-42　输入古诗文本效果图

接下来以制作"红军不怕远征难，万水千山只等闲"诗句交互按钮为例，讲解添加交互按钮的操作。

添加【显示译句】交互按钮：插入文本框并输入"显示译句"，设置加粗与居中显示，字体为"黑体"，字号为"22"，行间距为"27"；宽度为"120"，高度为"50"，统一样式为"实线"，统一圆角为"10"，背景颜色为"rgb(223，223，223)"，放至如图10-4-43所示位置。

添加【隐藏译句】交互按钮：复制粘贴【显示译句】按钮，更改文字为"隐藏译句"，调整至如图10-4-44所示位置；其余按钮可直接复制粘贴，修改名称及调整至合适位置即可。

接下来以制作"红军不怕远征难，万水千山只等闲"诗句交互按钮事件为例，讲解添加元素事件的操作。

添加【显示译句】按钮元素事件：为"译句：红军不怕……"文本设置初始隐藏效果；选中【显示译句】按钮，单击【添加事件】按钮，选择【显示元素】与【文本(CvJy)】。

添加【隐藏译句】按钮元素事件：选中【隐藏译句】按钮，单击【添加事件】按钮，选择【隐藏元素】与【文本(CvJy)】。

图 10-4-43　插入"显示译句"按钮效果图　　图 10-4-44　插入"隐藏译句"按钮效果图

设计思想

　　学生阅读诗句字词含义后，需要对整句古诗进行翻译，以便了解古诗真正含义。学生单击【显示/隐藏译句】按钮即可显示/隐藏译句内容，方便学习。

　　添加图片并设置动画：上传并插入"五岭逶迤.jpg"与"乌蒙磅礴.jpg"图片，设置高度为"100"，宽度为"180"，移至如图 10-4-45 所示位置；选中"五岭逶迤.jpg"图片，单击【动画设置】选项卡，单击【添加元素动画】按钮，如图 10-4-46 所示。剩余图片按照上述步骤操作即可。

图 10-4-45　插入图片效果图　　图 10-4-46　添加图片动画

（五）制作"概括主题"页

制作【概括主题】文本框：复制第 8 页【解读诗意】文本框，粘贴至第 10 页，修改文本为"概括主题"，调整到如图 10-4-47 所示位置。

输入文本内容：插入文本框，输入"本诗通过……"文本，字号为"19"，行间距为"35"，放至如图 10-4-48 所示位置。

图 10-4-47　　　　　　　　　　图 10-4-48
插入"概括主题"效果图　　　　　插入文本效果图

（六）制作"测评练习"页

插入页面、背景图、【测评练习】文本框与题目：添加第 11 页的页面与背景图；制作【测评练习】文本框；输入题目，默认字体字号。

输入古诗与答案：插入文本框，输入古诗内容，空白处用空格键代替；居中显示，字体为"楷体"，字号为"23"，行间距为"40"，效果图如 10-4-49 所示；插入文本框，输入答案文本，加粗居中显示，字体为"楷体"，字体颜色为"红色"，字号为"24"，分别对应于括号空白处，效果如图 10-4-50 所示。

插入文本框：添加【显示答案】文本框与【隐藏答案】文本框。

设置答案初始隐藏效果：分别选中红字答案文本框，设置初始隐藏效果。

添加按钮元素事件：单击【显示答案】文本按钮，单击【事件设置】选项卡，在选项框中选择【显示元素】，在右侧下拉列表中选择红字答案的文本框，如图 10-4-51 所示；按照上述操作步骤为剩余七个红字答案添加元素事件即可；单击【隐藏答案】文本按钮，单击【事件设置】选项卡，在选项框中分别为八个红字答案的文本框设置【隐藏元素】。

第 12 页为拼音填空与单选题两道测评练习题，相关操作方法已在上述步骤中有所介绍，这里将不再赘述。第 12 页的最终效果如图 10-4-52 所示。

图 10-4-49
插入古诗效果图

图 10-4-50
插入答案文本效果图

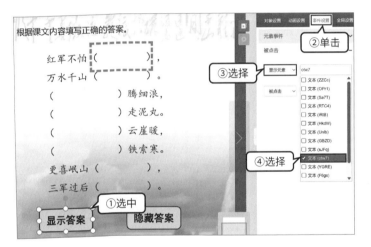
图 10-4-51 为"显示答案"按钮设置元素事件

图 10-4-52 第 12 页效果图

（七）制作"课后作业"页

插入页面、背景图、【课后作业】文本框与文字：添加第 13 页的页面、背景图与【课后作业】文本框；添加"朗读课文……"文本，设置字号为"20"，行间距为"35"。

（八）制作"拓展阅读"页

插入【拓展阅读】文本框与古诗：插入【拓展阅读】文本框，插入"菩萨蛮……"古诗文本，居中显示，设置字号为"22"，行间距为"32"，标题加粗显示。

设置字体大小：选中"毛泽东"文字，单击【对象设置】选项卡下的【字号设置】按钮，在下拉列表中选择【较小】，如图 10-4-53 所示。

插入二维码：插入"菩萨蛮 大柏地 朗诵音频二维码.png"图片，高宽设为"55"，插入"朗诵音频"文本，字号设置为"15"，放至如图 10-4-54 所示位置。

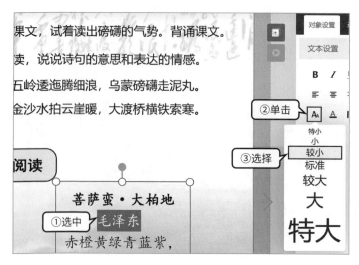

图 10-4-53 设置文字大小

图 10-4-54 插入二维码及文本效果图

四、保存与发布

发布与导出：制作完成并检查无误后，单击编辑界面右上角【保存】按钮，再单击【发布与导出】按钮，弹出【发布作品】对话框，在【基础设置】选项卡下，输入标题为"七律·长征"，输入描述为"七律·长征"，单击【下一步】，进入【导出选项】选项卡，再单击【下一步】即可，如图 10-4-55 所示。

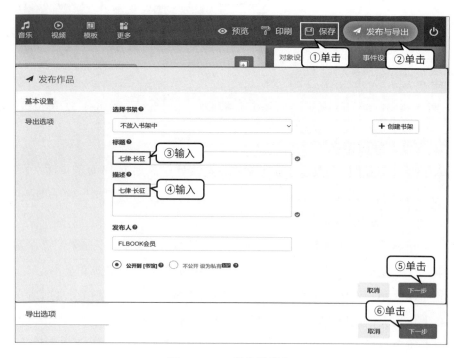

图 10-4-55 保存并发布

第十章　数字教材资源设计与制作

拓展提升

　　FLBOOK内置了自动保存功能，教师可根据需要单击【自动保存频率】按钮，选择自动保存时间，默认时间为5分钟。教师可单击编辑界面右上角的【保存】按钮手动保存，还可单击【预览】按钮以预览当前制作的数字教材效果，如图10-4-56所示。

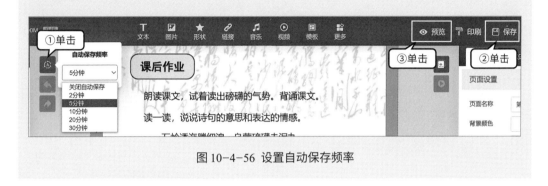

图10-4-56　设置自动保存频率

　　至此，所有操作制作完成，教师可根据需要单击【阅读】或【分享】按钮，还可下载二维码、小程序码等图片，如图10-4-57所示。

图10-4-57　分享数字教材资源

本章小结

- 数字教材是区别于传统教材的一种新式教材，其出现对教育产生了深刻影响，它可以助力高效备课、突破重难点和实现伴随式学习评价。
- 数字教材具有富媒体性、交互性、时效性和便携性四大基本特征。
- 我们可以通过网络平台如人教智慧教学平台、中教云数字课程教材云平台和粤教翔云数字教材应用平台等获取数字教材，还可以通过常见的数字教材制作工具，如云展网和FLBOOK等制作数字教材。

1. 通过网络平台获取人教版八年级上册的数学学科数字教材。
2. 请使用FLBOOK平台制作关于"函数的概念"的数字教材。